AF500142

LOIS, DÉCRETS, ARRÊTÉS

CONCERNANT LA

RÉGLEMENTATION DU TRAVAIL

ET NOMENCLATURE

DES

ÉTABLISSEMENTS DANGEREUX, INSALUBRES OU INCOMMODES

(Avril 1911)

LIBRAIRIE ADMINISTRATIVE BERGER-LEVRAULT

PARIS
DES BEAUX-ARTS, 5-7

NANCY
RUE DES GLACIS, 18

1911

Prix : 1 fr. 25

LOIS, DÉCRETS, ARRÊTÉS

CONCERNANT LA

RÉGLEMENTATION DU TRAVAIL

ET NOMENCLATURE

DES

ÉTABLISSEMENTS DANGEREUX, INSALUBRES OU INCOMMODES

(Avril 1911)

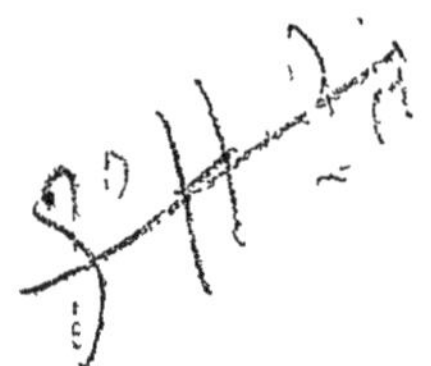

LIBRAIRIE ADMINISTRATIVE BERGER-LEVRAULT

PARIS
RUE DES BEAUX-ARTS, 5-7

NANCY
RUE DES GLACIS, 18

1911

TABLE

I — CODE DU TRAVAIL ET DE LA PRÉVOYANCE SOCIALE

LIVRE I.

DES CONVENTIONS RELATIVES AU TRAVAIL.

TITRE I — **Du contrat d'apprentissage.**

TITRE II — **Du contrat de travail.**

TITRE III — **Du salaire.**

TITRE IV — **Du placement des travailleurs.**

TITRE V — **Des pénalités.**

II — RÉGLEMENTATION DU TRAVAIL

A — TRAVAIL DES ENFANTS ET DES FEMMES.

B — DURÉE DU TRAVAIL.

C — REPOS HEBDOMADAIRE.

D — HYGIÈNE ET SÉCURITÉ DU TRAVAIL.

Infection charbonneuse

III — ACCIDENTS DU TRAVAIL

IV — ORGANISATION DU SERVICE DE L'INSPECTION

V — DÉLÉGUÉS MINEURS

ANNEXE

I — CODE DU TRAVAIL ET DE LA PRÉVOYANCE SOCIALE

LIVRE I

DES CONVENTIONS RELATIVES AU TRAVAIL

(*Loi du 28 décembre 1910 et décret du 12 janvier 1911* [1].)

TITRE PREMIER.

Du contrat d'apprentissage.

Chapitre premier.

De la nature et de la forme du contrat.

Article premier. Le contrat d'apprentissage est celui par lequel un fabricant, un chef d'atelier ou un ouvrier s'oblige à enseigner la pratique de sa profession à une autre personne, qui s'oblige, en retour, à travailler pour lui; le tout à des conditions et pendant un temps convenus.

Art. 2. Le contrat d'apprentissage est fait par acte public ou par acte sous seing privé.

Il peut aussi être fait verbalement, mais la preuve testimoniale n'en est reçue que conformément au titre du Code civil : « Des contrats ou des obligations conventionnelles en général. »

Les notaires, les secrétaires des conseils de prud'hommes et les greffiers de justice de paix peuvent recevoir l'acte d'apprentissage.

Cet acte est soumis, pour l'enregistrement, au droit fixe de 1 fr. 50, lors même qu'il contiendrait des obligations de sommes ou valeurs mobilières, ou des quittances.

Les honoraires dus aux officiers publics sont fixés à 2 francs.

Art. 3. L'acte d'apprentissage contient :

1° Les nom, prénoms, âge, profession et domicile du maître;

2° Les nom, prénoms, âge et domicile de l'apprenti;

3° Les noms, prénoms, professions et domicile de ses père et mère, de son tuteur, ou de la personne autorisée par les parents et, à leur défaut, par le juge de paix;

4° La date et la durée du contrat;

5° Les conditions de logement, de nourriture, de prix et toutes autres arrêtées entre les parties.

Il doit être signé par le maître et par les représentants de l'apprenti.

---

(1) Voir ci-après, p. 23 et 24

Chapitre II.

Des conditions du contrat.

Art. 4. Nul ne peut recevoir des apprentis mineurs s'il n'est âgé de vingt et un ans au moins.

Art. 5. Aucun maître, s'il est célibataire ou en état de veuvage ou divorcé, ne peut loger, comme apprenties, des jeunes filles mineures.

Art. 6. Sont incapables de recevoir des apprentis :

Les individus qui ont subi une condamnation pour crime ;

Ceux qui ont été condamnés pour attentat aux mœurs ;

Ceux qui ont été condamnés à plus de trois mois d'emprisonnement pour les délits prévus par les articles 388, 401. 405, 406, 407, 408, 423 du Code pénal.

Art. 7. L'incapacité résultant de l'article 6 peut être levée par le préfet, sur l'avis du maire, quand le condamné, après l'expiration de sa peine, a résidé pendant trois ans dans la même commune.

A Paris, les incapacités seront levées par le préfet de police.

Chapitre III.

Des devoirs des maîtres et des apprentis.

Art. 8. Le maître doit se conduire envers l'apprenti en bon père de famille, surveiller sa conduite et ses mœurs, soit dans la maison, soit au dehors, et avertir ses parents ou leurs représentants des fautes graves qu'il pourrait commettre ou des penchants vicieux qu'il pourrait manifester.

Il doit aussi les prévenir sans retard, en cas de maladie, d'absence ou de tout fait de nature à motiver leur intervention.

Il n'emploiera l'apprenti, sauf conventions contraires, qu'aux travaux et services qui se rattachent à l'exercice de sa profession.

Art. 9. Si l'apprenti âgé de moins de seize ans ne sait pas lire, écrire et compter, ou s'il n'a pas encore terminé sa première éducation religieuse, le maître est tenu de lui laisser prendre, sur la journée de travail, le temps et la liberté nécessaires pour son instruction.

Néanmoins, ce temps ne peut excéder deux heures par jour.

Art. 10. Le maître doit enseigner à l'apprenti, progressivement et complètement, l'art, le métier ou la profession spéciale qui fait l'objet du contrat.

Il lui délivrera, à la fin de l'apprentissage, un congé d'acquit, ou certificat constatant l'exécution du contrat.

Art. 11. L'apprenti doit à son maître fidélité, obéissance et respect ; il doit l'aider, par son travail, dans la mesure de son aptitude et de ses forces.

Il est tenu de remplacer, à la fin de l'apprentissage, le temps qu'il n'a pu employer par suite de maladie ou d'absence ayant duré plus de quinze jours.

Art. 12. Tout fabricant, chef d'atelier ou ouvrier, convaincu d'avoir détourné un apprenti de chez son maître, pour l'employer en qualité d'apprenti ou d'ouvrier, pourra être passible de tout ou partie de l'indemnité à prononcer au profit du maître abandonné.

Chapitre IV.

De la résolution du contrat.

Art. 13. Les deux premiers mois de l'apprentissage sont considérés comme un temps d'essai pendant lequel le contrat peut être annulé par la seule volonté de l'une des parties. Dans ce cas, aucune indemnité ne sera allouée à l'une ou l'autre partie, à moins de conventions expresses.

Art. 14. Le contrat d'apprentissage est résolu de plein droit :

1° Par la mort du maître ou de l'apprenti ;

2° Si l'apprenti ou le maître est appelé au service militaire ;

3° Si le maître ou l'apprenti vient à être frappé d'une des condamnations prévues en l'article 6 du présent titre ;

4° Pour les filles mineures, dans le cas de divorce du maître, de décès de l'épouse du maître, ou de toute autre femme de la famille qui dirigeait la maison à l'époque du contrat.

Art. 15. Le contrat peut être résolu sur la demande des parties ou de l'une d'elles :

1° Dans le cas où l'une des parties manquerait aux stipulations du contrat ;

2° Pour cause d'infraction grave ou habituelle aux prescriptions du présent titre et des autres lois réglant les conditions du travail des apprentis ;

3° Dans le cas d'inconduite habituelle de la part de l'apprenti ;

4° Si le maître transporte sa résidence dans une autre commune que celle qu'il habitait lors de la convention.

Néanmoins, la demande en résolution du contrat fondée sur ce motif n'est recevable que pendant trois mois à compter du jour où le maître aura changé de résidence ;

5° Si le maître ou l'apprenti encourait une condamnation emportant un emprisonnement de plus d'un mois ;

6° Dans le cas où l'apprenti viendrait à contracter mariage.

Art. 16. Si le temps convenu pour la durée de l'apprentissage dépasse le maximum de la durée consacrée par les usages locaux, ce temps peut être réduit ou le contrat résolu.

Chapitre V.

De la compétence.

Art. 17. Les réclamations qui pourraient être dirigées contre les tiers en vertu de l'article 12 du présent titre seront portées devant le conseil des prud'hommes ou devant le juge de paix du lieu de leur domicile.

Art. 18. Dans les divers cas de résolution prévus au chapitre IV, les indemnités ou les restitutions qui pourraient être dues à l'une ou à l'autre des parties seront, à défaut de stipulations expresses, réglées par le conseil des prud'hommes ou par le juge de paix dans les cantons qui ne ressortissent point à la juridiction d'un conseil de prud'hommes.

TITRE II.

Du contrat de travail.

Chapitre premier.

Dispositions générales.

Art. 19. Le contrat de travail est soumis aux règles du droit commun et peut être constaté dans les formes qu'il convient aux parties contractantes d'adopter.

Le contrat de travail entre les chefs ou directeurs des établissements industriels ou commerciaux, des exploitations agricoles ou forestières, et leurs ouvriers, est exempt de timbre et d'enregistrement.

Chapitre II.

Du louage de services.

Section première — Conditions de validité et effets du louage de services.

§ 1 — Règles générales.

Art. 20. On ne peut engager ses services qu'à temps ou pour une entreprise déterminée.

Art. 21. La durée du louage de services est, sauf preuve d'une convention contraire, réglée suivant l'usage des lieux.

Art. 22. L'engagement d'un ouvrier ne peut excéder un an, à moins qu'il ne soit contremaître, conducteur des autres ouvriers ou qu'il n'ait un traitement et des conditions stipulés par un acte exprès.

Art. 23. Le louage de services, fait sans détermination de durée, peut toujours cesser par la volonté d'une des parties contractantes.

Néanmoins, la résiliation du contrat par la volonté d'un seul des contractants peut donner lieu à des dommages-intérêts.

Pour la fixation de l'indemnité à allouer, le cas échéant, il est tenu compte des usages, de la nature des services engagés, du temps écoulé, des retenues opérées et des versements effectués en vue d'une pension de retraite, et, en général, de toutes les circonstances qui peuvent justifier l'existence et déterminer l'étendue du préjudice causé.

Les parties ne peuvent renoncer à l'avance au droit éventuel de demander des dommages-intérêts en vertu des dispositions ci-dessus.

Les contestations auxquelles pourra donner lieu l'application des paragraphes précédents, lorsqu'elles seront portées devant les tribunaux civils et devant les cours d'appel, seront instruites comme affaires sommaires et jugées d'urgence.

Art. 24. Toute personne qui engage ses services peut, à l'expiration du contrat, exiger de celui à qui elle les a loués, sous peine de dommages-intérêts, un certificat contenant exclusivement la date de son entrée, celle de sa sortie et l'espèce de travail auquel elle a été employée.

Ce certificat est exempt de timbre et d'enregistrement.

§ 2 — **Règles particulières aux réservistes et aux territoriaux appelés à faire une période d'instruction militaire.**

Art. 25. En matière de louage de services, si un patron, un employé ou un ouvrier est appelé sous les drapeaux comme réserviste ou territorial pour une période obligatoire d'instruction militaire, le contrat de travail ne peut être rompu à cause de ce fait.

Art. 26. Alors même que, pour une autre cause légitime, le contrat serait dénoncé par l'une des parties, la durée de la période militaire est exclue des délais impartis par l'usage pour la validité de la dénonciation, sauf toutefois dans le cas où le contrat de louage a pour objet une entreprise temporaire prenant fin pendant la période d'instruction militaire.

Art. 27. En cas de violation des articles précédents par l'une des parties, la partie lésée a droit à des dommages-intérêts qui seront arbitrés par le juge conformément aux indications de l'article 23 du présent livre.

Art. 28. Toute stipulation contraire aux dispositions qui précèdent est nulle de plein droit.

§ 3 — **Règles particulières aux femmes en couches.**

Art 29. La suspension du travail par la femme, pendant huit semaines consécutives, dans la période qui précède et suit l'accouchement, ne peut être une cause de rupture par l'employeur du contrat de louage de service, et ce à peine de dommages-intérêts au profit de la femme. Celle-ci devra avertir l'employeur du motif de son absence.

Toute convention contraire est nulle de plein droit.

L'assistance judiciaire sera de droit pour la femme devant la juridiction du premier degré.

SECTION II — DE L'ENGAGEMENT ET DES LOYERS DES MATELOTS ET GENS DE L'ÉQUIPAGE.

Art. 30. Les règles particulières à l'engagement et aux loyers des matelots et gens de l'équipage sont contenues dans les articles 250 et suivants du Code de commerce et des lois spéciales.

Chapitre III.

Du louage d'industrie ou marché d'ouvrage.

Art. 31. Les règles particulières au louage d'industrie ou marché d'ouvrage sont contenues dans les articles 1787 et suivants du Code civil.

Chapitre IV.

Du marchandage.

Art. 32. L'exploitation des ouvriers par des sous-entrepreneurs ou marchandage est interdite.

Les associations d'ouvriers qui n'ont point pour objet l'exploitation des ouvriers les uns par les autres ne sont point considérées comme marchandage.

TITRE III.

Du salaire.

Chapitre premier.

De la détermination du salaire.

Section première — Des moyens de constater les conventions relatives aux salaires en matière de tissage, de bobinage, de coupe du velours de coton, de teinture, blanchiment et apprêts des étoffes.

§ 1 — Tissage et bobinage

Art. 33. Tout fabricant, commissionnaire ou intermédiaire qui livre des fils pour être tissés est tenu d'inscrire, au moment de la livraison, sur un livret spécial appartenant à l'ouvrier et laissé entre ses mains :

1° Le poids et la longueur de la chaîne ;

2° Le poids de la trame et le nombre de fils de trame à introduire par unité de surface de tissu ;

3° La longueur et la largeur de la pièce à fabriquer ;

4° Le prix de façon, soit au mètre de tissu fabriqué, soit au mètre de longueur ou au kilogramme de la trame introduite dans le tissu.

Art. 34. Tout fabricant, commissionnaire ou intermédiaire qui livre des fils pour être bobinés est tenu d'inscrire sur un livret spécial appartenant à l'ouvrier et laissé entre ses mains :

1° Le poids brut et le poids net de la matière à travailler ;

2° Le numéro du fil ;

3° Le prix de façon, soit au kilogramme de matière travaillée, soit au mètre de longueur de cette même matière.

Art. 35. Le prix de façon sera indiqué en monnaie légale, sur le livret, par le fabricant, commissionnaire ou intermédiaire.

Toute convention contraire sera mentionnée, par lui, sur le livret.

Art. 36. L'ouvrage exécuté sera remis au fabricant, commissionnaire ou intermédiaire, de qui l'ouvrier a directement reçu la matière première.

Le compte de façon sera arrêté au moment de cette remise.

Toute convention contraire aux deux paragraphes précédents sera mentionnée sur le livret par le fabricant, commissionnaire ou intermédiaire.

Art. 37. Le fabricant, commissionnaire ou intermédiaire inscrira sur un registre d'ordre toutes les mentions portées au livret spécial de l'ouvrier.

Art. 38. Le fabricant, commissionnaire ou intermédiaire tiendra constamment exposés aux regards, dans le lieu où se règlent habituellement les comptes entre lui et l'ouvrier :

1° Les instruments nécessaires à la vérification des poids et mesures ;

2° Un exemplaire des dispositions des articles 33 à 39, 100 et 101 du présent livre en forme de placard.

Art. 39. A l'égard des industries spéciales auxquelles serait inapplicable la fixation du prix de façon, soit au mètre de tissu fabriqué, soit au mètre de longueur de la trame introduite dans le tissu, ou bien soit au kilogramme de matière travaillée, soit au mètre de longueur de cette même matière, le pouvoir exécutif peut déterminer un autre mode, par des arrêtés en forme de règlements d'administration publique, après avoir pris l'avis des chambres de commerce, des chambres consultatives et des conseils de prud'hommes et, à leur défaut, des conseils de préfecture.

Il peut, pareillement, par des arrêtés rendus en la même forme, étendre les dispositions de la présente section et des articles 100 et 101 aux industries qui se rattachent au tissage et au bobinage.

En l'un et l'autre cas, ces arrêtés seront soumis à la sanction législative dans les trois ans qui suivront leur promulgation.

§ 2 — Coupe du velours de coton, teinture, blanchiment et apprêts des étoffes.

Art. 40. Tout fabricant, commissionnaire ou intermédiaire qui livre à un ouvrier une pièce de velours de coton pour être coupée est tenu d'inscrire, au moment de la livraison, sur un livre spécial appartenant à l'ouvrier, et laissé entre ses mains :

1° Les longueur, largeur et poids de la pièce à couper ;

2° Le prix de façon, au mètre de longueur.

Art. 41. Tout fabricant, commissionnaire ou intermédiaire qui livre à un ouvrier une pièce d'étoffe pour être teinte, blanchie ou apprêtée, est tenu d'inscrire, au moment de la livraison, sur un livre spécial appartenant à l'ouvrier et laissé entre ses mains :

1° Les longueur, largeur et poids de la pièce à teindre, blanchir ou apprêter ;

2° Le prix de façon, soit au mètre de longueur de la pièce, soit au kilogramme de son poids.

Art. 42. Les articles 35, 36, 37, 38, 100 et 101 du présent livre sont applicables à la coupe du velours de coton, ainsi qu'à la teinture, au blanchiment et à l'apprêt des étoffes.

Chapitre II.

Du payement des salaires.

Section première — Du mode de payement des salaires.

Art. 43. Les salaires des ouvriers et employés doivent être payés en monnaie métallique ou fiduciaire ayant cours légal, nonobstant toute stipulation contraire à peine de nullité.

Art. 44. Les salaires des ouvriers du commerce et de l'industrie doivent être payés au moins deux fois par mois, à seize jours au plus d'intervalle ; ceux des employés doivent être payés au moins une fois par mois.

Pour tout travail aux pièces dont l'exécution doit durer plus d'une quinzaine, les dates de payement peuvent être fixées de gré à gré ; mais l'ouvrier doit recevoir des acomptes chaque quinzaine et être intégralement payé dans la quinzaine qui suit la livraison de l'ouvrage.

Art. 45. Le payement ne peut être effectué un jour où l'ouvrier ou l'employé a droit au repos, soit en vertu de la loi, soit en vertu de la convention. Il ne peut avoir lieu dans les débits de boissons ou magasins de vente, sauf pour les personnes qui y sont occupées.

SECTION II — DES PRIVILÈGES ET GARANTIES DE LA CRÉANCE DE SALAIRE

Art. 46. Les sommes dues aux entrepreneurs de tous les travaux ayant le caractère de travaux publics ne peuvent être frappées de saisie-arrêt ni d'opposition au préjudice soit des ouvriers auxquels des salaires sont dus, soit des fournisseurs qui sont créanciers à raison de fournitures de matériaux et d'autres objets servant à la construction des ouvrages.

Les sommes dues aux ouvriers pour salaires sont payées de préférence à celles dues aux fournisseurs.

Art. 47. La créance de salaire des gens de service, des ouvriers et commis est privilégiée sur les meubles et immeubles du débiteur, dans les conditions prévues :

1° Pour les gens de service, par l'article 2101, 4° du Code civil ;

2° Pour les ouvriers et commis, par l'article 549 du Code de commerce.

Peuvent, en outre, faire valoir une action directe ou des privilèges spéciaux :

1° Les maçons, charpentiers et autres ouvriers employés pour édifier, reconstruire ou réparer des bâtiments, canaux ou autres ouvrages quelconques, dans les conditions prévues par l'article 1798 du Code civil ;

2° Les ouvriers qui ont travaillé soit à la récolte, soit à la fabrication ou à la réparation des ustensiles agricoles, soit à la conservation de la chose, dans les conditions prévues par l'article 2102, 1° et 3° du Code civil ;

3° Les matelots et gens de l'équipage, dans les conditions prévues par les articles 191 et suivants, 271 et 272 du Code de commerce ;

4° Les ouvriers employés à la construction, à la réparation, à l'armement et à l'équipement du navire, dans les conditions prévues par l'article 191 du Code de commerce.

Art. 48. L'ouvrier détenteur de l'objet par lui ouvré peut exercer le droit de rétention dans les conditions prévues par l'article 570 du Code civil.

Les objets mobiliers confiés à un ouvrier pour être travaillés, façonnés, réparés ou nettoyés et qui n'auront pas été retirés dans le délai de deux ans pourront être vendus dans les conditions et formes déterminées par la loi du 31 décembre 1903, modifiée par celle du 7 mars 1905.

SECTION III — DE LA PRESCRIPTION DE L'ACTION EN PAYEMENT DU SALAIRE

Art. 49. La prescription de l'action en payement du salaire est réglée par les articles 2271, 2272, 2274 et 2275 du Code civil, et 433 du Code de commerce.

Chapitre III.

Des retenues sur le salaire.

SECTION PREMIÈRE — RÈGLES GÉNÉRALES.

Art. 50. Aucune compensation ne s'opère au profit des patrons entre le montant des salaires dus par eux à leurs ouvriers et les sommes qui leur seraient dues à eux-mêmes pour fournitures diverses, quelle qu'en soit la nature, à l'exception toutefois :

1° Des outils et instruments nécessaires au travail ;

2° Des matières ou matériaux dont l'ouvrier a la charge et l'usage ;
3° Des sommes avancées pour l'acquisition de ces mêmes objets.

Art. 51. Tout patron qui fait une avance en espèces, en dehors du cas prévu par le paragraphe 3 de l'article précédent, ne peut se rembourser qu'au moyen de retenues successives ne dépassant pas le dixième du montant des salaires exigibles.

La retenue opérée de ce chef ne se confond ni avec la partie saisissable, ni avec la partie cessible déterminée à l'article 62.

Les acomptes sur un travail en cours ne sont pas considérés comme avances.

Les appointements visés à l'article 61 du présent livre sont, pour l'application des règles contenues dans le présent article et dans l'article 50, assimilés aux salaires des ouvriers.

SECTION II — DES RÈGLEMENTS DE COMPTES ENTRE LES MAITRES D'ATELIER ET LES NÉGOCIANTS.

Art. 52. Tous les chefs d'atelier sont tenus de se pourvoir, au conseil de prud'hommes, d'un double livre d'acquit, pour chacun des métiers qu'ils font travailler, dans la huitaine du jour où chacun de ces métiers commence à travailler.

Sur ce livre d'acquit, parafé et numéroté et qui ne peut leur être refusé, lors même qu'ils n'ont qu'un métier, sont inscrits les nom, prénoms et domicile du chef d'atelier.

Art. 53. Il est tenu au conseil de prud'hommes un registre sur lequel lesdits livres d'acquit sont inscrits ; le chef d'atelier signe, s'il le sait, sur le registre et sur le livre d'acquit qui lui est délivré.

Art. 54. Le chef d'atelier déposera le livre d'acquit du métier qu'il destine au négociant manufacturier entre ses mains et peut, s'il le désire, en exiger un récépissé.

Art. 55. Lorsqu'un chef d'atelier cesse de travailler pour un négociant, il est tenu de faire noter sur le livre d'acquit, par ledit négociant, que le chef d'atelier a soldé son compte ou, dans le cas contraire, la déclaration du négociant spécifiera la dette dudit chef d'atelier.

Art. 56. Le négociant possesseur du livre d'acquit le fera viser aux autres négociants occupant des métiers dans le même atelier, qui énonceront la somme due par le chef d'atelier, dans le cas où il est leur débiteur.

Art. 57. Lorsque le chef d'atelier reste débiteur du négociant manufacturier pour lequel il a cessé de travailler, celui qui veut lui donner de l'ouvrage fera la promesse de retenir la huitième partie du prix des façons dudit ouvrage en faveur du négociant dont la créance est la plus ancienne sur ledit registre, et ainsi successivement dans le cas où le chef d'atelier a cessé de travailler pour ledit négociant, du consentement de ce dernier ou pour cause légitime ; dans le cas contraire, le négociant manufacturier qui veut occuper le chef d'atelier est tenu de solder celui qui est resté créancier en compte de matières, nonobstant toute dette antérieure, et le compte d'argent jusqu'à 500 francs.

Art. 58. La date des dettes que les chefs d'atelier ont contractées avec les négociants qui les ont occupés est regardée comme certaine vis-à-vis des négociants et maîtres d'atelier seulement, et, à l'effet des dispositions portées à la présente section après l'apurement des comptes, l'inscription de la déclaration sur le livre d'acquit et le visa du bureau des prud'hommes.

ART. 59. Lorsqu'un négociant manufacturier a donné de l'ouvrage à un chef d'atelier dépourvu de livre d'acquit pour le métier que le négociant veut occuper, il sera condamné à payer comptant tout ce que ledit chef d'atelier pourrait devoir en compte de matières et en compte d'argent jusqu'à 500 francs.

ART. 60. Les déclarations ci-dessus prescrites seront portées par le négociant manufacturier sur le livre d'acquit resté entre les mains du chef d'atelier, comme sur le sien.

CHAPITRE IV

De la saisie-arrêt et de la cession des salaires et petits traitements.

SECTION PREMIÈRE — RÈGLES GÉNÉRALES.

§ 1 — Limitation de la saisie-arrêt et de la cession.

ART. 61. Les salaires des ouvriers et gens de service ne sont saisissables que jusqu'à concurrence du dixième, quel que soit le montant de ces salaires.

Les appointements ou traitements des employés ou commis et des fonctionnaires ne sont également saisissables que jusqu'à concurrence du dixième lorsqu'ils ne dépassent pas 2 000 francs par an.

ART. 62. Les salaires, appointements et traitements visés par l'article 61 ne peuvent être cédés que jusqu'à concurrence d'un autre dixième.

ART. 63. Les cessions et saisies faites pour le payement des dettes alimentaires prévues par les articles 203, 205, 206, 207, 214 et 349 du Code civil ne sont pas soumises aux restrictions qui précèdent.

§ 2 — Procédure de la saisie-arrêt.

ART. 64. La saisie-arrêt sur les salaires et les appointements ou traitements ne dépassant pas annuellement 2 000 francs, dont il s'agit à l'article 61, ne peut être pratiquée, s'il y a titre, que sur le visa du greffier de la justice de paix du domicile du débiteur saisi.

S'il n'y a point de titre, la saisie-arrêt ne peut être pratiquée qu'en vertu de l'autorisation du juge de paix du domicile du débiteur saisi. Toutefois, avant d'accorder l'autorisation, le juge de paix peut, si les parties n'ont déjà été appelées en conciliation, convoquer devant lui, par simple avertissement, le créancier et le débiteur ; s'il intervient un arrangement, il en sera tenu note par le greffier sur un registre spécial exigé par l'article 72 du présent livre.

L'exploit de saisie-arrêt contiendra en tête l'extrait du titre, s'il y en a un, ainsi que la copie du visa, et, à défaut de titre, copie de l'autorisation du juge.

L'exploit sera signifié au tiers saisi ou à son représentant préposé au paiement des salaires ou traitements, dans le lieu où travaille le débiteur saisi.

ART. 65. L'autorisation accordée par le juge évaluera ou énoncera la somme pour laquelle la saisie-arrêt sera formée.

Le débiteur peut toucher du tiers saisi la portion non saisissable de ses salaires, gages ou appointements.

Une seule saisie-arrêt doit être autorisée par le juge. S'il survient d'autres créanciers, leur déclaration signée et déclarée sincère par eux et contenant toutes les pièces de nature à mettre le juge à même de faire l'evaluation de la créance sera inscrite par le greffier sur le registre exigé par l'article 72. Le greffier se bornera à en donner avis dans les quarante-huit heures au débiteur saisi et au tiers saisi par lettre recommandée qui vaudra opposition.

Art. 66. L'huissier saisissant est tenu de faire parvenir au juge de paix, dans le délai de huit jours, à dater de la saisie, l'original de l'exploit, sous peine d'une amende de 10 francs qui sera prononcée par le juge de paix en audience publique.

Art. 67. Tout créancier saisissant, le débiteur et le tiers saisi peuvent requérir la convocation des intéressés devant le juge de paix du débiteur saisi par une déclaration consignée sur le registre spécial prévu en l'article 72.

Dans les quarante-huit heures de cette réquisition, le greffier adressera : 1° au saisi; 2° au tiers saisi; 3° à tous autres créanciers opposants, un avertissement recommandé à comparaître devant le juge de paix à l'audience que celui-ci aura fixée.

A cette audience ou à toute autre fixée par lui, le juge de paix, prononçant sans appel dans la limite de sa compétence et à charge d'appel à quelque valeur que la demande puisse s'élever, statuera sur la validité, la nullité ou la mainlevée de la saisie, ainsi que sur la déclaration affirmative que le tiers saisi sera tenu de faire audience tenante.

Le tiers saisi qui ne comparaîtra pas, ou qui ne fera pas sa déclaration ainsi qu'il est dit ci-dessus, sera déclaré débiteur pur et simple des retenues non opérées et condamné aux frais par lui occasionnés.

Art. 68. Si le jugement est rendu par défaut, avis de ses dispositions sera transmis par le greffier à la partie défaillante, par lettre recommandée, dans les cinq jours du prononcé.

L'opposition, qui ne sera recevable que dans les huit jours de la date de la lettre, consistera dans une déclaration à faire au greffe de la justice de paix, sur le registre prescrit par l'article 72.

Toutes parties intéressées seront prévenues, par lettre recommandée du greffier, pour la plus prochaine audience utile. Le jugement qui interviendra sera réputé contradictoire. L'appel relevé contre le jugement contradictoire sera formé dans les dix jours du prononcé du jugement, et, dans le cas où il aurait été rendu par défaut, du jour de l'expiration des délais d'opposition, sans que, dans le cas du jugement contradictoire, il soit besoin de le signifier.

Art. 69. Après l'expiration des délais de recours, le juge de paix peut surseoir à la convocation des parties intéressées tant que la somme à distribuer n'atteint pas, d'après la déclaration du tiers saisi et déduction faite des frais à prélever et des créances privilégiées, un chiffre suffisant pour distribuer aux créanciers connus un dividende de 20 % au moins. S'il y a somme suffisante et si les parties ne se sont pas amiablement entendues pour la répartition, le juge procédera à la distribution entre les ayants droit. Il établira son état de répartition sur le registre prescrit par l'article 72. Une copie de cet état, signée du juge et du greffier, indiquant le montant des frais à prélever, le montant des créances privilégiées, s'il en existe, et le montant des sommes attribuées dans la répartition à chaque ayant droit, sera transmise par le greffier, par lettre rècommandée, au débiteur saisi et à chaque créancier colloqué.

Ces derniers ont une action directe contre le tiers saisi en payement de leur collocation. Les ayants droit aux frais et aux collocations utiles donneront quittance en marge de l'état de répartition remis au tiers saisi, qui se trouvera libéré d'autant.

Art. 70. Les effets de la saisie-arrêt, les oppositions consignées par le greffier sur le registre spécial, subsisteront jusqu'à complète libération du débiteur.

Art. 71. Les frais de saisie-arrêt et de distribution sont à la charge du débiteur saisi. Ils seront prélevés sur la somme à distribuer.

Tous frais de contestation jugée mal fondée seront mis à la charge de la partie qui aura succombé.

Art. 72. Pour l'exécution des dispositions de la présente section, il sera tenu au greffe de chaque justice de paix un registre sur papier non timbré qui sera coté et paraphé par le juge de paix et sur lequel seront inscrits :

1° Les visas ou ordonnances autorisant la saisie-arrêt;

2° Le dépôt de l'exploit;

3° La réquisition de la convocation des parties;

4° Les arrângements intervenus;

5° Les interventions des autres créanciers;

6° La déclaration faite par le tiers saisi;

7° La mention des avertissements ou lettres recommandées transmises aux parties;

8° Les décisions du juge de paix;

9° La répartition établie entre les ayants droit.

Art. 73. Tous les actes, décisions et formalités auxquels donne lieu l'exécution des articles 50 et 51 du présent livre et des dispositions de la présente section sont, quelle qu'en soit la nature, rédigés sur papier non timbré et enregistrés gratis.

Un décret détermine les émoluments à allouer aux greffiers pour l'envoi des lettres recommandées et pour dressé de tous extraits et copies d'états de répartition.

SECTION II — RÈGLES PARTICULIÈRES AUX SALAIRES DES MARINS.

Art. 74. Les salaires des marins sont incessibles et insaisissables, sauf les exceptions prévues par la législation spéciale en vigueur.

Chapitre V.

Des économats.

Art. 75. Il est interdit à tout employeur : 1° d'annexer à son établissement un économat où il vende, directement ou indirectement, à ses ouvriers et employés ou à leurs familles, des denrées et marchandises de quelque nature que ce soit; 2° d'imposer à ses ouvriers et employés l'obligation de dépenser leur salaire, en totalité ou en partie, dans des magasins indiqués par lui.

Cette interdiction ne s'étend pas au contrat de travail, si ce contrat stipule que l'ouvrier sera logé et nourri et recevra, en outre, un salaire déterminé en argent ou si, pour l'exécution de ce contrat, l'employeur cède à l'ouvrier des fournitures à prix coûtant.

Art. 76. Tout économat doit être supprimé dans un délai de deux ans à dater du 25 mars 1910.

Art. 77. Les économats des réseaux de chemins de fer, qui sont placés sous le contrôle de l'État, ne sont pas régis par les dispositions des articles 75 et 76, sous la triple réserve : 1° que le personnel ne soit pas obligé de se fournir à l'économat ; 2° que la vente des denrées et marchandises ne rapporte à l'employeur aucun bénéfice ; 3° que l'économat soit géré sous le contrôle d'une commission composée, pour un tiers au moins, de délégués élus par les ouvriers et employés du réseau.

Toutefois, le ministre des travaux publics fera, cinq ans après le 25 mars 1910, procéder, dans les formes fixées par arrêté ministériel, à une consultation du personnel sur la suppression ou le maintien de l'économat de chaque réseau. Ce referendum sera renouvelé à l'expiration de chaque période de cinq ans.

Les mêmes règles s'appliqueront aux économats annexés aux établissements industriels dépendant de sociétés dans lesquelles le capital appartient, en majorité, aux ouvriers et employés, retraités ou non, de l'entreprise et dont les assemblées générales seront statutairement composées, en majorité, des mêmes éléments.

Chapitre VI.

Du salaire de la femme mariée.

Art. 78. Les droits de la femme mariée sur les produits de son travail personnel et les économies en provenant sont déterminés par la loi du 13 juillet 1907 relative au libre salaire de la femme mariée et à la contribution des époux aux charges du mariage.

TITRE IV.

Du placement des travailleurs.

Chapitre premier.

Dispositions générales.

Art. 79. L'autorité municipale surveille les bureaux de placement pour y assurer le maintien de l'ordre, les prescriptions de l'hygiène et la loyauté de la gestion. Elle prend les arrêtés nécessaires à cet effet.

Art. 80. Les pouvoirs conférés par le présent titre à l'autorité municipale seront exercés par le préfet de police pour Paris et le ressort de sa préfecture et par le préfet du Rhône pour Lyon et les autres communes dans lesquelles il remplit les fonctions qui lui sont attribuées par la loi du 24 juin 1851.

Art. 81. Aucun hôtelier, logeur, restaurateur ou débitant de boissons ne peut joindre à son établissement la tenue d'un bureau de placement.

Art. 82. Les bureaux de nourrices ne sont pas soumis aux prescriptions du présent titre.

Les bureaux de nourrices restent soumis aux dispositions de la loi du 23 décembre 1874 relative à la protection des enfants du premier âge.

Chapitre II.

Du placement gratuit.

Art. 83. Les bureaux de placement gratuit créés par les municipalités, par les syndicats professionnels ouvriers, patronaux ou mixtes, les bourses du travail, les compagnonnages, les sociétés de secours mutuels et toutes autres associations légalement constituées ne sont soumis à aucune autorisation.

Art. 84. Les bureaux de placement énumérés à l'article précédent, sauf ceux qui sont créés par les municipalités, sont astreints au dépôt d'une déclaration préalable effectuée à la mairie de la commune où ils sont établis. La déclaration devra être renouvelée à tout changement de local du bureau.

Art. 85. Dans chaque commune, un registre constatant les offres et demandes de travail et d'emplois devra être ouvert à la mairie et mis gratuitement à la disposition du public. A ce registre sera joint un répertoire où seront classées les notices individuelles que les demandeurs de travail pourront librement joindre à leur demande. Les communes comptant plus de 10 000 habitants seront tenues de créer un bureau municipal.

Art. 86. Sont exemptées du droit de timbre les affiches, imprimées ou non, concernant exclusivement les offres et demandes de travail et d'emplois et apposées par les bureaux de placement gratuits énumérés dans l'article 83.

Art. 87. Il est interdit à tout gérant ou employé de bureau de placement gratuit de percevoir une rétribution quelconque à l'occasion du placement d'un ouvrier ou employé.

Chapitre III.

Des bureaux de placement payants.

Section première — De l'autorisation des bureaux.

Art. 88. Nul ne peut tenir un bureau de placement, sous quelque titre et pour quelques professions, places ou emplois que ce soit, sans une permission spéciale délivrée par l'autorité municipale, et qui ne peut être accordée qu'à des personnes d'une moralité reconnue.

Art. 89. La demande à fin de permission doit contenir les conditions auxquelles le requérant se propose d'exercer son industrie.

Il est tenu de se conformer à ces conditions et aux dispositions réglementaires qui seraient prises en vertu de l'article 79 et de l'article 90 du présent titre.

Art. 90. L'autorité municipale règle le tarif des droits qui peuvent être perçus par le gérant.

Art. 91. Les frais de placement touchés dans les bureaux maintenus à titre payant sont entièrement supportés par les employeurs sans qu'aucune rétribution puisse être reçue des employés.

Art. 92. L'autorité municipale peut retirer la permission :

1° Aux individus qui auraient encouru ou viendraient à encourir une des condamnations prévues par l'article 15, §§ 1, 3, 4, 5, 6, 14 et 15, et par l'article 16 du décret du 2 février 1852 ;

2° A ceux qui seraient condamnés à l'emprisonnement pour contravention aux dispositions du présent titre ou aux arrêtés pris en vertu des articles 79 et 90.

Art. 93. Les retraits de permission et les règlements émanés de l'autorité municipale, en vertu des articles 90 et 92, ne sont exécutoires qu'après l'approbation du préfet.

SECTION II — DE LA SUPPRESSION DES BUREAUX.

Art. 94. Un arrêté pris à la suite d'une délibération du conseil municipal peut rapporter les autorisations données en vertu de la section précédente.

Le bureau devenu vacant par le décès du titulaire, ou pour toute autre cause, avant l'arrêté de suppression, pourra être transmis ou cédé.

Art. 95. Les bureaux faisant le placement pour une même profession déterminée devront être supprimés tous à la fois par un même arrêté municipal.

Art. 96. Les bureaux créés en vertu d'une autorisation postérieure au 17 mars 1904 n'ont droit, en cas de suppression, a aucune indemnité.

Art. 97. Les bureaux autorisés au 17 mars 1904 ne peuvent être supprimés que moyennant une juste indemnité représentant le prix de vente de l'office, indemnité qui, à défaut d'entente, sera fixée par le conseil de préfecture.

En cas de décès du titulaire avant l'arrêté de suppression, l'indemnité sera due aux ayants droit et leur sera payée lorsque l'arrêté aura été pris.

Les indemnités aux tenanciers des bureaux de placement seront à la charge des communes seules.

Art. 98. Les dispositions de la présente section et des articles 81 et 91 ne sont pas applicables aux agences lyriques, agences pour cirques et music-halls.

TITRE V.

Des pénalités.

Art. 99. Toute contravention aux articles 4, 5, 6 et 9 du présent livre sera poursuivie devant le tribunal de police et punie d'une amende de 5 à 15 francs.

Pour les contraventions aux articles 4, 5 et 9 du présent livre, le tribunal de police pourra, dans le cas de récidive, prononcer, outre l'amende, un emprisonnement de un à cinq jours.

En cas de récidive, la contravention à l'article 6 sera poursuivie devant les tribunaux correctionnels et punie d'un emprisonnement de quinze jours à trois mois, sans préjudice d'une amende qui pourra s'élever de 50 francs à 300 francs.

ART. 100. Seront punies d'une amende de 11 à 15 francs :

1° Les contraventions aux articles 33, 34, 35, 37. 38, 40, 41 et 42 du présent livre ;

2° Les contraventions à la disposition finale de l'article 36 et aux arrêtés pris en exécution de l'article 39

Il sera prononcé autant d'amendes qu'il aura été commis de contraventions distinctes.

ART. 101. Si dans les douze mois qui ont précédé la contravention, le contrevenant a encouru une condamnation par l'application de l'article précédent, le tribunal peut ordonner l'insertion du nouveau jugement dans un journal de la localité, aux frais du condamné.

ART. 102. Toute infraction, soit aux règlements faits en vertu des articles 79 et 90, soit aux prescriptions des articles 81, 87, 88, 89, § 2, 91, sera punie d'une amende de 16 à 100 francs et d'un emprisonnement de six jours à un mois, ou de l'une de ces peines seulement.

Le maximum des deux peines sera toujours appliqué au délinquant lorsqu'il aura été prononcé contre lui, dans les douze mois précédents, une première condamnation pour infractions aux articles 81, 87, 88, 89 § 2, 91 et aux règlements pris en vertu de l'article 90.

Tout tenancier, gérant, employé d'un bureau clandestin sera puni des peines portées au présent article.

Ces peines sont indépendantes des restitutions et des dommages-intérêts auxquels pourront donner lieu les faits incriminés.

ART. 103. Toute exploitation de l'ouvrier par voie de marchandage sera punie d'une amende de 50 à 100 francs pour la première fois ; de 100 à 200 francs en cas de récidive, et, s'il y avait double récidive, d'un emprisonnement qui pourrait aller de un à six mois.

Le produit des amendes sera destiné à secourir les invalides du travail.

ART. 104. Sans préjudice de la responsabilité civile, toute contravention aux prescriptions des articles 43, 44, 45 du présent livre sera poursuivie devant le tribunal de simple police et punie d'une amende de 5 à 15 francs.

ART. 105. Toute infraction aux articles 75, 76, 77 sera passible d'une amende de 50 à 2 000 francs qui pourra être portée à 5 000 francs en cas de récidive.

ART 106. L'article 463 du Code pénal est applicable aux infractions prévues aux articles 99, 102, 104 et 105.

La loi du 26 mars 1891 est applicable aux infractions prévues aux articles 102 et 105.

ART. 107. Les inspecteurs du travail sont chargés, concurremment avec les officiers de police judiciaire, d'assurer l'exécution des articles 75, 76, 77, et, en ce qui concerne le commerce et l'industrie, des articles 43, 44, 45 du présent livre.

Les contraventions auxdits articles sont constatées dans les conditions indiquées par l'article 20 de la loi du 2 novembre 1892.

LOI DU 28 DÉCEMBRE 1910

portant codification des lois ouvrières (livre Ier du Code du travail et de la prévoyance sociale.)

Le Senat et la Chambre des députés ont adopté,
Le Président de la République promulgue la loi dont la teneur suit :

Article premier. Sont codifiées dans la teneur ci-après et formeront le livre Ier du Code du travail et de la prévoyance sociale, les dispositions annexées à la présente loi sous la rubrique :
« Livre Ier. — Des conventions relatives au travail. »

Art. 2. Cette codification n'entrera en vigueur que lorsqu'un décret, rendu sur la proposition du ministre du travail et de la prévoyance sociale, aura effectué un nouveau numérotage de ses articles, en une série unique, et modifié corrélativement les références. Elle devra être publiée dans le mois de la promulgation de la présente loi.

Art. 3. A dater de cette publication, sont et demeurent abrogés, ainsi que toutes les dispositions que ces lois avaient elles-mêmes abrogées antérieurement, les lois, décrets et arrêtés codifiés dans le livre Ier du Code du travail et de la prévoyance sociale, à savoir :
1° L'article 15 de la loi du 22 germinal an XI;
2° Les articles 20 à 28 de la loi du 18 mars 1806;
3° Le décret du 2 mars 1848;
4° L'arrêté du 21 mars 1848;
5° La loi du 7 mars 1850;
6° La loi du 22 février 1851, à l'exception de la phrase finale de l'article 8 et de l'ensemble de l'article 9;
7° Le décret du 25 mars 1852;
8° La loi du 21 juillet 1856;
9° La loi du 2 juillet 1890;
10° La loi du 25 juillet 1891;
11° La loi du 12 janvier 1895;
12° La loi du 18 juillet 1901;
13° La loi du 14 mars 1904, à l'exception de l'article 13;
14° La loi du 27 novembre 1909, garantissant leur travail ou leur emploi aux femmes en couches;
15° La loi du 7 décembre 1909 sur le payement des salaires des ouvriers et employés;
16° La loi du 25 mars 1910, supprimant les économats et interdisant aux employeurs de vendre directement ou indirectement à leurs ouvriers et employés des marchandises de quelque nature que ce soit.

Art. 4. Sont toutefois maintenus, jusqu'à ce qu'ils aient été modifiés, s'il y a lieu, par des règlements d'administration publique nouveaux, les règlements d'administration publique qui se trouvent en vigueur en vertu des dispositions législatives reproduites dans le présent code.

Art. 5. Restent respectivement en vigueur, en Algérie et aux colonies, les lois qui y sont actuellement appliquées.

Des décrets rendus sur la proposition du ministre du travail et des ministres compétents peuvent déterminer les conditions d'application en Algérie et aux colonies des dispositions du Code du travail et de la prévoyance sociale.

DÉCRET DU 12 JANVIER 1911

relatif à la codification des lois ouvrières.

LE PRÉSIDENT DE LA RÉPUBLIQUE FRANÇAISE,

Vu la loi du 28 décembre 1910, portant codification des lois ouvrières (livre Ier du Code du travail et de la prévoyance sociale), et notamment son article 2, ainsi conçu :

« Cette codification n'entrera en vigueur que lorsqu'un décret, rendu sur la proposition du ministre du travail et de la prévoyance sociale, aura effectué un nouveau numérotage de ses articles, en une série unique, et modifié corrélativement les références. Elle devra être publiée dans le mois de la promulgation de la présente loi » ;

Sur la proposition du ministre du travail et de la prévoyance sociale,

DECRÈTE :

ARTICLE PREMIER. Le numérotage des articles du livre Ier du Code du travail et de la prévoyance sociale, et les références auxdits articles sont modifiés conformément au texte annexé au présent décret.

ART. 2. Les dispositions de la loi du 28 décembre 1910, portant codification des lois ouvrières (Livre I du Code du travail et de la prévoyance sociale), entreront en vigueur à dater de la publication du présent décret.

ART. 3. Le ministre du travail et de la prévoyance sociale est chargé de l'exécution du présent décret, qui sera inséré au *Bulletin des Lois* et publié au *Journal officiel* de la République française.

II — RÉGLEMENTATION DU TRAVAIL

A — TRAVAIL DES ENFANTS ET DES FEMMES

LOI DU 2 NOVEMBRE 1892

sur le travail des enfants, des filles mineures et des femmes dans les établissements industriels.

(Modifiée par la loi du 30 mars 1900.)

Le Sénat et la Chambre des députés ont adopté,

Le Président de la République promulgue la loi dont la teneur suit :

SECTION PREMIÈRE.

DISPOSITIONS GÉNÉRALES. — AGE D'ADMISSION. — DURÉE DU TRAVAIL.

Article premier. Le travail des enfants, des filles mineures et des femmes dans les usines, manufactures, mines, minières et carrières, chantiers, ateliers et leurs dépendances, de quelque nature que ce soit, publics ou privés, laïques ou religieux, même lorsque ces établissements ont un caractère d'enseignement professionnel ou de bienfaisance, est soumis aux obligations déterminées par la présente loi.

Toutes les dispositions de la présente loi s'appliquent aux étrangers travaillant dans les établissements ci-dessus désignés.

Sont exceptés les travaux effectués dans les établissements où ne sont employés que les membres de la famille sous l'autorité soit du père, soit de la mère, soit du tuteur.

Néanmoins, si le travail s'y fait à l'aide de chaudière à vapeur ou de moteur mécanique, ou si l'industrie exercée est classée au nombre des établissements dangereux ou insalubres (1), l'inspecteur aura le droit de prescrire les mesures de sécurité et de salubrité à prendre, conformément aux articles 12, 13 et 14.

Art. 2. Les enfants ne peuvent être employés par les patrons ni être admis dans les établissements énumérés dans l'article 1er avant l'âge de treize ans révolus.

Toutefois, les enfants munis du certificat d'études primaires institué par la loi du 28 mars 1882 peuvent être employés à partir de l'âge de douze ans.

Aucun enfant âgé de moins de treize ans ne pourra être admis au travail dans les établissements ci-dessus visés, s'il n'est muni d'un certificat d'aptitude physique, délivré, à titre gratuit, par l'un des médecins chargés de la surveillance du premier âge ou l'un des médecins inspecteurs des écoles, ou tout autre médecin chargé d'un service public, désigné par le préfet. Cet examen sera contradictoire, si les parents le réclament.

(1) Voir en *Annexe*, page 167, la nomenclature des établissements dangereux, insalubres ou incommodes.

Les inspecteurs du travail pourront toujours requérir un examen médical de tous les enfants au-dessous de seize ans, déjà admis dans les établissements susvisés, à l'effet de constater si le travail dont ils sont chargés excède leurs forces.

Dans ce cas, les inspecteurs auront le droit d'exiger leur renvoi de l'établissement, sur l'avis conforme de l'un des médecins désignés au paragraphe 3 du présent article, et après examen contradictoire si les parents le réclament.

Dans les orphelinats et institutions de bienfaisance visés à l'article 1er, et dans lesquels l'instruction primaire est donnée, l'enseignement manuel ou professionnel, pour les enfants âgés de moins de treize ans, sauf pour les enfants âgés de douze ans munis du certificat d'études primaires, ne pourra pas dépasser trois heures par jour.

ART. 3. (*Loi du 30 mars 1900.*) « Les jeunes ouvriers et ouvrières jusqu'à l'âge de dix-huit ans et les femmes ne peuvent être employés à un travail effectif de plus de onze heures par jour, coupées par un ou plusieurs repos dont la durée totale ne pourra être inférieure à une heure et pendant lesquels le travail sera interdit.

« Au bout de deux ans à partir de la promulgation de la présente loi la durée du travail sera réduite à dix heures et demie et, au bout d'une nouvelle période de deux années, à dix heures.

« Dans chaque établissement, sauf les usines à feu continu et les mines, minières ou carrières, les repos auront lieu aux mêmes heures pour toutes les personnes protégées par la présente loi. »

SECTION II.

TRAVAIL DE NUIT. — REPOS HEBDOMADAIRE.

ART. 4. Les enfants âgés de moins de dix-huit ans, les filles mineures et les femmes ne peuvent être employés à aucun travail de nuit dans les établissements énumérés à l'article 1er.

Tout travail entre 9 heures du soir et 5 heures du matin est considéré comme travail de nuit; *toutefois, le travail sera autorisé de 4 heures du matin à 10 heures du soir quand il sera réparti entre deux postes d'ouvriers ne travaillant pas plus de neuf heures chacun* (1).

Le travail de chaque équipe sera coupé par un repos d'une heure au moins (1).

Il sera accordé, pour les femmes et les filles âgées de plus de dix-huit ans, à certaines industries qui seront déterminées par un règlement d'administration publique et dans les conditions d'application qui seront précisées dans ledit règlement, la faculté de prolonger le travail jusqu'à 11 heures du soir, à certaines époques de l'année, pendant une durée totale qui ne dépassera pas soixante jours. En aucun cas, la journée de travail effectif ne pourra être prolongée au delà de douze heures.

Il sera accordé à certaines industries, déterminées par un règlement d'administration publique, l'autorisation de déroger d'une façon permanente aux dispositions des paragraphes 1 et 2 du présent article, mais

(1) Disposition abrogée, sauf en ce qui concerne les travaux souterrains, par la loi du 30 mars 1900 (Voir dernier paragraphe de l'article 4).

sans que le travail puisse en aucun cas dépasser sept heures par vingt-quatre heures.

Le même règlement pourra autoriser, pour certaines industries, une dérogation temporaire aux dispositions précitées.

En outre, en cas de chômage résultant d'une interruption accidentelle ou de force majeure, l'interdiction ci-dessus peut, dans n'importe quelle industrie, être temporairement levée par l'inspecteur pour un délai déterminé.

(Loi du 30 mars 1900.) « A l'expiration d'un délai de deux ans à partir de la promulgation de la présente loi, les dispositions exceptionnelles concernant le travail de nuit prévues aux paragraphes 2 et 3 du présent article cesseront d'être en vigueur, sauf pour les travaux souterrains des mines, minières et carrières. »

ART. 5. Les enfants âgés de moins de dix-huit ans et les femmes de tout âge ne peuvent être employés dans les établissements énumérés à l'article 1er *plus de six jours par semaine, ni* (1) les jours de fête reconnus par la loi, même pour rangement d'atelier.

Une affiche apposée dans les ateliers indiquera le jour adopté pour le repos hebdomadaire (1).

ART. 6. Néanmoins, dans les usines à feu continu, les femmes majeures et les enfants du sexe masculin peuvent être employés tous les jours de la semaine, la nuit, aux travaux indispensables, sous la condition qu'ils auront au moins un jour de repos par semaine.

Les travaux tolérés et le laps de temps pendant lequel ils peuvent être exécutés seront déterminés par un règlement d'administration publique.

ART. 7. *L'obligation du repos hebdomadaire et* (1) les restrictions relatives à la durée du travail peuvent être temporairement levées par l'inspecteur divisionnaire, pour les travailleurs visés à l'article 5, pour certaines industries à désigner par le susdit règlement d'administration publique.

ART. 8. Les enfants des deux sexes âgés de moins de treize ans ne peuvent être employés comme acteurs, figurants, etc., aux représentations publiques données dans les théâtres et cafés-concerts sédentaires.

Le Ministre de l'instruction publique et des beaux-arts, à Paris, et les préfets, dans les départements, pourront exceptionnellement autoriser l'emploi d'un ou plusieurs enfants dans les théâtres pour la représentation de pièces déterminées.

SECTION III.

TRAVAUX SOUTERRAINS.

ART. 9. Les filles et les femmes ne peuvent être employées aux travaux souterrains des mines, minières et carrières.

Des règlements d'administration publique détermineront les conditions spéciales du travail des enfants de treize à dix-huit ans du sexe masculin dans les travaux souterrains ci-dessus visés.

Dans les mines spécialement désignées par des règlements d'adminis-

(1) Disposition abrogée par l'article 18 de la loi du 13 juillet 1906 sur le repos hebdomadaire.

tration publique, comme exigeant, en raison de leurs conditions naturelles, une dérogation aux prescriptions du paragraphe 2 de l'article 4, ces règlements pourront permettre le travail des enfants à partir de 4 heures du matin et jusqu'à minuit, sous la condition expresse que les enfants ne soient pas assujettis à plus de huit heures de travail effectif ni à plus de dix heures de présence dans la mine par vingt-quatre heures.

SECTION IV.

SURVEILLANCE DES ENFANTS.

ART. 10. Les maires sont tenus de délivrer gratuitement aux père, mère, tuteur ou patron, un livret sur lequel sont portés les noms et prénoms des enfants des deux sexes âgés de moins de dix-huit ans, la date, le lieu de leur naissance et leur domicile.

Si l'enfant a moins de treize ans, le livret devra mentionner qu'il est muni du certificat d'études primaires institué par la loi du 28 mars 1882.

Les chefs d'industrie ou patrons inscriront sur le livret la date de l'entrée dans l'atelier et celle de la sortie. Ils devront également tenir un registre sur lequel seront mentionnées toutes les indications insérées au présent article.

ART. 11. Les patrons ou chefs d'industrie et loueurs de force motrice sont tenus de faire afficher dans chaque atelier les dispositions de la présente loi, les règlements d'administration publique relatifs à son exécution et concernant plus particulièrement leur industrie, ainsi que les adresses et les noms des inspecteurs de la circonscription.

Ils afficheront également les heures auxquelles commencera et finira le travail, ainsi que les heures et la durée des repos. Un duplicata de cette affiche sera envoyé à l'inspecteur, un autre sera déposé à la mairie.

(*Loi du 30 mars 1900.*) « Dans les établissements visés par la présente loi, autres que les usines à feu continu et les établissements qui seront déterminés par un règlement d'administration publique, l'organisation du travail par relais, sauf ce qui est prévu aux paragraphes 2 et 3 de l'article 4, sera interdite pour les personnes protégées par les articles précédents, dans un délai de trois mois à partir de la promulgation de la présente loi.

« En cas d'organisation du travail par postes ou équipes successives, le travail de chaque équipe sera continu, sauf l'interruption pour le repos. »

Dans toutes les salles de travail des ouvroirs, orphelinats, ateliers de charité ou de bienfaisance dépendant des établissements religieux ou laïques sera placé d'une façon permanente un tableau indiquant, en caractères facilement lisibles, les conditions du travail des enfants telles qu'elles résultent des articles 2, 3, 4 et 5, et déterminant l'emploi de la journée, c'est-à-dire les heures du travail manuel, du repos, de l'étude et des repas. Ce tableau sera visé par l'inspecteur et revêtu de sa signature.

Un état nominatif complet des enfants élevés dans les établissements ci-dessus désignés, indiquant leurs noms et prénoms, la date et le lieu de leur naissance, et certifié conforme par les directeurs de ces établissements, sera remis tous les trois mois à l'inspecteur et fera mention de toutes les mutations survenues depuis la production du dernier état.

SECTION V.

HYGIÈNE ET SÉCURITÉ DES TRAVAILLEURS.

ART. 12. Les différents genres de travail présentant des causes de danger ou excédant les forces, ou dangereux pour la moralité, qui seront interdits aux femmes, filles et enfants, seront déterminés par des règlements d'administration publique.

ART. 13. Les femmes, filles et enfants ne peuvent être employés dans des établissements insalubres ou dangereux, où l'ouvrier est exposé à des manipulations ou à des émanations préjudiciables à sa santé, que sous les conditions spéciales déterminées par des règlements d'administration publique pour chacune de ces catégories de travailleurs.

ART. 14. Les établissements visés dans l'article 1er et leurs dépendances doivent être tenus dans un état constant de propreté, convenablement éclairés et ventilés. Ils doivent présenter toutes les conditions de sécurité et de salubrité nécessaires à la santé du personnel.

Dans tout établissement contenant des appareils mécaniques, les roues, les courroies, les engrenages ou tout autre organe pouvant offrir une cause de danger seront séparés des ouvriers de telle manière que l'approche n'en soit possible que pour les besoins du service.

Les puits, trappes et ouvertures de descente doivent être clôturés.

ART. 15. Tout accident ayant occasionné une blessure à un ou plusieurs ouvriers, survenu dans un des établissements mentionnés à l'article 1er, sera l'objet d'une déclaration par le chef de l'entreprise ou, à son défaut et en son absence, par son préposé.

Cette déclaration contiendra le nom et l'adresse des témoins de l'accident ; elle sera faite dans les quarante-huit heures au maire de la commune, qui en dressera procès-verbal, dans la forme à déterminer par un règlement d'administration publique. A cette déclaration sera joint, produit par le patron, un certificat du médecin indiquant l'état du blessé, les suites probables de l'accident et l'époque à laquelle il sera possible d'en connaître le résultat définitif.

Récépissé de la déclaration et du certificat médical sera remis, séance tenante, au déposant.

Avis de l'accident est donné immédiatement par le maire à l'inspecteur divisionnaire ou départemental(1).

ART. 16. Les patrons ou chefs d'établissement doivent, en outre, veiller au maintien des bonnes mœurs et à l'observation de la décence publique.

SECTION VI.

INSPECTION.

ART. 17. Les inspecteurs du travail sont chargés d'assurer l'exécution de la présente loi et de la loi du 9 septembre 1848.

Ils sont chargés, en outre, concurremment avec les commissaires de police, de l'exécution de la loi du 7 décembre 1874 relative à la protection des enfants employés dans les professions ambulantes.

---

(1) Voir l'article 11, § 6, de la loi du 9 avril 1898, p. 118, et les modèles de déclaration d'accidents, pages 131 et suivantes.

Toutefois, en ce qui concerne les exploitations des mines, minières et carrières, l'exécution de la loi est exclusivement confiée aux ingénieurs et contrôleurs des mines, qui, pour ce service, sont placés sous l'autorité du Ministre du commerce et de l'industrie [1].

Art. 18. Les inspecteurs du travail sont nommés par le Ministre du commerce et de l'industrie.

Ce service comprendra :

1° Des inspecteurs divisionnaires ;

2° Des inspecteurs ou inspectrices départementaux.

Un décret, rendu après avis du Comité des arts et manufactures et de la Commission supérieure du travail ci-dessous instituée, déterminera les départements dans lesquels il y aura lieu de créer des inspecteurs départementaux. Il fixera le nombre, le traitement et les frais de tournée de ces inspecteurs.

Les inspecteurs ou inspectrices départementaux sont placés sous l'autorité de l'inspecteur divisionnaire.

Les inspecteurs du travail prêtent serment de ne point révéler les secrets de fabrication et, en général, les procédés d'exploitation dont ils pourraient prendre connaissance dans l'exercice de leurs fonctions.

Toute violation de ce serment est punie conformément à l'article 378 du Code pénal.

Art. 19. Désormais, ne seront admissibles aux fonctions d'inspecteur divisionnaire ou départemental que les candidats ayant satisfait aux conditions et aux concours visés par l'article 22.

La nomination au poste d'inspecteur titulaire ne sera définitive qu'après un stage d'un an.

Art. 20. Les inspecteurs et inspectrices ont entrée dans tous les établissements visés par l'article premier ; ils peuvent se faire représenter le registre prescrit par l'article 10, les livrets, les règlements intérieurs et, s'il y a lieu, le certificat d'aptitude physique mentionné à l'article 2.

Les contraventions sont constatées par les procès-verbaux des inspecteurs et inspectrices, qui font foi jusqu'à preuve contraire.

Ces procès-verbaux sont dressés en double exemplaire, dont l'un est envoyé au préfet du département et l'autre déposé au parquet.

Les dispositions ci-dessus ne dérogent point aux règles du droit commun quant à la constatation et à la poursuite des infractions à la présente loi.

Art. 21. Les inspecteurs ont pour mission, en dehors de la surveillance qui leur est confiée, d'établir la statistique des conditions du travail industriel dans la région qu'ils sont chargés de surveiller.

Un rapport d'ensemble résumant ces communications sera publié tous les ans par les soins du Ministre du commerce et de l'industrie.

SECTION VII.

COMMISSIONS SUPÉRIEURE ET DÉPARTEMENTALES.

Art. 22. Une Commission supérieure composée de neuf membres, dont les fonctions sont gratuites, est établie auprès du Ministre du commerce et de l'industrie. Cette Commission comprend deux sénateurs, deux dé-

(1) Actuellement : le Ministre du travail et de la prévoyance sociale. — Même observation pour tout ce qui concerne l'application de cette loi et des règlements pris pour son exécution.

putés élus par leurs collègues et cinq membres nommés pour une période de quatre ans par le Président de la République. Elle est chargée :

1° De veiller à l'application uniforme et vigilante de la présente loi ;

2° De donner son avis sur les règlements à faire et généralement sur diverses questions intéressant les travailleurs protégés ;

3° Enfin, d'arrêter les conditions d'admissibilité des candidats à l'inspection divisionnaire et départementale et le programme du concours qu'ils devront subir.

Les inspecteurs divisionnaires nommés en vertu de la loi du 19 mai 1874, et actuellement en fonctions, seront répartis entre les divers postes d'inspecteurs divisionnaires et d'inspecteurs départementaux établis en exécution de la présente loi, sans être assujettis à subir le concours.

Les inspecteurs départementaux pourront être conservés sans subir un nouveau concours.

Art. 23. Chaque année, le président de la Commission supérieure adresse au Président de la République un rapport général sur les résultats de l'inspection et sur les faits relatifs à l'exécution de la présente loi.

Ce rapport doit être, dans le mois de son dépôt, publié au *Journal officiel*.

Art. 24. Les conseils généraux devront instituer une ou plusieurs commissions chargées de présenter, sur l'exécution de la loi et les améliorations dont elle serait susceptible, des rapports qui seront transmis au Ministre et communiqués à la Commission supérieure.

Les inspecteurs divisionnaires et départementaux, les présidents et vice-présidents du conseil de prud'hommes du chef-lieu ou du principal centre industriel du département et, s'il y a lieu, l'ingénieur des mines, font partie de droit de ces commissions dans leurs circonscriptions respectives.

Les commissions locales instituées par les articles 20, 21 et 22 de la loi du 19 mai 1874 sont abolies.

Art. 25. Il sera institué dans chaque département des comités de patronage ayant pour objet :

1° La protection des apprentis et des enfants employés dans l'industrie ;

2° Le développement de leur instruction professionnelle.

Le conseil général dans chaque département déterminera le nombre et la circonscription des comités de patronage, dont les statuts seront approuvés dans le département de la Seine par le Ministre de l'intérieur et le Ministre du commerce et de l'industrie, et par les préfets dans les autres départements.

Les comités de patronage seront administrés par une commission composée de sept membres, dont quatre seront nommés par le conseil général et trois par le préfet.

Ils sont renouvelables tous les trois ans. Les membres sortants pourront être appelés de nouveau à en faire partie.

Leurs fonctions sont gratuites.

SECTION VIII.

PÉNALITÉS.

Art. 26. Les manufacturiers, directeurs ou gérants d'établissements visés dans la présente loi, qui auront contrevenu aux prescriptions de ladite loi et des règlements d'administration publique relatifs à son exécution, seront poursuivis devant le tribunal de simple police et passibles d'une amende de 5 à 15 francs.

L'amende sera appliquée autant de fois qu'il y aura de personnes employées dans des conditions contraires à la présente loi.

Toutefois, la peine ne sera pas applicable si l'infraction à la loi a été le résultat d'une erreur provenant de la production d'actes de naissance, livrets ou certificats contenant de fausses énonciations ou délivrés pour une autre personne.

Les chefs d'industrie sont civilement responsables des condamnations prononcées contre leurs directeurs ou gérants.

Art. 27. En cas de récidive, le contrevenant sera poursuivi devant le tribunal correctionnel et puni d'une amende de 16 à 100 francs.

Il y a récidive lorsque, dans les douze mois antérieurs au fait poursuivi, le contrevenant a déjà subi une condamnation pour une contravention identique.

En cas de pluralité de contraventions entraînant ces peines de la récidive, l'amende sera appliquée autant de fois qu'il aura été relevé de nouvelles contraventions.

Les tribunaux correctionnels pourront appliquer les dispositions de l'article 463 du Code pénal sur les circonstances atténuantes, sans qu'en aucun cas l'amende, pour chaque contravention, puisse être inférieure à 5 francs.

Art. 28. L'affichage du jugement peut, suivant les circonstances et en cas de récidive seulement, être ordonné par le tribunal de police correctionnelle.

Le tribunal peut également ordonner, dans le même cas, l'insertion du jugement aux frais du contrevenant dans un ou plusieurs journaux du département.

Art. 29. Est puni d'une amende de 100 à 500 francs quiconque aura mis obstacle à l'accomplissement des devoirs d'un inspecteur.

En cas de récidive, l'amende sera portée de 500 à 1 000 francs.

L'article 463 du Code pénal est applicable aux condamnations prononcées en vertu de cet article.

SECTION IX.

DISPOSITIONS SPÉCIALES.

Art. 30. Les règlements d'administration publique nécessaires à l'application de la présente loi seront rendus après avis de la Commission supérieure du travail et du Comité consultatif des arts et manufactures.

Le Conseil général des mines sera appelé à donner son avis sur les règlements prévus en exécution de l'article 9.

Art. 31. Les dispositions de la présente loi sont applicables aux enfants placés en apprentissage et employés dans un des établissements visés à l'article premier.

Art. 32. Les dispositions édictées par la présente loi ne seront applicables qu'à dater du 1er janvier 1893.

La loi du 19 mai 1874 et les règlements d'administration publique rendus en exécution de ses dispositions seront abrogés à la date susindiquée.

La présente loi, délibérée et adoptée par le Sénat et par la Chambre des députés, sera exécutée comme loi de l'État.

DÉCRET DU 3 MAI 1893

sur le travail des enfants dans les mines.

Le Président de la République française,

Sur le rapport du Ministre du commerce, de l'industrie et des colonies;
Vu la loi du 2 novembre 1892 et en particulier son article 9 ainsi conçu :

« Les filles et femmes ne peuvent être admises dans les travaux souterrains des mines, minières et carrières.

« Des règlements d'administration publique détermineront les conditions spéciales du travail des enfants de treize à dix-huit ans, du sexe masculin, dans les travaux souterrains ci-dessus visés.

« Dans les mines spécialement désignées par des règlements d'administration publique comme exigeant, en raison de leurs conditions naturelles, une dérogation aux prescriptions du paragraphe 2 de l'article 4, ces règlements pourront permettre le travail des enfants à partir de 4 heures du matin et jusqu'à minuit, à la condition expresse que les enfants ne soient pas assujettis à plus de huit heures de travail effectif ni à plus de dix heures de présence dans la mine par vingt-quatre heures » ;

Vu l'avis du Conseil général des mines;
Vu l'avis du Comité consultatif des arts et manufactures;
Vu l'avis de la Commission supérieure du travail dans l'industrie instituée par la loi du 2 novembre 1892;
Le Conseil d'État entendu,

Décrète :

Article premier. La durée du travail effectif des enfants du sexe masculin au-dessous de seize ans, dans les galeries souterraines des mines, minières et carrières, ne peut excéder huit heures par poste et par vingt-quatre heures.

La durée du travail effectif des jeunes ouvriers de seize à dix-huit ans ne peut excéder dix heures par jour ni cinquante-quatre heures par semaine.

Ne sont pas compris dans les durées précitées du travail effectif le temps de la remonte et de la descente ni celui employé à aller au chantier et à en venir, ni les repos, dont la durée totale ne pourra être inférieure à une heure.

Art. 2. Les enfants et les jeunes ouvriers peuvent être employés au triage et au chargement du minerai, à la manœuvre et au roulage des wagonnets, à la garde et à la manœuvre des portes d'aérage, à la manœuvre des ventilateurs à bras et autres travaux accessoires n'excédant pas leur force.

Ils ne doivent pas être occupés à la manœuvre des ventilateurs à bras pendant plus d'une demi-journée de travail coupée par un repos d'une demi-heure au moins.

Les jeunes ouvriers de seize à dix-huit ans ne peuvent être occupés aux travaux proprement dits du mineur qu'à titre d'aides ou d'apprentis et pour une durée maxima de cinq heures par jour.

En dehors des exceptions prévues aux paragraphes précédents, tout travail est interdit dans les galeries souterraines aux enfants et jeunes ouvriers.

Art. 3. Les dispositions spéciales prévues par l'article 9, § 3, de la loi du 2 novembre 1892 pourront dès à présent être appliquées aux exploitations des couches minces de houille dans lesquelles le travail est mené à double poste et lorsque le travail de l'un des postes consiste à exécuter aux chantiers d'abatage l'enlèvement des roches encaissantes et le remblaiement qui n'ont pu s'effectuer pendant le poste d'extraction.

L'exploitant qui voudra recourir à ce régime devra au préalable en avoir donné avis à l'ingénieur en chef des mines. En cas d'opposition de ce dernier, l'exploitant devra obtenir l'autorisation du Ministre du commerce, de l'industrie et des colonies.

Art. 4. Le Ministre du commerce, de l'industrie et des colonies est chargé de l'exécution du présent décret, qui sera inséré au *Bulletin des Lois* et publié au *Journal officiel* de la République française.

DÉCRET DU 13 MAI 1893

sur les travaux dangereux pour les enfants et les femmes.

(Modifié par les décrets des 21 juin 1897, 20 avril 1899, 3 mai 1900, 22 novembre 1905, 7 mars, 10 septembre et 15 decembre 1908 et 7 mars 1910.)

Le Président de la République française,

Sur le rapport du Ministre du commerce, de l'industrie et des colonies,
Vu l'article 12 de la loi du 2 novembre 1892, ainsi conçu :

« Les différents genres de travail présentant des causes de danger, ou excédant les forces, ou dangereux pour la moralité, qui seront interdits aux femmes, filles et enfants, seront déterminés par des règlements d'administration publique » ;

Vu l'article 13 de ladite loi, ainsi conçu :

« Les femmes, filles et enfants ne peuvent être employes dans des établissements insalubres ou dangereux, où l'ouvrier est exposé à des manipulations ou à des émanations préjudiciables à sa santé, que sous les conditions spéciales déterminées par des règlements d'administration publique pour chacune de ces catégories de travailleurs » ;

Vu l'avis du Comité consultatif des arts et manufactures ;

Vu l'avis de la Commission supérieure instituée par l'article 22 de la loi précitée ;

Le Conseil d'État entendu,

Décrète :

Article premier. Il est interdit d'employer les enfants au-dessous de 18 ans, les filles mineures et les femmes au graissage, au nettoyage, à la visite ou à la réparation des machines ou mécanismes en marche.

Art. 2. Il est interdit d'employer les enfants au-dessous de 18 ans, les filles mineures et les femmes dans les ateliers où se trouvent des machines actionnées à la main ou par un moteur mécanique, dont les parties dangereuses ne sont point couvertes de couvre-engrenages, garde-mains et autres organes protecteurs.

Art. 3. Il est interdit d'employer les enfants au-dessous de 18 ans à faire tourner des appareils en sautillant sur une pédale.

Il est également interdit de les employer à faire tourner des roues horizontales.

Art. 4. Les enfants au-dessous de 16 ans ne pourront être employés à tourner des roues verticales que pendant une durée d'une demi-journée de travail divisée par un repos d'une demi-heure au moins.

Il est également interdit d'employer les enfants au-dessous de 16 ans à actionner, au moyen de pédales, les métiers dits « à la main ».

Art. 5. Les enfants au-dessous de 16 ans ne peuvent travailler aux scies circulaires ou aux scies à ruban.

Art. 6. Les enfants au-dessous de 16 ans ne peuvent être employés au travail des cisailles et autres lames tranchantes mécaniques.

Art. 7. Les enfants au-dessous de 13 ans ne peuvent, dans les verreries, être employés à cueillir et à souffler le verre.

Au-dessus de 13 ans jusqu'à 16 ans, ils ne peuvent cueillir un poids de verre supérieur à 1 000 grammes. Dans les fabriques de bouteilles et de verre à vitre, le soufflage par la bouche est interdit aux enfants au-dessous de 16 ans.

Dans les verreries où le soufflage se fait à la bouche, un embout personnel sera mis à la disposition de chaque enfant âgé de moins de 18 ans.

Art. 8. Il est interdit de préposer des enfants au-dessous de 16 ans au service des robinets à vapeur.

Art. 9. Il est interdit d'employer des enfants de moins de 16 ans en qualité de doubleurs, dans les ateliers où s'opèrent le laminage et l'étirage de la verge de tréfilerie.

Toutefois, cette disposition n'est pas applicable aux ateliers dans lesquels le travail des doubleurs est garanti par des appareils protecteurs.

Art. 10. Il est interdit d'employer des enfants de moins de 16 ans à des travaux exécutés à l'aide d'échafaudages volants pour la réfection ou le nettoyage des maisons.

Art. 11. (*Abrogé par l'article 2 du décret du 28 décembre 1909. Voir page 56.*)

Art. 12. Il est interdit d'employer des filles au-dessous de 16 ans au travail des machines à coudre mues par des pédales.

Art. 13. Il est interdit d'employer des enfants, des filles mineures ou des femmes à la confection d'écrits, d'imprimés, affiches, dessins, gravures, peintures, emblèmes, images ou autres objets dont la vente, l'offre, l'exposition, l'affichage ou la distribution sont réprimés par les lois pénales comme contraires aux bonnes mœurs.

Il est également interdit d'occuper des enfants au-dessous de 16 ans et des filles mineures dans les ateliers où se confectionnent des écrits, imprimés, affiches, gravures, peintures, emblèmes, images et autres objets qui, sans tomber sous l'action des lois pénales, sont cependant de nature à blesser leur moralité.

Art. 14. Dans les établissements où s'effectuent les travaux dénommés au tableau A annexé au présent décret, l'accès des ateliers affectés à ces opérations est interdit aux enfants au-dessous de 18 ans, aux filles mineures et aux femmes.

Art. 15. Dans les établissements où s'effectuent les travaux dénommés au tableau B annexé au présent décret, l'accès des ateliers affectés à ces opérations est interdit aux enfants au-dessous de 18 ans.

Art. 16. Le travail des enfants, filles mineures et femmes n'est autorisé dans les ateliers dénommés au tableau C annexé au présent décret que sous les conditions spécifiées audit tableau.

Art. 17. Le Ministre du commerce, de l'industrie et des colonies est chargé de l'exécution du présent décret, qui sera inséré au *Bulletin des Lois* et publié au *Journal officiel* de la République française.

TABLEAU A.

Travaux interdits aux enfants au-dessous de 18 ans, aux filles mineures et aux femmes.

TRAVAUX.	RAISONS DE L'INTERDICTION
Acide arsénique (Fabrication de l') au moyen de l'acide arsénieux et de l'acide azotique.	Danger d'empoisonnement.
Acide fluorhydrique (Fabrication de l').	Vapeurs délétères.
Acide nitrique (Fabrication de l')	*Idem.*
Acide oxalique (Fabrication de l').	Danger d'empoisonnement. Vapeurs delétères
Acide picrique (Fabrication de l')	Vapeurs deletères.
Acide salicylique (Fabrication de l') au moyen de l'acide phénique	Emanations nuisibles.
Acide urique. (Voir Murexide.)	
Affinage des métaux au fourneau. (Voir Grillage des minerais.)	
Aniline. (Voir Nitrobenzine.)	
Arséniate de potasse (Fabric de l') au moyen du salpêtre.	Danger d'empoisonnement. Vapeurs délétères.
Benzine (Derives de la). [Voir Nitrobenzine.]	
Blanc de plomb. (Voir Céruse.)	
Bleu de Prusse (Fabrication du). [Voir Cyanure de potassium]	
Cendres d'orfèvre (Traitement des) par le plomb. . . .	Maladies spéciales dues aux emanations nuisibles.
Céruse ou blanc de plomb (Fabrication de la).	*Idem.*
Chairs, débris et issues (Dépôts de) provenant de l'abatage des animaux.	Eman. nuisibles, danger d'infection.
Chlore (Fabrication du).	Emanations nuisibles.
Chlorure de chaux (Fabrication du).	*Idem.*
Chlorures alcalins, eau de Javelle (Fabrication des) . .	*Idem.*
Chlorure de plomb (Fonderie de)	*Idem.*
Chlorures de soufre (Fabrication des)	*Idem.*
Chromate de potasse (Fabrication du).	Maladies spéciales dues aux emanations.
Cristaux (Polissage à sec des).	Poussieres dangereuses.
Cyanure de potassium et bleu de Prusse (Fabrication de).	Danger d'empoisonnement.
Cyanure rouge de potassium ou prussiate rouge de potasse.	*Idem.*
Débris d'animaux (Dépôts de). [Voir Chairs, etc.]	
Dentelles (Blanchissage à la ceruse des).	Poussieres dangereuses.
Eau de Javelle (Fabric. d') [Voir Chlorures alcalins.]	
Eau-forte. (Voir Acide nitrique.)	
Effilochage et decliquetage des chiffons.	Poussieres nuisibles.
Emaux (Grattage des) dans les fabriques de verre mousseline	*Idem.*
Engrais (Dépôts et fabrique d') au moyen de matières animales	Emanations nuisibles
Equarrissage des animaux (Ateliers d')	Nature du travail. Emanations nuisibles
Etamage des glaces par le mercure (Ateliers d'). . . .	Maladies spéciales dues aux émanations.
Fonte et laminage du plomb.	*Idem.*
Fulminate de mercure (Fabrication du)	Emanations nuisibles.
Glaces (Etamage des). [Voir Etamage.]	
Grillage des minerais sulfureux (sauf le cas prevu au tableau C)	*Idem.*
Huiles et autres corps gras extraits des debris de matières animales	*Idem.*
Litharge (Fabrication de la).	Maladies spéciales dues aux émanations.
Massicot (Fabrication du)	*Idem.*

TRAVAUX.	RAISONS DE L'INTERDICTION.
Matières colorantes (Fabrication des) au moyen de l'aniline et de la nitrobenzine.	Émanations nuisibles.
Métaux (Aiguisage et polissage des).	Poussieres dangereuses.
Meulières et meules (Extraction et fabrication des). . .	*Idem.*
Minium (Fabrication du)	Maladies speciales dues aux emanations.
Murexide (Fabrication de la) en vases clos par la réaction de l'acide azotique et de l'acide urique du guano. . .	Vapeurs déleteres.
Nitrate de méthyle (Fabrique de)	*Idem.*
Nitrobenzine, aniline et matières dérivant de la benzine (Fabrication de)	Vapeurs nuisibles.
Peaux de lièvre et de lapin. (Voir Secrétage.)	
Phosphore (Fabrication du)	Maladies spéciales dues aux émanations.
Plomb (Fonte et laminage du). [Voir Fonte.]	
Poils de lievre et de lapin. (Voir Secrétage.)	
Prussiate de potasse. (Voir Cyanure de potassium.)	
Rouge de Prusse et d'Angleterre	Vapeurs déleteres.
Secretage des peaux ou poils de lievre ou de lapin. . .	Poussieres nuisibles ou vénéneuses.
Sulfate de mercure (Fabrication du).	Maladies spéciales dues aux émanations.
Sulfure d'arsenic (Fabrication du).	Danger d'empoisonnement.
Sulfure de sodium (Fabrication du)	Gaz déletere.
Traitement des minerais de plomb, zinc et cuivre, pour l'obtention des métaux bruts	Émanations nuisibles.
Verre (Polissage à sec du).	Poussières dangereuses.

TABLEAU B.

Travaux interdits aux enfants au-dessous de 18 ans.

TRAVAUX.	RAISONS DE L'INTERDICTION.
Accumulateurs electriques (Fusion du plomb et manipulation des oxydes de plomb dans les fabriques d')	Vapeurs et poussières nuisibles.
Air comprimé (travaux dans l')	Travaux dangereux.
Amorces fulminantes (Fabrication des)	Nécessité d'un travail prudent et attentif.
Amorces fulminantes pour pistolets d'enfants (Fabrication d')	*Idem.*
Artifices (Fabrication de pièces d')	*Idem.*
Cartouches de guerre (Fabriques et depôts de) . .	*Idem.*
Celluloïd et produits nitrés analogues (Fabric. de) .	*Idem.*
Chiens (Infirmeries de).	Danger de morsures.
Chromolithographie ceramique (Poudrage à sec et époussetage des couleurs) (1)	Poussières nuisibles.
Chrysalides (Extraction des parties soyeuses des) .	Emanations nuisibles.
Conduite et surveillance des lignes, appareils et machines electriques de toute nature dont la tension de regime par rapport à la terre dépasse 600 volts pour les courants continus et 150 volts (tension efficace) pour les courants alternatifs.	Necessité d'un travail prudent et attentif.
Dynamite (Fabriques et depôts de)	*Idem.*
Etoupilles (Fabrication d') avec matières explosives.	*Idem.*
Poudre de mine comprimée (Fabr. de cartouches de).	*Idem.*

(1) Decret du 7 mars 1910.

TABLEAU C.

Établissements dans lesquels l'emploi des enfants au-dessous de 18 ans, des filles mineures et des femmes est autorisé sous certaines conditions.

ÉTABLISSEMENTS.	CONDITIONS.	MOTIFS.
Abattoirs publics et annexes. .	Les enfants au-dessous de 16 ans ne seront pas employés dans les abattoirs et annexes .	Dangers d'accidents et de blessures.
Accumulateurs électriques (fusion du plomb et manipulation des oxydes de plomb dans les fabriques d') (1). . .	Les filles mineures et les femmes cesseront de pouvoir être employées à ces travaux dès l'expiration des délais impartis pour l'exécution des règlements spéciaux, si les mesures édictées par les règlements n'ont pas été exécutées.	Dangers de saturnisme.
Acide chlorhydrique (Production de l') par la décomposition des chlorures de magnésium, d'aluminium et autres .	Les enfants au-dessous de 18 ans, les filles mineures et femmes ne seront pas employés dans les ateliers où se dégagent des vapeurs et où l'on manipule les acides	Dangers d'accidents.
Acide muriatique (Voir Acide chlorhydrique.)		
Acide sulfurique (Fabrication de l')	*Idem*.	Dangers d'accidents.
Affinage de l'or et de l'argent par les acides	*Idem*.	*Idem*.
Albâtre (Sciage et polissage à sec de l')	Les enfants au-dessous de 18 ans ne seront pas employés lorsque les poussières se dégageront librement dans les ateliers	Poussières nuisibles
Allumettes chimiques (Dépôts d')	Les enfants au-dessous de 16 ans ne seront pas employés dans les magasins	Danger d'incendie.
Allumettes chimiques (Fabrication des)	Les enfants au-dessous de 18 ans ne seront pas employés à la fusion des pâtes et au trempage.	Maladies spéciales dues aux émanations.
Argenture sur métaux. (Voir Dorure et argenture.)		
Battage, cardage et épuration des laines, crins et plumes .	Les enfants au-dessous de 18 ans ne seront pas employés dans les ateliers où se dégagent des poussières	Poussières nuisibles.
Battage des tapis en grand .	*Idem*.	*Idem*.
Battoir à écorces dans les villes.	*Idem*.	*Idem*.
Benzine (Fabrication et dépôt de). [Voir Huile de pétrole, de schiste, etc.]		
Blanc de zinc (Fabrication de) par la combustion du métal.	Les enfants au-dessous de 18 ans ne seront pas employés dans les ateliers de combustion et de condensation	Vapeurs nuisibles.

(1) Décret du 7 mars 1910.

ÉTABLISSEMENTS.	CONDITIONS	MOTIFS.
Blanchiment (Toile, paille, papier)	Les enfants au-dessous de 18 ans, les filles mineures et les femmes ne seront pas employés dans les ateliers où se dégagent le chlore et l'acide sulfureux	Vapeurs nuisibles.
Blanchisseries de linge (1) .	Les enfants au-dessous de 18 ans ne seront pas employés dans les ateliers où l'on manipule du linge sale non désinfecté ou non lessivé conformément aux prescriptions des articles 3 et 4 du décret du 4 avril 1905 relatif aux mesures à prendre dans la manipulation du linge sale	Danger des maladies contagieuses.
Boîtes de conserves (Soudure des)	Les enfants au-dessous de 16 ans ne seront pas employés à la soudure des boîtes	Gaz délétères.
Boutonniers et autres emboutisseurs de métaux par moyens mécaniques	Les enfants au-dessous de 18 ans ne seront pas employés dans les ateliers où se dégagent des poussières	Poussières nuisibles.
Boyauderies	Les enfants au-dessous de 18 ans, les filles mineures et les femmes ne seront pas employés au soufflage	Danger d'affections pulmonaires.
Caoutchouc (Application des enduits du)	Les enfants au-dessous de 18 ans, les filles mineures et les femmes ne seront pas employés dans les ateliers où se dégagent les vapeurs de sulfure de carbone et de benzine	Vapeurs nuisibles
Caoutchouc (Travail du) avec emploi d'huiles essentielles ou du sulfure de carbone . .	Les enfants au-dessous de 18 ans, les filles mineures et les femmes ne seront pas employés dans les ateliers où se dégagent les vapeurs de sulfure de carbone	*Idem*
Cardage des laines, etc. (Voir Battage.)		
Chanvre (Teillage du) en grand (Voir Teillage.)		
Chanvre imperméable. (Voir Feutre goudronné.)		
Chapeaux de feutre (Fabrication de)	Les enfants au-dessous de 18 ans ne seront pas employés lorsque les poussières se dégageront librement dans les ateliers	Poussières nuisibles.
Chapeaux de soie ou autres préparés au moyen d'un vernis (Fabrication de)	Les enfants au-dessous de 18 ans ne seront pas employés dans les ateliers où l'on fabrique et applique le vernis	Vapeurs nuisibles.

(1) Décret du 22 novembre 1905.

ETABLISSEMENTS.	CONDITIONS	MOTIFS.
Chaux (Fours à)	Les enfants au-dessous de 18 ans ne seront pas employés dans les ateliers où se dégagent les poussières	Poussieres nuisibles.
Chiffons (Dépôts de)	Les enfants au-dessous de 18 ans ne seront pas employes au triage et à la manipulation des chiffons	*Idem.*
Chiffons (Traitement des) par la vapeur de l'acide chlorhydrique	Les enfants au-dessous de 18 ans, filles mineures et femmes ne seront pas employés dans les ateliers où se dégagent les acides	Vapeurs nuisibles.
Chromolithographies	Les enfants au-dessous de 16 ans ne seront pas employés au bronzage à la machine	Poussières nuisibles.
Chromolithographie céramique (poudrage à sec et epoussetage des couleurs) (1)	Les filles mineures et les femmes ne seront pas employees à ces travaux, lorsque des poussières se degageront dans les ateliers	*Idem.*
Ciment (Fours a)	Les enfants au-dessous de 18 ans ne seront pas employes dans les ateliers où se degagent des poussieres	*Idem.*
Collodion (Fabrication du)	Les enfants au-dessous de 16 ans ne seront pas occupes dans les ateliers ou l'on manipule les matieres premieres et les dissolvants	Danger d'incendie.
Cotons et cotons gras (Blanchisserie des dechets de)	Les enfants au-dessous de 18 ans, filles mineures et femmes ne seront pas employés dans les ateliers ou l'on manipule le sulfure de carbone	Vapeurs nuisibles.
Cordes d'instruments en boyaux. (Voir Boyauderies.)		
Corne, os et nacre (Travail à sec des)	Les enfants au-dessous de 18 ans ne seront pas employes lorsque les poussières se degageront librement dans les ateliers	*Idem.*
Crins (Teinture des) [Voir Teintureries.]		
Crins et soies de porc. (Voir Soies de porc.)		
Cuir verni (Fabrication de). [Voir Feutre et visières vernies.]		
Cuivre (Trituration des composes du)	Les enfants au-dessous de 18 ans ne seront pas employes dans les ateliers où les poussieres se dégagent librement	Poussières nuisibles.
Cuivre (Derochage du) par les acides	Les enfants au-dessous de 18 ans, filles mineures et femmes ne seront pas employés dans les ateliers où se dégagent les vapeurs acides	Vapeurs nuisibles.

(1) Decret du 7 mars 1910.

ÉTABLISSEMENTS.	CONDITIONS.	MOTIFS.
Déchets de laine (Dégraissage des) [V. Peaux, etoffes, etc]		
Déchets de soie (Cardage des)	Les enfants au-dessous de 18 ans ne seront pas employés dans les ateliers où les poussières se dégagent librement . . .	Poussières nuisibles
Dorure et argenture	Les enfants au-dessous de 18 ans, filles mineures et femmes ne seront pas employes dans les ateliers où se produisent des vapeurs acides ou mercurielles.	Émanations nuisibles
Eaux grasses (Extraction pour la fabrication des savons et autres usages des huiles contenues dans les)	Les enfants au-dessous de 18 ans, filles mineures et femmes ne seront pas employes dans les ateliers où l'on emploie le sulfure de carbone.	*Idem.*
Écorces (Battoir à). [Voir Battoir.]		
Émail (Application de l') sur les métaux	Les enfants au-dessous de 18 ans, les filles mineures et les femmes ne seront pas employés dans les ateliers où l'on broie et blute les matieres.	*Idem.*
Émaux (Fabrication d') avec fours non fumivores.	*Idem*	*Idem.*
Épaillage des laines et draps par la voie humide . . .	Les enfants au-dessous de 18 ans, filles mineures et femmes ne seront pas employes dans les ateliers où se dégagent des vapeurs acides. .	*Idem.*
Étoupes (Transformation en) des cordages hors de service, goudronnés ou non	Les enfants au-dessous de 18 ans ne seront pas employés lorsque les poussieres se degagent librement dans les ateliers	*Idem.*
Faience (Fabrique de)	Les enfants au-dessous de 18 ans ne seront pas employes dans les ateliers où l'on pratique le broyage, le blutage. . . .	*Idem*
Fer (Dérochage du)	Les enfants au-dessous de 18 ans, filles mineures et femmes ne seront pas employés dans les ateliers où se dégagent des vapeurs et où l'on manipule des acides.	Vapeurs nuisibles.
Fer (Galvanisation du)	*Idem*	*Idem.*
Feuilles d'étain	Les enfants au-dessous de 16 ans ne seront pas employes au bronzage à la main des feuilles	Poussières nuisibles.

ÉTABLISSEMENTS.	CONDITIONS.	MOTIFS.
Feutre goudronné (Fabrication du).	Les enfants au-dessous de 18 ans ne seront pas employés lorsque les poussières se dégageront librement dans les ateliers.	Poussières nuisibles.
Feutre et visières vernies (Fabrication de)	Les enfants au-dessous de 18 ans ne seront pas employés à la préparation et à l'emploi des vernis	Danger d'incendie et vapeurs nuisibles.
Filature de lin	Les enfants au-dessous de 18 ans, les filles mineures et les femmes ne seront pas employés lorsque l'écoulement des eaux ne sera pas assuré.	Humidité nuisible.
Fonderies en 2e fusion de fer, de zinc et de cuivre.	Les enfants au-dessous de 16 ans ne seront pas employés à la coulée du métal.	Danger de brûlures.
Fourneaux (Hauts)	*Idem*	*Idem.*
Fours à plâtre et fours à chaux. (Voir Plâtre, Chaux.)		
Grès (Extraction et piquage des)	Les enfants au-dessous de 18 ans ne seront pas employés lorsque les poussières se dégageront librement dans les ateliers	Poussières nuisibles.
Grillage des minerais sulfureux quand les gaz sont condensés et que le minerai ne renferme pas d'arsenic.	Les enfants au-dessous de 18 ans, les filles mineures et les femmes ne seront pas employés dans les ateliers où l'on produit le grillage . .	Émanations nuisibles.
Grillage et gazage des tissus. .	Les enfants au-dessous de 18 ans, les filles mineures et les femmes ne seront pas employés lorsque les produits de combustion se dégageront librement dans les ateliers .	*Idem.*
Hauts fourneaux. (Voir Fonderies.)		
Huiles de pétrole, de schiste et de goudron, essences et autres hydrocarbures employés pour l'éclairage, le chauffage, la fabrication des couleurs et vernis, le dégraissage des étoffes et autres usages (Fabrication, distillation, travail en grand d')	Les enfants au-dessous de 16 ans ne seront pas employés dans les ateliers de distillation et dans les magasins.	Danger d'incendie.

ETABLISSEMENTS.	CONDITIONS.	MOTIFS.
Huiles essentielles ou essences de terébenthine, d'aspic et autres. (Voir Huiles de pétrole, de schiste, etc.)		
Huiles extraites des schistes bitumineux. (Voir Huiles de petrole, de schiste, etc.)		
Jute (Teillage du). [V. Teillage.]		
Liege (Usines pour la trituration du)	Les enfants au-dessous de 18 ans ne seront pas employes dans les ateliers où les poussieres se dégagent librement . . .	Poussières nuisibles.
Lin (Teillage en grand du) [Voir Teillage]		
Liquides pour l'éclairage (Dépôts de) au moyen de l'alcool et des huiles essentielles . .	Les enfants au-dessous de 16 ans ne seront pas employes dans les magasins.	Danger d'incendie
Marbres (Sciage ou polissage à sec des)	Les enfants au-dessous de 18 ans ne seront pas employes lorsque les poussières se degageront librement dans les ateliers.	Poussieres nuisibles.
Matières minerales (Broyage à sec des)	*Idem*.	*Idem*
Megisseries.	Les enfants au-dessous de 18 ans, les filles mineures et les femmes ne seront pas employés à l'épilage des peaux.	Danger d'empoisonnement.
Menageries.	Les enfants au-dessous de 18 ans ne seront pas employés quand la ménagerie renferme des bêtes féroces ou venimeuses.	Danger d'accidents.
Moulins à broyer le plâtre, la chaux, les cailloux et les pouzzolanes.	Les enfants au-dessous de 18 ans ne seront pas employés quand les poussières se degageront librement des ateliers . .	Poussieres nuisibles.
Nitrates métalliques obtenus par l'action directe des acides (Fabrication des).	Les enfants au-dessous de 18 ans, filles mineures et femmes ne seront pas employes dans les ateliers où se dégagent les vapeurs et où se manipulent les acides.	Vapeurs nuisibles.
Noir mineral (Fabrication du) par le broyage des résidus de la distillation des schistes bitumineux.	Les enfants au-dessous de 18 ans ne seront pas employes lorsque les poussières se degageront librement dans les ateliers.	Poussières nuisibles.
Olives (Tourteaux d'). [Voir Tourteaux.]		
Ouates (Fabrication des) . . .	*Idem*.	*Idem*.
Papier (Fabrication du). . . .	Les enfants au-dessous de 18 ans ne seront pas employes au triage et à la préparation des chiffons.	*Idem*
Papiers peints. (Voir Toiles peintes.)		

ETABLISSEMENTS.	CONDITIONS	MOTIFS.
Peaux, etoffes et déchets de laine (Degraissage des) par les huiles de pétrole et autres hydrocarbures.	Les enfants au-dessous de 18 ans ne seront pas employés dans les ateliers où l'on traite par les dissolvants, où l'on trie, coupe et manipule les déchets.	Danger d'incendie; poussieres nuisibles.
Peaux (Lustrage et appretage des)	Les enfants au-dessous de 18 ans ne seront pas employés lorsque les poussières se degageront librement dans les ateliers	Poussieres nuisibles.
Peaux de lapin ou de lièvre (Ejarrage et coupage des poils de)	*Idem*	*Idem.*
Pétrole. (Voir Huiles de pétrole, etc.)		
Pierre (Sciage et polissage de la)	*Idem*	*Idem.*
Pileries mecaniques de drogues.	Les enfants au-dessous de 18 ans ne seront pas employes lorsque les poussières se degageront librement dans les ateliers.	*Idem.*
Pipes à fumer (Fabrication des).	*Idem*	*Idem.*
Plâtres (Fours à)	*Idem*	*Idem.*
Poêliers, fournalistes, poêles et fourneaux en faïence et terre cuite. (Voir Faïence.)		
Porcelaine (Fabrication de la).	Les enfants au-dessous de 18 ans ne seront pas employés lorsque les poussieres se dégageront librement dans les ateliers.	*Idem*
Poteries de terre (Fabrication de) avec fours non fumivores.	*Idem*	*Idem.*
Pouzzolane artificielle (Fours à)	*Idem*	*Idem.*
Refrigeration (Appareils de) par l'acide sulfureux	Les enfants au-dessous de 18 ans, les filles mineures et les femmes ne seront pas employés dans les ateliers où se dégagent les vapeurs acides.	Émanations nuisibles.
Sel de soude (Fabrication du) avec le sulfate de soude.	*Idem*	*Idem.*
Sinapismes (Fabrication des) à l'aide des hydrocarbures . .	Les enfants au-dessous de 18 ans, les filles mineures et les femmes ne seront pas employes dans les ateliers où se manipulent les dissolvants.	Vapeurs nuisibles; danger d'incendie.
Soies de porc (Préparation des).	Les enfants au-dessous de 18 ans ne seront pas employés lorsque les poussières se dégageront librement dans les ateliers.	Poussières nuisibles.
Soude (Voir Sulfate de soude.)		
Soufre (Pulvéris. et blutage du).	*Idem*	*Idem.*

ÉTABLISSEMENTS.	CONDITIONS.	MOTIFS.
Sulfate de peroxyde de fer (Fabrication du) par le sulfate de protoxyde de fer et l'acide nitrique (nitro-sulfate de fer).	Les enfants au-dessous de 18 ans, les filles mineures et les femmes ne seront pas employés dans les ateliers où se dégagent les vapeurs acides.	Vapeurs nuisibles.
Sulfate de protoxyde de fer ou couperose verte par l'action de l'acide sulfurique sur la ferraille	*Idem*	*Idem.*
Sulfate de soude (Fabrication du) par la décomposition du sel marin par l'acide sulfur.	*Idem*	*Idem.*
Sulfure de carbone (Fabrication du).	Les enfants au-dessous de 18 ans ne seront pas employés dans les ateliers où se dégagent des vapeurs nuisibles	Vapeurs délétères; danger d'incendie.
Sulfure de carbone (Manufactures dans lesquelles on emploie en grand le).	*Idem*	*Idem.*
Sulfure de carbone (Dépôts de).	*Idem*	*Idem.*
Superphosphate de chaux et de potasse (Fabrication du) . .	Les enfants au-dessous de 18 ans, les filles mineures et les femmes ne seront pas employés dans les ateliers où se dégagent des vapeurs acides et des poussières	Emanations nuisibles.
Tabacs (Manufactures de). . .	Les enfants au-dessous de 16 ans ne seront pas employés dans les ateliers où l'on démolit les masses	*Idem.*
Taffetas et toiles vernis ou cirés (Fabrication de).	Les enfants au-dessous de 16 ans ne seront pas employés dans les ateliers où l'on prépare et applique les vernis	Danger d'incendie.
Tan (Moulins à).	Les enfants au-dessous de 18 ans ne seront pas employés quand les poussieres se dégagent librement dans les ateliers .	Poussières nuisibles.
Tanneries.	*Idem*	*Idem.*
Tapis (Battage en grand des). [Voir Battage.]		
Teillage du lin, du chanvre et du jute en grand	*Idem*	*Idem.*
Teintureries	Les enfants au-dessous de 18 ans, les filles mineures et les femmes ne seront pas employés dans les ateliers où l'on emploie des matières toxiques	Danger d'empoisonnement.
Terébenthine (Distillation et travail en grand de la). [Voir Huiles de pétrole, de schiste, etc.]		
Toiles cirées. (Voir Taffetas et toiles vernis.)		
Toiles peintes (Fabrique de). .	*Idem*	*Idem.*

ETABLISSEMENTS	CONDITIONS.	MOTIFS.
Toiles vernies (Fabrique de). [V. Taffetas et toiles vernis.]		
Toles et metaux vernis	Les enfants au-dessous de 18 ans, les filles mineures et les femmes ne seront pas employes dans les ateliers ou l'on emploie des matières toxiques	Danger d'empoisonnement.
Tourteaux d'olives (Traitement des) par le sulfure de carbone	Les enfants au-dessous de 18 ans, les filles mineures et les femmes ne seront pas employes dans les ateliers où l'on manipule le sulfure de carbone	Emanations nuisibles.
Vernis à l'esprit-de-vin (Fabrique de).	Les enfants au-dessous de 16 ans ne seront pas employés dans les ateliers où l'on prépare et manipule les vernis. . . .	Danger d'incendie.
Vernis (Ateliers où l'on applique le) sur les cuirs, feutres, taffetas, toiles, chapeaux. (Voir ces mots.)		
Verreries, cristalleries et manufactures de glaces	Les enfants au-dessous de 18 ans, les filles mineures et les femmes ne seront pas employés dans les ateliers ou les poussieres se dégagent librement et où il est fait usage de matières toxiques .	Poussieres nuisibles.
Vessies nettoyees et debarrassees de toute substance membraneuse (Atelier pour le gonflement et le séchage des)	Les enfants au-dessous de 18 ans, les filles mineures et les femmes ne seront pas employés au travail du soufflage.	Danger d'affections pulmonaires.
Visières vernies (Fabrique de). [Voir Feutres et visieres.]		

DÉCRET DU 15 JUILLET 1893

sur les tolérances et exceptions prévues par la loi du 2 novembre 1892.

(Modifié par les décrets des 26 juillet 1895, 29 juillet 1897, 24 février 1898, 1er juillet 1899, 18 avril 1901, 4 juillet 1902, 14 août 1903, 23 novembre, 24 décembre 1904, 3 juillet 1908, 1er, 7, 17 février, 12 mai et 23 novembre 1910.)

Le Président de la République française,

Sur le rapport du Ministre du commerce, de l'industrie et des colonies;
Vu les articles 4, 5, 6 et 7 de la loi du 2 novembre 1892, ainsi conçus :
« Art. 4. Les enfants âgés de moins de dix-huit ans, les filles mineures

et les femmes ne peuvent être employés à aucun travail de nuit dans les établissements énumérés à l'article 1er.

« Tout travail entre 9 heures du soir et 5 heures du matin est considéré comme travail de nuit ; toutefois, le travail sera autorisé de 4 heures du matin à 10 heures du soir quand il sera réparti entre deux postes d'ouvriers ne travaillant pas plus de neuf heures chacun.

« Le travail de chaque équipe sera coupé par un repos d'une heure au moins.

« Il sera accordé, pour les femmes et les filles âgées de plus de dix-huit ans, à certaines industries qui seront déterminées par un règlement d'administration publique et dans les conditions d'application qui seront précisées dans ledit règlement, la faculté de prolonger le travail jusqu'à 11 heures du soir, à certaines époques de l'année, pendant une durée totale qui ne dépassera pas soixante jours. En aucun cas, la journée de travail effectif ne pourra être prolongée au delà de douze heures.

« Il sera accordé à certaines industries, déterminées par un règlement d'administration publique, l'autorisation de déroger d'une façon permanente aux dispositions des paragraphes 1 et 2 du présent article, mais sans que le travail puisse, en aucun cas, dépasser sept heures par vingt-quatre heures.

« Le même règlement pourra autoriser, pour certaines industries, une dérogation temporaire aux dispositions précitées.

« En outre, en cas de chômage résultant d'une interruption accidentelle ou de force majeure, l'interdiction ci-dessus peut, dans n'importe quelle industrie, être temporairement levée par l'inspecteur pour un délai déterminé.

« Art. 5. Les enfants âgés de moins de dix-huit ans et les femmes de tout âge ne peuvent être employés dans les établissements énumérés à l'article 1er plus de six jours par semaine, ni les jours de fête reconnus par la loi, même pour rangement de l'atelier.

« Une affiche apposée dans les ateliers indiquera le jour adopté pour le repos hebdomadaire.

« Art. 6. Néanmoins, dans les usines à feu continu, les femmes majeures et les enfants du sexe masculin peuvent être employés tous les jours de la semaine, la nuit, aux travaux indispensables, sous la condition qu'ils auront au moins un jour de repos par semaine.

« Les travaux tolérés et le laps de temps pendant lequel ils peuvent être exécutés seront déterminés par un règlement d'administration publique.

« Art. 7. L'obligation du repos hebdomadaire et les restrictions relatives à la durée du travail peuvent être temporairement levées par l'inspecteur divisionnaire, pour les travailleurs visés à l'article 5, pour certaines industries à déterminer par un règlement d'administration publique. »

Vu l'avis du Comité consultatif des arts et manufactures ;

Vu l'avis de la Commission supérieure instituée par l'article 22 de la loi précitée ;

Le Conseil d'État entendu,

Décrète :

Article premier. Dans les industries ci-après déterminées, les femmes et les filles âgées de plus de dix-huit ans pourront être employées jusqu'à 11 heures du soir à certaines époques de l'année et pendant une durée totale qui ne dépassera pas soixante jours par an, sans que, en aucun cas, la durée du travail effectif puisse dépasser douze heures par vingt-quatre heures :

Chapeaux (Confection de) de grand deuil pour femmes et enfants (1);

Vêtements (Confection de) de grand deuil pour femmes et enfants (1);

ART. 2. Il pourra être dérogé d'une façon permanente aux dispositions des paragraphes 1 et 2 de l'article 4 précité, pour les industries et les catégories de travailleurs énumérées ci-dessous, mais sans que le travail puisse dépasser sept heures par vingt-quatre heures :

INDUSTRIES.	TRAVAILLEURS.
Amidon de maïs (Coulage et séchage de l')	Femmes.
Imprimés (Brochage des).	Filles majeures et femmes.
Journaux (Pliage des).	*Idem.*
Mines (Allumage des lampes de).	*Idem.*

ART. 3. Les industries énumérées ci-après sont autorisées à déroger temporairement aux dispositions relatives au travail de nuit, sans que le travail effectif des femmes, filles ou enfants employés la nuit puisse dépasser dix heures par vingt-quatre heures.

INDUSTRIES.	DURÉE TOTALE DES DÉROGATIONS.
Beurreries industrielles (1).	60 jours.
Colles et gélatines	60 —
Confiserie	90 —
Conserves alimentaires de fruits et de légumes.	90 —
Conserves de poissons	90 —
Délainage des peaux de mouton.	60 —
Fromageries industrielles (1)	60 —
Lait (Établissements industriels pour le traitement du).	60 —
Parfums des fleurs (Extraction des).	90 —
Pâtes alimentaires et fabriques de biscuits employant le beurre frais	30 —
Réparations urgentes de navires et de machines motrices	120 jours (enfants au-dessus de 16 ans).
Tonnellerie pour l'embarillage des produits de la pêche	90 jours.

(1) Décret du 3 juillet 1908.

ART. 4. Dans les usines à feu continu où des femmes majeures et des enfants du sexe masculin sont employés la nuit, les travaux tolérés pour ces deux catégories de travailleurs sont les suivants :

(1) Décret du 17 février 1910.

USINES A FEU CONTINU.	TRAVAILLEURS.	TRAVAUX TOLÉRÉS.
Distilleries de betteraves.	Enfants et femmes.	Laver, peser, trier la betterave, manœuvrer les robinets à jus et à eau, aider aux batteries de diffusion et aux appareils distillatoires.
Fer et fonte émaillés (Fabriques d'objets en) .	Enfants.	Manœuvrer à distance les portes des fours.
Huiles (Usines pour l'extraction des)	*Idem*.	Remplir les sacs, les secouer après pressage, porter les sacs vides et les claies.
Papeteries	Enfants et femmes.	Aider les surveillants de machines, couper, trier, ranger, rouler et apprêter le papier.
Sucres (Fabriques et raffineries de).	*Idem*	Laver, peser, trier la betterave, manœuvrer les robinets à jus et à eau, surveiller les filtres, aider aux batteries de diffusion, coudre des toiles, laver des appareils et des ateliers, travailler le sucre en tablettes
Usines métallurgiques. . .	Enfants	Aider à la préparation des lits de fusion, aux travaux accessoires d'affinage, de laminage, de martelage et de tréfilage, de préparation des moules pour objets de fonte moulée, de rangement des paquets, des feuilles, des tubes et des fils.
Verreries.	Enfants	Présenter les outils, faire les premiers cueillages, aider au soufflage et au moulage, porter dans les fours à recuire, en retirer les objets, le tout dans les conditions prévues à l'article 7 du décret du 13 mai 1893
	Femmes	Trier et ranger les bouteilles.

Lorsque les femmes majeures et les enfants sont employés toute la nuit, leur travail doit être coupé par des intervalles de repos représentant un temps total de repos au moins égal à deux heures.

La durée du travail effectif ne peut d'ailleurs dépasser, dans les vingt-quatre heures, dix heures pour les femmes et les enfants.

Art. 5. Les industries pour lesquelles les restrictions relatives à la durée du travail pourront être temporairement levées par l'inspecteur divisionnaire, pour les enfants âgés de moins de dix-huit ans et les femmes de tout âge, sont les suivantes :

Ameublement, tapisserie, passementerie pour meubles.
Appareils orthopédiques.
Bateaux de rivière (Travaux extérieurs de construction et de réparation) (1).
Bâtiment (Travaux extérieurs dans les chantiers de l'industrie du...) (2).
Beurreries industrielles (3).
Bijouterie et joaillerie.
Biscuits employant le beurre frais (Fabrique de).
Blanchisseries de linge fin.
Boîtes de conserves (Fabriques de et imprimeries sur métaux pour).
Bonneterie fine.
Briqueteries en plein air.
Brochage des imprimés.
Broderie et passementerie pour confections.
Cartons (Fabriques de) pour jouets, bonbons, cartes de visite, rubans.

(1) Décret du 24 décembre 1904.
(2) Décret du 14 août 1903.
(3) Décret du 3 juillet 1908.

Chapeaux (Fabrication et confection de) en toutes matières pour hommes et femmes.
Chaussures.
Colles et gélatines.
Coloriage au patron ou à la main.
Confections, coutures et lingeries pour femmes et enfants.
Confections pour hommes.
Confections en fourrures.
Conserves de fruits et confiserie, conserves de légumes et de poissons.
Corderies en plein air.
Corsets (Confection de).
Couronnes funéraires (Fabrique de).
Délainage des peaux de mouton.
Dorure pour ameublement.
Dorure pour encadrements.
Dorure sur cuir, étoffe, papier et carton (1).
Établissements industriels dans lesquels sont exécutés des travaux sur l'ordre du gouvernement et dans l'intérêt de la sûreté et de la défense nationales, après avis des ministres intéressés constatant expressément la nécessité de dérogation.
Faïence (Ateliers de décor sur) (2.)
Filature, retordage de fils crêpés, bouclés et à boutons, de fils moulinés et multicolores.
Fleurs (Extraction des parfums des).
Fleurs et plumes.
Fromageries industrielles (3).
Gainerie.
Impression de la laine peignée, blanchissage, teinture et impression des fils de laine, de coton et de soie destinés au tissage des étoffes de nouveauté.
Imprimeries typographiques.
Imprimeries lithographiques.
Imprimeries en taille-douce.
Jouets, bimbeloterie, petite tabletterie et articles de Paris (Fabrique de).
Lait (Établissements industriels pour le traitement du) (3).
Orfèvrerie (Polissage, dorure, gravure, ciselage, guillochage et planage en).
Papier (Transformation du), fabrication des enveloppes, du cartonnage, des cahiers d'école, des registres, des papiers de fantaisie.
Papiers de tenture.
Pliage et encartonnage des rubans (4).
Parfumerie.
Porcelaine (Ateliers de décor sur).
Reliure.
Réparations urgentes de navires, de machines motrices et de machines agricoles (5).
Soie (Dévidage de la) pour étoffes de nouveauté.
Teinture, apprêt, blanchiment, impression, gaufrage et moirage des étoffes.

---

(1) Décret du 7 février 1910.
(2) Décret du 12 mai 1910.
(3) Decret du 3 juillet 1908.
(4) Décret du 23 novembre 1910.
(5) Decret du 1er fevrier 1910.

Tissage des étoffes de nouveauté destinées à l'habillement.

Tulles, dentelles et laizes de soie.

Voiles des navires armés pour la grande pêche (Confection et réparation) (1).

Art. 6. Les chefs des industries autorisées soit à prolonger le travail jusqu'à 11 heures du soir, en vertu de l'article 1er, soit à déroger temporairement aux dispositions relatives au travail de nuit, en vertu de l'article 3, devront prévenir l'inspecteur ou l'inspectrice chaque fois qu'ils voudront faire usage de ces autorisations.

L'avis sera donné par l'envoi, avant le commencement du travail exceptionnel, d'une carte postale, d'une lettre sans enveloppe ou d'un télégramme, de façon que le timbre de la poste fasse foi de la date dudit avis.

Une copie de l'avis sera immédiatement affichée dans un endroit apparent des ateliers et y restera apposée pendant toute la durée de la dérogation.

Dans les cas prévus à l'article 5, une copie de l'autorisation sera également affichée. *Toutefois, lorsque l'autorisation aura été accordée pour un nombre de jours déterminé, sans indication de la date de ces jours, les chefs d'industrie devront, en outre, procéder aux envois d'avis et affichage prévus par les paragraphes 2 et 3 ci-dessus* (2).

LOI DU 7 DÉCEMBRE 1874

relative à la protection des enfants employés dans les professions ambulantes.

(Modifiée par la loi du 19 avril 1897.)

Article premier. Tout individu qui fera exécuter par des enfants de moins de seize ans des tours de force périlleux ou des exercices de dislocation ;

Tout individu autre que les père et mère, pratiquant les professions d'acrobate, saltimbanque, charlatan, montreur d'animaux ou directeur de cirque, qui emploiera, dans ses représentations, des enfants âgés de moins de seize ans, sera puni d'un emprisonnement de six mois à deux ans et d'une amende de 16 à 200 francs.

La même peine sera applicable aux père et mère exerçant les professions ci-dessus désignées qui emploieraient dans leurs représentations leurs enfants âgés de moins de douze ans.

Art. 2. Les pères, mères, tuteurs ou patrons *et généralement toutes personnes ayant autorité sur un enfant ou en ayant la garde* qui auront livré, soit gratuitement, soit à prix d'argent, leurs enfants, pupilles ou apprentis âgés de moins de seize ans aux individus exerçant les professions ci-dessus spécifiées, ou qui les auront placés sous la conduite de vagabonds, de gens sans aveu ou faisant métier de la mendicité, seront punis des peines portées en l'article 1er.

La même peine sera applicable *aux intermédiaires ou agents qui auront livré ou fait livrer lesdits enfants* et à quiconque aura déterminé des

(1) Décret du 23 novembre 1904.
(2) Phrase ajoutee au 4e paragraphe par le décret du 17 fevrier 1910.

enfants âgés de moins de seize ans à quitter le domicile de leurs parents ou tuteurs pour suivre des individus des professions susdésignées.

La condamnation entraînera de plein droit, pour les tuteurs, la destitution de la tutelle; les pères et mères pourront être privés des droits de la puissance paternelle.

Art. 3. Quiconque emploiera des enfants âgés de moins de seize ans à la mendicité habituelle, soit ouvertement, soit sous l'apparence d'une profession, sera considéré comme auteur ou complice du délit de mendicité en réunion, prévu par l'article 276 du Code pénal, et sera puni des peines portées audit article.

Dans le cas où le délit aurait été commis par les pères, mères ou tuteurs, ils pourront être privés des droits de la puissance paternelle ou être destitués de la tutelle.

Art. 4. Tout individu exerçant l'une des professions spécifiées à l'article 1er de la présente loi devra être porteur de l'extrait des actes de naissance des enfants placés sous sa conduite, et justifier de leur origine et de leur identité par la production d'un livret ou d'un passeport.

Toute infraction à cette disposition sera punie d'un emprisonnement de un mois à six mois et d'une amende de 16 à 50 francs.

Art. 5. En cas d'infraction à l'une des dispositions de la présente loi, les autorités municipales seront tenues d'interdire toutes représentations aux individus désignés en l'article 1er.

Cesdites autorités seront également tenues de requérir la justification, conformément aux dispositions de l'article 4, de l'origine et de l'identité de tous les enfants placés sous la conduite des individus susdésignés. A défaut de cette justification, il en sera donné avis immédiat au parquet.

Toute infraction à la présente loi commise à l'étranger à l'égard de Français devra être dénoncée, dans le plus bref délai, par nos agents consulaires aux autorités françaises, ou aux autorités locales, si les lois du pays en assurent la répression.

Ces agents devront, en outre, prendre les mesures nécessaires pour assurer le rapatriement en France des enfants d'origine française.

Art. 6. L'article 463 du Code pénal est applicable aux délits prévus et punis par la présente loi.

EXTRAIT DU DÉCRET DU 6 JANVIER 1864

relatif à la liberté des théâtres.

Napoléon, par la grâce de Dieu et la volonté nationale, empereur des Français, à tous présents et à venir, salut.

Vu les décrets des 8 juin 1806 et 29 juillet 1807;

Vu l'ordonnance du 8 décembre 1824;

Vu l'article 3, titre XI, de la loi des 16 et 24 août 1790;

Vu les arrêtés du gouvernement des 25 pluviôse et 11 germinal an IV, 1er germinal an VII et 12 messidor an VIII; vu les ordonnances de police des 12 février 1828 et 9 juin 1829;

Vu la loi du 7 frimaire an V et le décret du 9 décembre 1809, sur la redevance établie au profit des pauvres ou des hospices;

Vu le décret du 30 décembre 1852 ;
Notre Conseil d'Etat entendu,

Avons décrété et décrétons ce qui suit :

. . . .

5° Les théâtres d'acteurs enfants continuent d'être interdits.

. . . .

Art. 8. Sont abrogées toutes les dispositions des décrets, ordonnances et règlements dans ce qu'elles ont de contraire au présent décret.

Art. 9. Le ministre de notre maison et des beaux-arts est chargé de l'exécution du présent décret, qui sera inséré au *Bulletin des Lois* et recevra son exécution à partir du 1er juillet 1864.

LOI DU 29 DÉCEMBRE 1900

fixant les conditions du travail des femmes employées dans les magasins, boutiques et autres locaux en dépendant.

Le Sénat et la Chambre des députés ont adopté,
Le Président de la Republique promulgue la loi dont la teneur suit :

Article premier. Les magasins, boutiques et autres locaux en dépendant, dans lesquels des marchandises et objets divers sont manutentionnés ou offerts au public par un personnel féminin, devront être, dans chaque salle, munis d'un nombre de sièges égal à celui des femmes qui y sont employées.

Art. 2. Les inspecteurs du travail sont chargés d'assurer l'exécution de la présente loi : à cet effet, ils ont entrée dans tous les établissements visés par l'article 1er.

Les contraventions sont constatées par les procès-verbaux des inspecteurs et inspectrices, qui font foi jusqu'à preuve contraire. Les procès-verbaux sont dressés en double exemplaire dont l'un est envoyé au préfet du département et l'autre déposé au parquet.

Les dispositions ci-dessus ne dérogent point aux règles du droit commun, quant à la constatation et à la poursuite des infractions à la présente loi.

Art. 3. Les chefs d'établissements, directeurs ou gérants des magasins, boutiques et autres locaux prévus à l'article 1er sont tenus de faire afficher à des endroits apparents les dispositions de la présente loi ainsi que les noms et les adresses des inspecteurs et inspectrices de la circonscription.

Art. 4. Lesdits chefs d'établissements, directeurs ou gérants qui auront contrevenu aux prescriptions de la présente loi seront poursuivis devant le tribunal de simple police et passibles d'une amende de 5 à 15 francs. L'amende sera appliquée autant de fois qu'il y aura de contraventions. Les chefs d'établissements seront civilement responsables des condamnations prononcées contre les directeurs ou gérants.

Art. 5. En cas de récidive, le contrevenant sera poursuivi devant le tribunal correctionnel et puni d'une amende de 16 à 100 francs. Il y a récidive lorsque, dans les douze mois antérieurs au fait poursuivi, le contrevenant a déjà subi une condamnation pour une contravention identique. En cas de pluralité de contraventions entraînant les peines de la récidive, l'amende sera appliquée autant de fois qu'il aura été relevé de nouvelles contraventions. Les tribunaux correctionnels pourront appliquer les dispositions de l'article 463 du Code pénal sur les circonstances atténuantes, sans qu'en aucun cas l'amende, pour chaque contravention, puisse être inférieure à 5 francs.

Art. 6. L'affichage du jugement peut, suivant les circonstances et en cas de récidive seulement, être ordonné par le tribunal de police correctionnelle. Le tribunal peut également ordonner, dans le même cas, l'insertion du jugement aux frais du contrevenant dans un ou plusieurs journaux du département.

Art. 7. Seront punis d'une amende de 100 à 500 francs et, en cas de récidive, de 500 à 1 000 francs, tous ceux qui auront mis obstacle à l'accomplissement des devoirs d'un inspecteur.

L'article 463 du Code pénal est applicable aux condamnations prononcées en vertu du présent article.

Les dispositions du Code pénal qui prévoient et répriment les actes de résistance, les outrages et violences contre les officiers de la police judiciaire sont, en outre, applicables à ceux qui se rendront coupables de faits de même nature à l'égard des inspecteurs.

Art. 8. Les dispositions de la présente loi seront mises en vigueur un mois après sa promulgation.

La présente loi, délibérée et adoptée par le Sénat et par la Chambre des députés, sera exécutée comme loi d'État.

LOI DU 22 FÉVRIER 1851

relative au contrat d'apprentissage (1).

TITRE PREMIER.

Du contrat d'apprentissage.

Section III.

Devoirs des maîtres et des apprentis.

Art. 8 (dernière phrase). Il [le maître] ne l'emploiera [l'apprenti] jamais à ceux [travaux et services] qui seraient insalubres ou au-dessus de ses forces.

Art. 9. La durée du travail effectif des apprentis âgés de moins de quatorze ans ne pourra dépasser dix heures par jour.

Pour les apprentis âgés de quatorze à seize ans, elle ne pourra dépasser douze heures.

Aucun travail de nuit ne peut être imposé aux apprentis âgés de moins de seize ans.

---

(1) La loi du 28 décembre 1910 (voir ci-dessus p. 23) a abrogé la loi du 22 février 1851 à l'exception de la phrase finale de l'article 8 et de l'ensemble de l'article 9. Les dispositions abrogées de la loi du 22 février 1851 ont été reproduites dans les articles 1 à 18 et 99 du Livre premier du Code du travail et de la prévoyance sociale (voir ci-dessus p. 7 et 21).

Est considéré comme travail de nuit tout travail fait entre 9 heures du soir et 5 heures du matin.

Les dimanches et jours de fêtes reconnues ou légales, les apprentis, dans aucun cas, ne peuvent être tenus, vis-à-vis de leur maître, à aucun travail de leur profession.

Dans le cas où l'apprenti sera obligé, par suite de conventions ou conformément à l'usage, de ranger l'atelier aux jours ci-dessus marqués, ce travail ne pourra se prolonger au delà de 10 heures du matin.

Il ne pourra être dérogé aux dispositions contenues dans les trois premiers paragraphes du présent article que sur un arrêté rendu par le préfet, sur l'avis du maire.

LOI DU 30 AVRIL 1909

relative aux travaux interdits aux femmes et aux enfants.

Le Sénat et la Chambre des députés ont adopté,

Le Président de la République promulgue la loi dont la teneur suit :

Article premier. Pour tous les établissements désignés à l'article 1er de la loi du 12 juin 1893, modifiée par la loi du 11 juillet 1903, les différents genres de travail, présentant des causes de danger ou excédant les forces, ou dangereux pour la moralité, qui seront interdits aux enfants de moins de dix-huit ans et aux femmes, seront déterminés par des règlements d'administration publique, rendus après avis de la commission supérieure du travail et du comité consultatif des arts et manufactures.

Art. 2. Les inspecteurs et inspectrices du travail sont chargés d'assurer l'application des dispositions de la présente loi, dans les conditions prévues par les articles 17 à 21 de la loi du 2 novembre 1892. En cas d'infraction, les contrevenants sont passibles des pénalités prévues par les articles 26 à 29 de cette loi.

La présente loi, délibérée et adoptée par le Sénat et par la Chambre des députés, sera exécutée comme loi de l'État.

DÉCRET DU 28 DÉCEMBRE 1909

portant réglementation du travail des femmes et des enfants employés dans l'industrie et le commerce (limite des charges qui peuvent être portées, traînées ou poussées par les enfants et les femmes).

Le Président de la République française,

Sur le rapport du ministre du travail et de la prévoyance sociale ;

Vu l'article 1er de la loi du 30 avril 1909 ainsi conçu :

« Pour tous les établissements désignés à l'article 1er de la loi du 12 juin 1893, modifiée par la loi du 11 juillet 1903, les différents genres de travail présentant des causes de danger ou excédant les forces, ou dangereux pour la moralité, qui seront interdits aux enfants de moins de dix-huit ans et aux femmes seront déterminés par des règlements d'administration publique rendus après avis de la Commission supérieure du travail et du Comité consultatif des arts et manufactures. »

Vu la loi du 2 novembre 1892, modifiée par la loi du 30 mars 1900, et le décret du 13 mai 1893, modifié par les décrets des 21 juin 1897, 20 avril 1899, 3 mai 1900, 22 novembre 1905, 7 mars, 10 septembre et 15 décembre 1908, rendus pour son exécution;

Vu la loi du 12 juin 1893 modifiée par la loi du 11 juillet 1903;

Vu l'avis du Comité consultatif des arts et manufactures;

Vu l'avis de la Commission supérieure du travail;

Le Conseil d'État entendu,

Décrète :

Article premier. Sont soumis aux dispositions du présent décret les établissements visés à l'article 1er de la loi du 12 juin 1893, modifiée par la loi du 11 juillet 1903 (manufactures, fabriques, usines, chantiers, ateliers, laboratoires, cuisines, caves et chais, magasins, boutiques, bureaux, entreprises de chargement et leurs dépendances, de quelque nature que ce soit, publics ou privés, laïques ou religieux, même lorsque ces établissements ont un caractère d'enseignement professionnel ou de bienfaisance).

Les enfants de moins de dix-huit ans et les femmes de tout âge employés dans les établissements ci-dessus visés, ne peuvent porter, traîner ou pousser, tant à l'intérieur qu'à l'extérieur de ces établissements, des charges d'un poids supérieur aux suivants :

1° Port des fardeaux

Garçons ou hommes :	
Au-dessous de 14 ans	10 kilogr.
De 14 ou 15 ans	15 —
De 16 ou 17 ans	20 —
Filles ou femmes :	
Au-dessous de 14 ans	5 —
De 14 ou 15 ans	8 —
De 16 ou 17 ans	10 —
De 18 ans et au-dessus	25 —

2° Transport par wagonnets circulant sur voie ferrée.

Garçons ou hommes :		
Au-dessous de 14 ans	300 kilogr.	(véhicule compris)
De 14, 15, 16 ou 17 ans	500 —	—
Filles ou femmes :		
Au-dessous de 16 ans	150 —	—
De 16 ou 17 ans	300 —	—
De 18 ans et au-dessus	600 —	—

3° Transport sur brouettes.

Garçons ou hommes :		
De 14, 15, 16 ou 17 ans	40 kilogr.	(véhicule compris)
Filles ou femmes :		
De 18 ans et au-dessus	40 —	—

4° Transport sur véhicules à 3 ou 4 roues, dits « placières, pousseuses, pousse-à-main », etc.

Garçons ou hommes :		
Au-dessous de 14 ans	35 kilogr.	(véhicule compris)
De 14, 15, 16 ou 17 ans	60 —	—
Filles ou femmes :		
Au-dessous de 16 ans	35 —	—
De 16 ans et au-dessus	60 —	—

5° *Transport sur charrettes à bras à 2 roues, dites « haquets, brancards, charretons, voitures à bras », etc.*

Garçons ou hommes :
De 14, 15, 16 ou 17 ans. . . . . . 130 kilogr. (véhicule compris)
Filles ou femmes :
De 18 ans et au-dessus . . . . 130 — —

6° *Transport sur tricycles porteurs à pédales.*

Garçons ou hommes :
De 14 ou 15 ans. . . . . 50 kilogr. (véhicule compris)
De 16 à 17 ans . . . . 75 — —

Les modes de transport énoncés sous les n°s 3 et 5 sont interdits aux garçons de moins de quatorze ans ainsi qu'aux filles ou femmes de moins de dix-huit ans.

Le transport sur tricycles porteurs à pédales est interdit aux garçons de moins de quatorze ans et aux femmes de tout âge.

Le transport sur cabrouets est interdit aux garçons ou hommes de moins de dix-huit ans et aux femmes de tout âge.

Il est interdit de faire porter, pousser ou traîner une charge quelconque par des femmes, dans les trois semaines qui suivent leurs couches. L'interdiction ne s'applique que lorsque l'intéressée a fait connaître au chef de l'établissement la date de ses couches.

Art. 2. Sont abrogées les dispositions de l'article 11 du décret du 13 mai 1893, modifié par les décrets des 21 juin 1897, 20 avril 1899, 3 mai 1900, 22 novembre 1905 et 7 mars 1908.

Art. 3. Le Ministre du travail et de la prévoyance sociale est chargé de l'exécution du présent décret, qui sera inséré au *Bulletin des Lois* et publié au *Journal officiel* de la République française.

B. — DURÉE DU TRAVAIL

DÉCRET-LOI DU 9 SEPTEMBRE 1848

relatif aux heures de travail dans les manufactures et usines.

(Modifié par la loi du 30 mars 1900.)

L'Assemblée nationale a adopté et le Chef du pouvoir exécutif promulgue le décret dont la teneur suit :

Article premier. La journée de l'ouvrier dans les manufactures et usines ne pourra pas excéder douze heures de travail effectif.

(*Loi du 30 mars 1900.*) « Toutefois, dans les établissements énumérés dans l'article 1er de la loi du 2 novembre 1892 qui emploient dans les mêmes locaux des hommes adultes et des personnes visées par ladite loi, la journée de ces ouvriers ne pourra excéder onze heures de travail effectif.

« Dans le cas du paragraphe précédent, au bout de deux ans à partir de la promulgation de la présente loi, la journée sera réduite à dix heures et demie et, au bout d'une nouvelle période de deux ans, à dix heures. »

Art. 2. Des règlements d'administration publique détermineront les exceptions qu'il sera nécessaire d'apporter à cette disposition générale, à raison de la nature des industries ou des causes de force majeure.

Art. 3. Il n'est porté aucune atteinte aux usages et aux conventions qui, antérieurement au 2 mars, fixaient pour certaines industries la journée de travail à un nombre d'heures inférieur à douze.

Art. 4. Tout chef de manufacture ou usine qui contreviendra au présent décret et aux règlements d'administration publique promulgués en exécution de l'article 2 sera puni d'une amende de 5 francs à 100 francs.

Les contraventions donneront lieu à autant d'amendes qu'il y aura d'ouvriers indûment employés, sans que ces amendes réunies puissent s'élever au-dessus de 1 000 francs.

Le présent article ne s'applique pas aux usages locaux et conventions indiqués dans la présente loi.

Art. 5. L'article 463 du Code pénal pourra toujours être appliqué.

Art. 6. Le décret du 2 mars, en ce qui concerne la limitation des heures de travail, est abrogé.

DÉCRET DU 28 MARS 1902

portant règlement d'administration publique sur la durée du travail effectif journalier des ouvriers adultes.

(Modifié par le décret du 30 avril 1909)

Le Président de la République française,

Sur le rapport du Ministre du commerce et de l'industrie, des postes e des télégraphes,

Vu la loi du 9 septembre 1848 relative aux heures de travail dans les manufactures et usines et notamment l'article 2 ainsi conçu :

« Des règlements d'administration publique détermineront les exceptions qu'il sera nécessaire d'apporter à cette disposition générale, à raison de la nature des industries ou des causes de force majeure » ;

Vu la loi du 2 novembre 1892 sur le travail des enfants, des filles mineures et des femmes dans les établissements industriels ;

Vu la loi du 30 mars 1900 portant modification de celles du 2 novembre 1892 et du 9 septembre 1848 ;

Vu les décrets des 17 mai 1851, 31 janvier 1866, 3 avril 1889 et 10 décembre 1899, rendus en exécution de la loi du 9 septembre 1848 ;

Vu l'avis du Comité consultatif des arts et manufactures ;

Vu l'avis de la Commission supérieure du travail ;

Le Conseil d'État entendu,

Décrète :

Article premier. La durée du travail effectif journalier des ouvriers adultes peut, pour les travaux désignés au tableau suivant et conformément à ses indications, être élevée au-dessus des limites respectivement fixées par l'article 1er de la loi du 9 septembre 1848, en ce qui concerne les établissements ou parties d'établissements industriels n'employant dans les mêmes locaux que des hommes adultes, et par l'article 2 de la loi du 30 mars 1900, en ce qui concerne les établissements ou parties d'établissements industriels employant dans les mêmes locaux des hommes adultes et des enfants, des filles mineures ou des femmes :

DÉSIGNATION DES TRAVAUX.	LIMITE D'AUGMENTATION DE DURÉE du travail effectif journalier.
1° Travail des ouvriers spécialement employés dans une industrie quelconque à la conduite des fours, fourneaux, étuves, sécheries ou chaudières autres que les générateurs pour machines motrices, ainsi qu'au chauffage des cuves et bacs, sous la condition que ce travail ait un caractère purement préparatoire ou complémentaire et ne constitue pas le travail fondamental de l'établissement. Travail des mécaniciens et des chauffeurs employés au service des machines motrices.	Une heure et demie au delà de la limite assignée au travail général de l'établissement, deux heures le lendemain de tout jour de chômage
2° Travail des ouvriers employés, après arrêt de la production, à l'entretien et au nettoyage des métiers ou autres machines productrices que la connexité des travaux ne permettrait pas de mettre isolément au repos pendant la marche générale de l'établissement.	Une demi-heure au delà de la limite assignée au travail général de l'établissement
3° Travail d'un chef d'équipe ou d'un ouvrier spécialiste dont la présence est indispensable à la marche d'un atelier ou au fonctionnement d'une équipe, dans le cas d'absence inattendue de son remplaçant et en attendant l'arrivée d'un autre remplaçant.	Deux heures au delà de la limite assignée au travail général de l'établissement.
4° Travail des ouvriers spécialement employés soit au service des fours, soit à d'autres opérations, quand le service ou les opérations doivent rester continus pendant plus d'une semaine.	Faculté illimitée pendant un jour pour permettre l'alternance des équipes, cette alternance ne pouvant avoir lieu qu'à une semaine d'intervalle au moins
5° Travail des ouvriers spécialement employés soit à des opérations de grosse métallurgie (fonte, forgeage, laminage des métaux en grosses pièces et opérations connexes), soit à d'autres opérations reposant sur des réactions qui, techniquement, ne peuvent être arrêtées à volonté, lorsque les unes et les autres n'ont pu être terminées dans les délais réglementaires par suite de circonstances exceptionnelles.	Deux heures, exceptionnellement pour la Grosse métallurgie, six heures la veille de tout jour de chômage
6° Travaux urgents dont l'exécution immédiate est nécessaire pour prévenir des accidents imminents, organiser des mesures de sauvetage, ou réparer des accidents survenus au matériel, aux installations ou aux bâtiments de l'établissement	Faculté illimitée pendant un jour au choix de l'industriel ; les autres jours, deux heures au delà de la limite fixée par l'article 1er, § 1er, de la loi du 9 septembre 1848
7° Travaux exécutés dans l'intérêt de la sûreté et de la défense nationales, sur un ordre du gouvernement constatant la nécessité de la dérogation.	Limite à fixer, dans chaque cas, de concert entre le Ministre du commerce et de l'industrie et le ministre qui ordonne les travaux.
8° Travail du personnel des imprimeries typographiques, lithographiques et en taille-douce.	Une heure au delà de la limite fixée par l'article 1er, § 1er, de la loi du 9 septembre 1848 Maximum annuel : pour les imprimeries typographiques et lithographiques : 50 heures, pour les imprimeries en taille-douce . 100 heures.
9° Travail des ouvriers spécialement employés à la mouture des grains dans les moulins exclusivement actionnés par l'eau ou par le vent	Deux heures au delà de la limite fixée par l'article 1er, § 1er, de la loi du 9 septembre 1848.

Art. 2. Les facultés d'augmentation de la durée du travail journalier accordées pour les enfants, les filles mineures et les femmes, en vertu de

la loi du 2 novembre 1892 [1], s'appliquent de plein droit aux ouvriers adultes employés dans les mêmes locaux.

Art. 3. Tout chef d'établissement qui veut user des facultés prévues aux articles précédents est tenu de faire connaître préalablement à l'inspecteur du travail la nature de la dérogation, le nombre d'ouvriers pour lesquels la durée du travail journalier sera augmentée, les heures de travail et de repos de ces ouvriers, celles de l'ensemble du personnel de l'établissement et les jours auxquels s'applique l'augmentation. Copie de cet avis sera affichée dans l'établissement.

Si cette augmentation est motivée soit par les circonstances exceptionnelles prévues au paragraphe 5 du tableau annexé à l'article 1er, soit par les travaux urgents prévus au paragraphe 6 du même tableau, l'avis doit être envoyé par exprès ou par télégramme à l'inspecteur du travail. Si la faculté réclamée ne lui paraît pas justifiée, celui-ci en avisera l'industriel.

Art. 4. Les décrets des 17 mai 1851, 31 janvier 1866, 3 avril 1889 et 10 décembre 1899 sont abrogés.

Art. 5. Le Ministre du commerce et de l'industrie, des postes et des télégraphes [2] est chargé de l'exécution du présent décret, qui sera inséré au *Bulletin des Lois* et publié au *Journal officiel* de la République française.

LOI DU 29 JUIN 1905

relative à la durée du travail dans les mines.

Le Sénat et la Chambre des députés ont adopté,

Le Président de la République promulgue la loi dont la teneur suit :

Article premier. Six mois après la promulgation de la présente loi, la journée des ouvriers employés à l'abatage, dans les travaux souterrains des mines de combustibles, ne pourra excéder une durée de neuf heures, calculée depuis l'entrée dans le puits des derniers ouvriers descendant jusqu'à l'arrivée au jour des premiers ouvriers remontant; pour les mines où l'entrée a lieu par galeries, cette durée sera calculée depuis l'arrivée au fond de la galerie d'accès jusqu'au retour au même point.

Au bout de deux ans à partir de la date précitée, la durée de cette journée sera réduite à huit heures et demie et, au bout d'une nouvelle période de deux années, à huit heures.

Il n'est porté aucune atteinte aux conventions et aux usages équivalant à des conventions qui, dans certaines exploitations, ont fixé pour la journée normale une durée inférieure à celle fixée par les paragraphes précédents.

Art. 2. En cas de repos prévus par le règlement de la mine et pris soit au fond, soit au jour, la durée stipulée à l'article précédent sera augmentée de la durée de ces repos.

Art. 3. Des dérogations aux prescriptions de l'article 1er pourront être autorisées par le Ministre des travaux publics [3], après avis du conseil général des mines, dans les mines où l'application de ces prescriptions

---

(1) Voir le décret du 15 juillet 1893, page 47.
(2) Actuellement : le Ministre du travail et de la prévoyance sociale.
(3) Actuellement : le Ministre du travail et de la prévoyance sociale. — Même observation pour tout ce qui concerne l'application de cette loi.

serait de nature à compromettre. pour des motifs techniques ou économiques, le maintien de l'exploitation. Le retrait de ces dérogations aura lieu dans la même forme.

Art. 4. Des dérogations temporaires, dont la durée ne devra pas excéder deux mois, mais qui seront renouvelables, pourront être accordées par l'ingénieur en chef de l'arrondissement minéralogique, soit à la suite d'accidents, soit pour des motifs de sécurité, soit pour des nécessités occasionnelles, soit enfin lorsqu'il y a accord entre les ouvriers et l'exploitant pour le maintien de certains usages locaux. Les délégués à la sécurité des ouvriers mineurs seront entendus quand ces dérogations seront demandées à la suite d'accidents ou pour des motifs de sécurité.

L'exploitant pourra, sous sa responsabilité, en cas de danger imminent, prolonger la journée de travail en attendant l'autorisation qu'il sera tenu de demander immédiatement à l'ingénieur en chef.

Art. 5. Les infractions à la présente loi seront constatées par procès-verbaux des ingénieurs et des contrôleurs du service des mines qui feront foi jusqu'à preuve contraire.

Ces procès-verbaux seront dressés en triple exemplaire : le premier sera envoyé au préfet du département, le second sera déposé au parquet et le troisième sera remis au contrevenant.

Art. 6. Les exploitants, directeurs, gérants ou préposés qui n'auront pas mis à la disposition des ouvriers les moyens de sortir de la mine dans les délais prévus par la présente loi seront poursuivis devant le tribunal de simple police et punis d'une amende de cinq à quinze francs (5 à 15 fr.). L'amende sera appliquée autant de fois qu'il y aura de personnes employées dans les conditions contraires à la présente loi, sans toutefois que le chiffre total des amendes puisse excéder cinq cents francs (500 fr.).

Les chefs d'industrie seront civilement responsables des condamnations prononcées contre leurs directeurs, gérants ou préposés.

Art. 7. En cas de récidive, les contrevenants seront poursuivis devant le tribunal correctionnel et punis d'une amende de seize à cent francs (16 à 100 fr.) pour chaque personne employée dans les conditions contraires à la présente loi, sans toutefois que le chiffre total des amendes puisse excéder deux mille francs (2 000 fr.).

Il y aura récidive lorsque, dans les douze mois antérieurs aux faits poursuivis, les contrevenants auront déjà subi une condamnation pour contravention identique.

Art. 8. L'article 463 du Code pénal sera applicable aux condamnations prononcées en vertu de la présente loi.

La présente loi, délibérée et adoptée par le Sénat et par la Chambre des députés, sera exécutée comme loi de l'État.

C. — REPOS HEBDOMADAIRE

LOI DU 13 JUILLET 1906

établissant le repos hebdomadaire en faveur des ouvriers et employés.

Article premier Il est interdit d'occuper plus de six jours par semaine un même employé ou ouvrier dans un établissement industriel ou commercial, ou dans ses dépendances, de quelque nature qu'il soit, public ou privé, laïque ou religieux, même s'il a un caractère d'enseignement professionnel ou de bienfaisance.

Le repos hebdomadaire devra avoir une durée minima de vingt-quatre heures consécutives.

Art. 2. Le repos hebdomadaire doit être donné le dimanche.

Toutefois, lorsqu'il est établi que le repos simultané, le dimanche, de tout le personnel d'un établissement serait préjudiciable au public ou compromettrait le fonctionnement normal de cet établissement, le repos peut être donné soit constamment, soit à certaines époques de l'année seulement, ou bien :

a) Un autre jour que le dimanche à tout le personnel de l'établissement ;

b) Du dimanche midi au lundi midi ;

c) Le dimanche après midi avec un repos compensateur d'une journée par roulement et par quinzaine ;

d) Par roulement à tout ou partie du personnel.

Des autorisations nécessaires devront être demandées et obtenues conformément aux prescriptions des articles 8 et 9 de la présente loi.

Art. 3. Sont admis de droit à donner le repos hebdomadaire par roulement les établissements appartenant aux catégories suivantes :

1° Fabrication de produits alimentaires destinés à la consommation immédiate ;

2° Hôtels, restaurants et débits de boissons ;

3° Débits de tabac et magasins de fleurs naturelles ;

4° Hôpitaux, hospices, asiles, maisons de retraite et d'aliénés, dispensaires, maisons de santé, pharmacies, drogueries, magasins d'appareils médicaux et chirurgicaux ;

5° Établissements de bains ;

6° Entreprises de journaux, d'informations et de spectacles ; musées et expositions ;

7° Entreprises de location de livres, de chaises, de moyens de locomotion ;

8° Entreprises d'éclairage et de distribution d'eau ou de force motrice ;

9° Entreprises de transport par terre autres que les chemins de fer, travaux de chargement et de déchargement dans les ports, débarcadères et stations ;

10° Industries où sont mises en œuvre des matières susceptibles d'altération très rapide ;

11° Industries dans lesquelles toute interruption de travail entraînerait la perte ou la dépréciation du produit en cours de fabrication.

Un règlement d'administration publique énumérera la nomenclature des industries comprises dans les catégories figurant sous les n°s 10 et 11, ainsi que les autres catégories d'établissements qui pourront bénéficier du droit de donner le repos hebdomadaire par roulement.

Un autre règlement d'administration publique déterminera également des dérogations particulières au repos des spécialistes occupés dans les usines à feu continu, telles que hauts fourneaux.

Art. 4. En cas de travaux urgents, dont l'exécution immédiate est nécessaire pour organiser des mesures de sauvetage, pour prévenir des accidents imminents ou réparer des accidents survenus au matériel, aux installations ou aux bâtiments de l'établissement, le repos hebdomadaire pourra être suspendu pour le personnel nécessaire à l'exécution des travaux urgents. Cette faculté de suspension s'applique non seulement aux ouvriers de l'entreprise où les travaux urgents sont nécessaires, mais aussi à ceux d'une autre entreprise faisant les réparations pour le compte de la première. Dans cette seconde entreprise, chaque ouvrier devra jouir d'un repos compensateur d'une durée égale au repos supprimé.

Art. 5. Dans tout établissement qui aura le repos hebdomadaire au même jour pour tout le personnel, le repos hebdomadaire pourra être réduit à une demi-journée pour les personnes employées à la conduite des générateurs et des machines motrices, au graissage et à la visite des transmissions, au nettoyage des locaux industriels, magasins ou bureaux, ainsi que pour les gardiens et concierges.

Dans les établissements de vente de denrées alimentaires au détail, le repos pourra être donné le dimanche après midi avec un repos compensateur, par roulement et par semaine, d'une autre après-midi pour les employés âgés de moins de vingt et un ans et logés chez leurs patrons et, par roulement et par quinzaine, d'une journée entière pour les autres employés.

Dans les établissements occupant moins de cinq ouvriers ou employés et admis à donner le repos par roulement, le repos d'une journée par semaine pourra être remplacé par deux repos d'une demi-journée, représentant ensemble la durée d'une journée complète de travail.

Dans tout établissement où s'exerce un commerce de détail et dans lequel le repos hebdomadaire aura lieu le dimanche, ce repos pourra être supprimé lorsqu'il coïncidera avec un jour de fête locale ou de quartier désigné par arrêté municipal.

Art. 6. Dans toutes les catégories d'entreprises où les intempéries déterminent des chômages, les repos forcés viendront, au cours de chaque mois, en déduction des jours de repos hebdomadaire.

Les industries de plein air, celles qui ne travaillent qu'à certaines époques de l'année, pourront suspendre le repos hebdomadaire quinze fois par an.

Celles qui emploient des matières périssables, celles qui ont à répondre, à certains moments, à un surcroît extraordinaire de travail, et qui ont fixé le repos hebdomadaire au même jour pour tout le personnel, pourront également suspendre le repos hebdomadaire quinze fois par an. Mais, pour ces deux dernières catégories d'industries, l'employé ou l'ouvrier devra jouir au moins de deux jours de repos par mois.

Art. 7. Dans les établissements soumis au contrôle de l'État, ainsi que dans ceux où sont exécutés les travaux pour le compte de l'État et dans l'intérêt de la défense nationale, les ministres intéressés pourront suspendre le repos hebdomadaire quinze fois par an.

Art. 8. Lorsqu'un établissement quelconque voudra bénéficier de l'une des exceptions prévues au paragraphe 2 de l'article 2, il sera tenu d'adresser une demande au préfet du département.

Celui-ci devra demander d'urgence les avis du conseil municipal, de la chambre de commerce de la région et des syndicats patronaux et ouvriers intéressés de la commune. Ces avis devront être donnés dans le délai d'un mois.

Le préfet statuera ensuite par un arrêté motivé qu'il notifiera dans la huitaine.

L'autorisation accordée à un établissement devra être étendue aux établissements de la même ville faisant le même genre d'affaires et s'adressant à la même clientèle.

Art. 9. L'arrêté préfectoral pourra être déféré au Conseil d'État, dans la quinzaine de sa notification aux intéressés.

Le Conseil d'État statuera dans le mois qui suivra la date du recours, qui sera suspensif.

Art. 10. Des règlements d'administration publique organiseront le contrôle des jours de repos pour tous les établissements, que le repos hebdomadaire soit collectif ou qu'il soit organisé par roulement.

Ils détermineront également les conditions du préavis qui devra être adressé à l'inspecteur du travail par le chef de tout établissement qui bénéficiera des dérogations.

Art. 11. Les inspecteurs et inspectrices du travail sont chargés, concurremment avec tous officiers de police judiciaire, de constater les infractions à la présente loi.

Dans les établissements soumis au contrôle du Ministre des travaux publics, l'exécution de la loi est assurée par les fonctionnaires chargés de ce contrôle, placés à cet effet sous l'autorité du Ministre du commerce et de l'industrie (1). Les délégués mineurs signalent les infractions sur leur rapport.

Art. 12. Les contraventions sont constatées dans des procès-verbaux qui font foi jusqu'à preuve contraire.

Des procès-verbaux sont dressés en double exemplaire, dont l'un est envoyé au préfet du département et l'autre déposé au parquet.

Art. 13. Les chefs d'entreprise, directeurs ou gérants qui auront contrevenu aux prescriptions de la présente loi et des règlements d'administration publique relatifs à son exécution seront poursuivis devant le tribunal de simple police et passibles d'une amende de cinq à quinze francs (5 à 15 fr.).

L'amende sera appliquée autant de fois qu'il y aura de personnes occupées dans des conditions contraires à la présente loi, sans toutefois que le maximum puisse dépasser cinq cents francs (500 fr.).

Art. 14. Les chefs d'entreprise seront civilement responsables des condamnations prononcées contre leurs directeurs ou gérants.

(1) Actuellement : le Ministre du travail et de la prévoyance sociale. — Même observation pour tout ce qui concerne l'application de cette loi et des règlements pris pour son exécution.

Art. 15. En cas de récidive, le contrevenant sera poursuivi devant le tribunal correctionnel et puni d'une amende de seize à cent francs (16 à 100 fr.).

Il y a récidive lorsque, dans les douze mois antérieurs au fait poursuivi, le contrevenant a déjà subi une condamnation pour une contravention identique.

En cas de pluralité de contraventions entraînant ces peines de la récidive, l'amende sera appliquée autant de fois qu'il aura été relevé de nouvelles contraventions, sans toutefois que le maximum puisse dépasser trois mille francs (3 000 fr.).

Art. 16. Est puni d'une amende de cent à cinq cents francs (100 à 500 fr.) quiconque aura mis obstacle à l'accomplissement du service d'un inspecteur.

En cas de récidive dans les délais spécifiés à l'article précédent, l'amende sera portée de cinq cents francs à mille francs (500 à 1 000 fr.).

L'article 463 du Code pénal est applicable aux condamnations prononcées en vertu de cet article et des articles 13, 14 et 15.

Art. 17. Les dispositions de la présente loi ne sont pas applicables aux employés et ouvriers des entreprises de transports par eau, non plus qu'à ceux des chemins de fer, dont les repos sont réglés par des dispositions spéciales.

Art. 18. Sont abrogées les dispositions des articles 5 et 7 de la loi du 2 novembre 1892 en ce qui touche le repos hebdomadaire.

Les dérogations prévues à l'article 4 et au premier paragraphe de l'article 5 de la présente loi ne sont pas applicables aux enfants de moins de dix-huit ans et aux filles mineures.

Les dérogations prévues au paragraphe 3 de l'article 5 ne sont pas applicables aux personnes protégées par la loi du 2 novembre 1892.

Un règlement d'administration publique établira la nomenclature des industries particulières qui devront être comprises dans les catégories générales énoncées à l'article 6 de la présente loi en ce qui concerne les femmes et les enfants.

DÉCRET DU 24 AOUT 1906

organisant le contrôle de l'application de la loi du 13 juillet 1906.

(Modifié par le décret du 13 juillet 1907.)

Le Président de la République française,

Sur le rapport du Ministre du commerce, de l'industrie et du travail;

Vu la loi du 13 juillet 1906 établissant le repos hebdomadaire en faveur des employés et ouvriers;

Vu notamment l'article 10 de cette loi ainsi conçu :

« *Article 10.* Des règlements d'administration publique organiseront le contrôle des jours de repos pour tous les établissements, que le repos hebdomadaire soit collectif ou qu'il soit organisé par roulement.

« Ils détermineront également les conditions du préavis qui devra être adressé à l'inspecteur du travail par le chef de tout établissement qui bénéficiera des dérogations » ;

Le Conseil d'État entendu,

DÉCRÈTE :

ARTICLE PREMIER. Dans les établissements spécifiés à l'article premier de la loi du 13 juillet 1906 qui ne donnent pas à tout le personnel sans exception le repos de la journée entière du dimanche, les chefs d'entreprise, directeurs ou gérants sont soumis aux obligations ci-après :

1° Lorsque le repos hebdomadaire est donné collectivement à la totalité ou à une partie du personnel soit un autre jour que le dimanche, soit du dimanche midi au lundi midi, soit le dimanche après midi sous réserve du repos compensateur, soit suivant tout autre mode exceptionnel permis par la loi, des affiches doivent indiquer les jours et heures du repos collectif ainsi donné ;

2° Lorsque le repos n'est pas donné collectivement à tout le personnel, soit pendant la journée entière du dimanche, soit sous l'une des autres formes prévues par la loi, un registre spécial doit mentionner les noms des employés et ouvriers soumis à un régime particulier de repos et indiquer ce régime. En ce qui concerne chacune de ces personnes, le registre doit faire connaître le jour et éventuellement les fractions de journées choisis pour son repos.

L'inscription sur ce registre des employés ou des ouvriers récemment embauchés devient obligatoire après un délai de six jours. Jusqu'à l'expiration de ce délai, et à défaut d'inscription sur le registre, il ne peut être réclamé par les agents chargés du contrôle qu'un cahier régulièrement tenu portant l'indication du nom et la date d'embauchage de l'ouvrier ou employé.

ART. 2. L'affiche doit être facilement accessible et lisible.

Un duplicata en est envoyé avant sa mise en service à l'inspecteur du travail de la circonscription.

Le registre est tenu constamment à jour, la mention des journées ou fractions de journées de repos dont bénéficie un employé ou un ouvrier peut toujours être modifiée ; il suffit que la modification de service soit portée au registre avant de recevoir exécution ; toutefois, la modification ainsi faite ne peut en aucun cas priver le remplaçant du repos auquel il a droit.

Le registre reste à la disposition des agents chargés du contrôle et doit être communiqué aux employés et ouvriers qui en font la demande. Il est visé par les agents chargés du contrôle au cours de leurs visites.

ART. 3. Tout chef d'entreprise, directeur ou gérant qui veut suspendre le repos hebdomadaire, en vertu soit de l'article 4, soit des paragraphes 2 et 3 de l'article 6 de la loi, doit en aviser immédiatement et, sauf le cas de force majeure, avant le commencement du travail, l'inspecteur de la circonscription.

Il doit faire connaître à ce fonctionnaire les circonstances qui justifient la suspension du repos hebdomadaire, indiquer la date et la durée de cette suspension et spécifier le nombre d'employés et d'ouvriers auxquels elle s'applique.

En outre, dans le cas prévu par l'article 4, lorsque des travaux urgents sont exécutés par une entreprise distincte, l'avis du chef, du directeur ou du gérant de cette entreprise mentionne la date du jour de repos compensateur assuré au personnel.

Pour les industries déterminées au paragraphe 3 de l'article 6, l'avis indique les deux jours de repos mensuels réservés aux employés et ouvriers.

Art. 4. Dans les établissements spécifiés au paragraphe premier de l'article 6 de la loi, le chef d'entreprise, directeur ou gérant doit, en cas de repos imposé par les intempéries, en prévenir, le jour même, l'inspecteur du travail et lui indiquer le nombre des personnes qui ont chômé. Il fait connaître, la veille au plus tard, à l'inspecteur, les jours où le repos hebdomadaire sera supprimé en compensation du chômage.

Art. 5. Dans les cas prévus par les articles 3 et 4 ci-dessus, copie de l'avis doit être affichée dans l'établissement pendant toute la durée de la dérogation.

Art. 6. Le Ministre du commerce, de l'industrie et du travail est chargé de l'exécution du présent décret, qui sera publié au *Journal officiel* de la République française et inséré au *Bulletin des Lois*.

DÉCRET DU 14 AOUT 1907

complétant la nomenclature des établissements admis à donner le repos hebdomadaire par roulement en vertu de l'article 3 de la loi du 13 juillet 1906.

(Modifié par les décrets des 10 septembre 1908 et 30 avril 1909.)

Le Président de la République française,

Sur le rapport du Ministre du travail et de la prévoyance sociale,
Vu l'article 3, §§ 1 et 2, de la loi du 13 juillet 1906, ainsi conçu :

« *Article 3.* Sont admis de droit à donner le repos hebdomadaire par roulement les établissements appartenant aux catégories suivantes :

. . . .

« 10° Industries où sont mises en œuvre des matières susceptibles d'altération très rapide ;

« 11° Industries dans lesquelles toute interruption de travail entraînerait la perte ou la dépréciation du produit en cours de fabrication.

« Un règlement d'administration publique énumérera la nomenclature des industries comprises dans les catégories figurant sous les n°s 10 et 11, ainsi que les autres catégories d'établissements qui pourront bénéficier du droit de donner le repos hebdomadaire par roulement » ;

Le Conseil d'État entendu,

Décrète :

Article premier. Les établissements énumérés ci-après sont admis, en exécution de l'avant-dernier paragraphe de l'article 3 de la loi du 13 juillet 1906, à donner le repos hebdomadaire par roulement au personnel employé aux travaux spécifiés dans le tableau suivant :

ÉTABLISSEMENTS	TRAVAUX
Abattoirs.	
Accumulateurs électriques (fabriques d')	Formation des plaques et surveillance des fours de fusion du plomb.
Acide arsénieux (fabrication de l').	Conduite des fours.
Acide azotique monohydrate (fabriques d').	
Acide carbonique liquide (fabriques d').	
Acide chlorhydrique (fabriques d').	
Acides résiduels de la fabrication des produits nitrés (établissements traitant les).	
Acide sulfurique (fabriques d').	
Agglomérés de charbon (fabriques d').	
Air comprimé (chantiers de travaux à l').	Production et soufflage de l'air comprimé.
Alcools (voir Distillation).	
Alun (établissements traitant les minerais d')	Conduite des fours et des appareils de lessivage.
Amidonneries	Opérations de séchage et de décantation.
Ammoniaque liquide (fabriques d').	
Arrosage, balayage, nettoyage et enlèvement des ordures ménagères (entreprises d').	
Banques et établissements de crédit.	Service de garde.
Bauxite (traitement de la)	Conduite des fours et des appareils de dissolution, de carbonatation et de purification.
Beurreries industrielles.	Traitement du lait.
Bioxyde de baryum (fabriques de).	
Bleu d'outremer (fabriques de)	Conduite des fours.
Bougies (fabriques de)	Préparation des acides gras
Boyauderies, triperies, cordes à boyau (fabriques de).	
Brasseries (fabriques de bière).	
Cabinets publics d'aisances et de toilette.	
Câbles électriques (fabriques de)	Travaux d'isolation et conduite des étuves.
Caisses d'épargne.	
Camphre (fabriques de).	Raffinage.
Carbure de calcium (fabriques de) [voir Fours électriques].	
Caséine (fabriques de).	
Celluloïd (fabriques de).	
Céramique (industrie)	Séchage des produits et conduite des fours.
Chamoiseries.	Traitement des peaux fraîches
Chauffage (entreprises de).	
Chaux, ciments, plâtres (fabriques de)	Conduite des fours.
Chlore et produits dérivés (fabriques de).	
Chlorhydrate d'ammoniaque (fabriques de)	Sublimation.
Cidre (établissements industriels pour la fabrication du).	
Coke (fabriques de).	Conduite des fours.
Colles et gélatines (fabriques de)	Traitement des matières premières, conduite des autoclaves et des séchoirs
Conserves alimentaires (fabriques de).	
Corps gras (industries de l'extraction des).	
Corroiries	Travaux de séchage.
Cossettes de chicorée (sécheries de)	Conduite des fours.
Cuirs vernis (fabriques de)	Conduite des étuves.
Cyanamide calcique (fabrication de la)	Préparation de l'azote pur ; broyage du carbure ; azotation du carbure broyé.
Cyanures alcalins (fabriques de).	
Délainage des peaux de mouton (industrie du).	Travaux d'étuvage.
Désinfection (entreprises de).	
Distillation du bois (usines de)	Conduite des fours et appareils.
Distillation et rectification des produits de la fermentation alcoolique (usines de).	
Dolomie (établissements traitant la).	Conduite des fours.
Dynamite (fabriques de).	
Eau oxygénée (fabriques d').	

ÉTABLISSEMENTS	TRAVAUX
Électricité (fabriques de charbons pour l')	Cuisson des charbons.
Electrolyse de l'eau (établissements pratiquant l')	Conduite des appareils.
Engrais animaux (fabriques d')	Transport et traitement des matières.
Équarrissage (entreprises d').	
Etablissements industriels et commerciaux.	Service de transport pour livraisons —Service preventif contre l'incendie. — Soins aux chevaux et animaux de trait. — Travaux de désinfection.
Ether (fabriques d').	
Expedition, transit et emballage (entreprises d').	
Extraits tannants et tinctoriaux (fabriques d').	
Fécule (fabriques de).	
Fer et fonte émailles (usines de)	Service des fours de fabrication.
Feutre pour papeterie (fabriques de).	Conduite des foulons.
Fleurs naturelles (etablissements de commerce en gros des).	
Fours électriques (établissements employant les)	Travaux effectués à l'aide des fours électriques.
Froid (usines de production du).	
Fromageries industrielles.	
Galvanisation et étamage du fer (etablissements pratiquant la).	Conduite des fours.
Garages	Service du garage. Réparations urgentes de véhicules.
Glace (fabriques de).	
Glaces (fabriques de).	Fabrication et doucissage des glaces.
Glycerine (distillation de la).	
Goudron (usines de distillation du).	
Huiles de schiste (usines de distillation des).	
Hydrauliques (etablissements utilisant les forces)	Opérations commandées par les forces hydrauliques.
Indigo (teintureries à l').	
Iode (fabriques d').	
Kaolin (établissements de preparation du)	Service des fours.
Lait (établissements industriels pour le traitement du).	
Laminoirs et tréfileries de tous metaux.	
Levure (fabriques de).	
Litharge (fabriques de)	Service des fours.
Machines agricoles (ateliers de réparation de)	Réparations urgentes de machines agricoles.
Malteries	Opérations de maltage.
Marée (etablissements faisant le commerce de la).	
Margarine (fabriques de).	
Maroquineries (voir Mégisseries).	
Matières colorantes artificielles dérivées du goudron de houille (fabriques de).	
Mégisseries et maroquineries	Mises à l'eau des peaux, levage des pelins et des confits, conduite des étuves.
Métaux (usines de production des).	
Minium (fabriques de)	Service des fours.
Minoterie et meunerie.	
Moulins à vent.	
Noir animal (fabriques de)	Conduite des fours de cuisson.
Noir d'aniline (fabriques de)	Conduite de l'oxydation dans la teinture.
Noir minéral (fabriques de).	
Oxyde d'antimoine (fabriques d')	Conduite des fours.
Oxyde de zinc (fabriques d').	
Paille pour chapeaux (fabriques de)	Blanchiment de la paille.
Papier, carton et pâtes à papier (fabriques de).	
Parfumeries	Extraction du parfum des fleurs.
Peaux fraiches et en poil (depôts de)	Salage des peaux.
Pelleteries (ateliers de)	Mouillage des peaux.

ÉTABLISSEMENTS	TRAVAUX
Pétrole (raffineries de)	Service des appareils de distillation et des appareils à paraffiner.
Phosphore (fabriques de).	
Photographie (ateliers de).	Prise des clichés.
Plaques, papiers et pellicules sensibles pour la photographie (fabriques de).	
Plumes métalliques (fabriques de).	Service des fours.
Poissons (ateliers de salage, saurage et séchage des).	
Pompes funèbres (entreprises de).	
Produits chimiques organiques par voie de synthèse (fabriques de).	
Pruneaux (fabriques de)	Étuvage des prunes.
Salines et raffineries de sel	Conduite des chaudières et des appareils d'evaporation.
Savonneries	
Sécheries de bois d'ébénisterie	Conduite des feux et de la ventilation.
Sels ammoniacaux (fabriques de)	Conduite des appareils.
Silicates de soude et de potasse (fabriques de).	
Silice en poudre (fabrication de la)	Conduite des fours de calcination.
Soude (fabriques de).	
Soufre (fabriques de)	Service des fours et sublimation du soufre.
Sucreries	Fabrication et raffinage.
Suifs (fonderies de)	Reception et traitement par l'acide ou le bain-marie.
Sulfates métalliques (fabriques de)	Conduite des appareils.
Sulfate de soude (fabriques de).	
Sulfure de carbone (fabriques de).	
Sulfure de sodium (fabriques de).	
Superphosphates (fabriques de).	
Tanneries	Salage des cuirs frais, dessalage des cuirs, levage des pelins et des premières cuves de brasserie.
Triperies (voir Boyauderies).	
Toiles cirees (fabriques de)	Service des séchoirs et étuves.
Véhicules (ateliers de reparations de)	Reparations urgentes.
Verreries et cristalleries	Service des fours.
Vinaigre (fabriques de).	
Viscose (fabriques de).	

Dans les établissements où seraient en même temps exercées d'autres industries, la faculté de donner le repos hebdomadaire par roulement s'appliquerait exclusivement aux fabrications et aux travaux que détermine le tableau précédent.

Art. 2. Outre les catégories d'établissements compris dans l'énumération qui précède, sont admis à donner le repos hebdomadaire par roulement les établissements qui, fonctionnant de jour et de nuit à l'aide d'équipes alternantes, auront suspendu, pendant douze heures consécutives au moins chaque dimanche, les travaux autres que ceux visés à l'article 4 et à l'article 5, § 1er, de la loi du 13 juillet 1906.

Art. 3. Le Ministre du travail et de la prévoyance sociale est chargé de l'exécution du présent décret, qui sera inséré dans le *Bulletin des Lois* et publié au *Journal officiel* de la République française.

DÉCRET DU 16 MARS 1908

déterminant la nomenclature des catégories d'établissements admises à bénéficier des dérogations de l'article 6 de la loi du 13 juillet 1906, en ce qui concerne les femmes et les enfants.

Le Président de la République française,

Sur le rapport du Ministre du travail et de la prévoyance sociale,

Vu les articles 6 et 18, § 4, de la loi du 13 juillet 1906, ainsi conçus :

« *Article 6*. Dans toutes les catégories d'entreprises où les intempéries déterminent des chômages, les repos forcés viendront, au cours de chaque mois, en déduction des jours de repos hebdomadaire.

« Les industries de plein air, celles qui ne travaillent qu'à certaines époques de l'année, pourront suspendre le repos hebdomadaire quinze fois par an.

« Celles qui emploient des matières périssables, celles qui ont à répondre, à certains moments, à un surcroît extraordinaire de travail, et qui ont fixé le repos hebdomadaire au même jour pour tout le personnel, pourront également suspendre le repos hebdomadaire quinze fois par an. Mais, pour ces deux dernières catégories d'industries, l'employé ou l'ouvrier devra jouir au moins de deux jours de repos par mois. »

« *Article 18, § 4*. Un règlement d'administration publique établira la nomenclature des industries particulières qui devront être comprises dans les catégories générales énoncées à l'article 6 de la présente loi en ce qui concerne les femmes et les enfants » ;

Vu l'avis du Comité consultatif des arts et manufactures ;

Vu l'avis de la Commission supérieure du travail ;

Le Conseil d'État entendu,

Décrète :

Article premier. Les dispositions de l'article 6 de la loi du 13 juillet 1906 s'appliquent, dans les conditions indiquées ci-après, aux enfants de moins de dix-huit ans et aux femmes de tout âge occupés dans les industries énumérées au présent décret.

Art. 2. Sont admises au bénéfice du paragraphe 1er de l'article 6 de la loi les industries suivantes :

Bateaux de rivière (travaux extérieurs de construction et de réparation des) ;

Bâtiment (travaux extérieurs dans les chantiers de l'industrie du) ;

Briqueteries en plein air ;

Conserves de fruits, de légumes et de poissons ;

Corderies en plein air.

Art. 3. Sont admises au bénéfice du paragraphe 2 de l'article 6 de la loi les industries ci-après :

a) Comme industries de plein air :

Bateaux de rivière (travaux extérieurs de construction et de réparation des) ;

Bâtiment (travaux extérieurs dans les chantiers de l'industrie du) ;

Briqueteries en plein air ;

Corderies en plein air ;

b) A la condition qu'elles ne travaillent qu'à certaines époques de l'année, les industries ci-après :

Conserves de fruits, de légumes et de poissons ;

Hôtels, restaurants, traiteurs et rôtisseurs ;

Etablissements de bains des stations balnéaires, thermales ou climatériques.

Art. 4. Sont admises au bénéfice du paragraphe 3 de l'article 6 de la loi les industries ci-après, pour les établissements dans lesquels le repos est fixé au même jour pour tout le personnel :

Ameublement, tapisserie, passementerie pour meubles ;

Appareils orthopédiques ;

Balnéaires (établissements) ;

Bijouterie et joaillerie ;

Biscuits employant le beurre frais (fabriques de) ;

Blanchisseries de linge fin ;

Boîtes de conserves (fabrication et imprimerie sur métaux pour) ;

Bonneterie fine ;

Boulangeries ;

Brochage des imprimés ;

Broderie et passementerie pour confections ;

Cartons (fabriques de) pour jouets, bonbons, cartes de visite, rubans ;

Chapeaux et casquettes (fabrication et confection de) en toutes matières pour hommes et pour femmes ;

Charcuteries ;

Chaussures (confection de) ;

Colle et gélatine (fabrication de) ;

Coloriage au patron ou à la main ;

Confections, couture, lingerie pour hommes, femmes et enfants ;

Confections pour hommes ;

Confections en fourrures ;

Conserves de fruits et confiserie, conserves de légumes et de poissons ;

Corsets (confection de) ;

Couronnes funéraires (fabriques de) ;

Délainage des peaux de mouton (industrie du) ;

Dorure pour ameublement ;

Dorure pour encadrements ;

Filature, retordage de fils crêpés, bouclés et à boutons, de fils moulinés et multicolores ;

Fleurs (extraction des parfums des) ;

Fleurs et plumes ;

Gainerie ;

Hôtels, restaurants, traiteurs et rôtisseurs ;

Impression de la laine peignée, blanchissage, teinture et impression des fils de laine, de coton et de soie destinés au tissage des étoffes de nouveauté ;

Imprimeries typographiques ;

Imprimeries lithographiques ;

Imprimeries en taille-douce ;

Jouets, bimbeloterie, petite tabletterie et articles de Paris (fabriques de) ;

Laiteries, beurreries et fromageries industrielles ;

Orfèvrerie (polissage, dorure, gravure, ciselage, guillochage et planage en);

Papier (transformation du), fabrication des enveloppes, du cartonnage, des cahiers d'école, des registres, des papiers de fantaisie;

Papiers de tenture;

Parfumerie;

Pâtisseries;

Porcelaine (ateliers de décor sur);

Reliure;

Réparations urgentes de navires et de machines motrices;

Soie (dévidage de la) pour étoffes de nouveauté;

Teinture, apprêt, blanchiment, impression, gaufrage et moirage des étoffes;

Tissage des étoffes de nouveauté destinées à l'habillement;

Tulles, dentelles et laizes de soie;

Voiles des navires armés pour la grande pêche (confection et réparation des).

Art. 5. Sont abrogées les dispositions des décrets des 15 juillet 1893, 26 juillet 1895, 29 juillet 1897, 24 février 1898, 1er juillet 1899, 18 avril 1901, 4 juillet 1902, 14 août 1903, 23 novembre et 24 décembre 1904, en ce qui concerne le repos hebdomadaire.

Art. 6. Le Ministre du travail et de la prévoyance sociale est chargé de l'exécution du présent décret, qui sera publié au *Journal officiel* de la République française et inséré au *Bulletin des Lois*.

DÉCRET DU 31 AOUT 1910

déterminant les dérogations particulières au repos des spécialistes occupés dans des usines à feu continu.

Le Président de la République française,

Sur le rapport du ministre du travail et de la prévoyance sociale,

Vu le dernier paragraphe de l'article 3 de la loi du 13 juillet 1906, ainsi conçu :

Art. 3 . . . .

« Un autre règlement d'administration publique déterminera également des dérogations particulières au repos des spécialistes occupés dans les usines à feu continu, telles que hauts fourneaux ».

Le Conseil d'État entendu,

Décrète :

Article premier. Le repos des employés ou ouvriers spécialistes travaillant dans les usines à feu continu et appartenant aux catégories énumérées ci-après, peut-être organisé dans les conditions prévues par les articles 2 et 3 du présent décret :

1° Hauts fourneaux et appareils connexes.

Surveillants et contremaîtres préposés à la marche des appareils.

Basculeurs, chefs d'équipes, chargeurs au gueulard ou rouleurs au gueulard, chargeurs du bas, fondeurs, décrasseurs, granuleurs, gaziers du fourneau, chauffeurs et alimenteurs des chaudières chauffées au gaz de hauts fourneaux.

Personnel de l'épuration des gaz.

Machinistes des souffleries et des monte-charges.

Fondeurs des cubilots de déphosphoration et de désulfuration.

2° Mélangeurs de fonte.

Personnel de surveillance et de conduite.

3° Fours à feu continu pour la fabrication de l'acier sur sole.

Surveillants et contremaîtres préposés à la marche des appareils.

Chargeurs, fondeurs, gaziers, couleurs et décrasseurs.

Machinistes du service de coulée, préposés à la manœuvre des lingotières dans les fosses, démouleurs.

4° Puits et fours à réchauffer les lingots d'acier.

Surveillants préposés à la marche des appareils et chauffeurs.

5° Fours divers de cémentation et fours continus pour la fabrication de l'acier au creuset.

Surveillants préposés à la marche des appareils et chauffeurs.

6° Fours à coke.

Surveillants préposés à la marche des appareils, enfourneurs, régaleurs, pilonneurs, régleurs aux brûleurs et aux barillets.

Personnel de la récupération des sous-produits.

Machinistes des moteurs annexes.

7° Gazogènes et fours à récupération autres que les fours à coke.

Personnel de conduite lorsque cette conduite ne comporte pas le travail simultané de plus de deux ouvriers par équipe.

8° Usines à gaz.

Chauffeurs de cornues, lorsqu'il n'y a pas plus de deux ouvriers, par poste, employés à la production du gaz.

9° Fours à zinc.

Surveillants préposés à la marche des appareils,

Ouvriers employés au chargement et au déchargement des cornues ou creusets, mélangeurs de minerais et approvisionneurs de charbon.

10° Fours à cuve pour la métallurgie du plomb ou du cuivre.

Surveillants et contremaîtres préposés à la marche des appareils.

Personnel affecté à la conduite des fours, lorsque cette conduite ne comporte pas le travail simultané de plus de six ouvriers par équipe.

11° Fours d'affinage du cuivre et de concentration des mattes.

Deux fondeurs des fours d'affinage et de concentration.
Deux fondeurs et deux ouvriers des lits de fusion des fours à cuivre.

12° Fours rotatifs continus pour frillage des minerais ou fabrication des ciments.

Surveillants préposés à la marche des appareils et cuiseurs.

13° Autres fours pour calcination ou grillages de minerais.

Surveillants préposés à la marche des appareils.

14° Fabrique de glaces.

Personnel chargé d'assurer le chauffage et la conduite des fours, la coulée et le découpage.

15° Fours à feu continu de l'industrie céramique.

Surveillants préposés à la marche des appareils et cuiseurs.

16° Fabrique de produits chimiques.

Personnel affecté aux chambres ou autres appareils continus pour la fabrication de l'acide sulfurique.

Personnel chargé de la conduite des appareils continus de concentration, d'oxydation, de calcination, de décomposition, d'absorption et de condensation, lorsque cette conduite ne comporte pas le travail simultané de plus de deux hommes par équipe.

Mécanicien principal chargé des services généraux de distribution de force motrice ou d'une distribution d'air comprimé.

17° Fabriques de papier et de carton possédant moins de trois machines.

Conducteurs de défibreurs, gouverneurs de cylindre raffineur, chefs de coloration mélangeurs, conducteurs des machines à papier et sécheurs.

18° Fabrications électrométallurgiques.

Surveillants et contremaîtres préposés à la marche des appareils.

Art. 2. Dans les usines où le travail est organisé par alternance de deux équipes, chacun des employés ou ouvriers énumérés à l'article précédent doit avoir un repos périodique de vingt-quatre heures consécutives au moins toutes les deux semaines ou de dix-huit heures consécutives au moins chaque semaine au moment du changement de poste, et il doit jouir, en outre, de vingt-six jours de repos compensateur par an.

Dans les usines où le travail est organisé sans alternance des équipes, le nombre des jours de repos, auxquels ont droit les employés ou ouvriers classés comme spécialistes par l'article 1er, peut être réduit à vingt-six jours par an, si ces spécialistes ne travaillent qu'entre 5 heures du matin et 9 heures du soir et pendant une durée qui n'excède pas dix heures par vingt-quatre heures.

Dans le cas où, par suite de circonstances exceptionnelles, un ouvrier n'aurait pas intégralement bénéficié pendant une année des vingt-six jours de repos que lui réservent les deux paragraphes précédents, le chef d'établissement, directeur ou gérant, devrait lui en fournir le complément avant le 1er mars de l'année suivante, sans préjudice des repos dus pour la nouvelle année.

Pour les employés ou ouvriers qui entrent en service au cours de l'année, le nombre de jours de repos est calculé au prorata du nombre de semaines de présence.

Art. 3. Dans les usines à feu continu qui fonctionnent par postes de huit heures à l'aide de trois équipes et où l'alternance comporte chaque semaine deux postes consécutifs dont chacun n'excède pas douze heures, le repos hebdomadaire de chacun des ouvriers de ces équipes peut n'être que de vingt heures par semaine, pendant deux semaines consécutives, à condition qu'il atteigne vingt-quatre heures la semaine suivante.

Art. 4. Dans toutes les usines qui utilisent les dérogations prévues par le présent décret, le chef d'établissement, directeur ou gérant, est tenu d'inscrire sur un registre coté et paraphé les noms des employés et ouvriers admis à ces dérogations, ainsi que les catégories professionnelles auxquelles ils appartiennent.

Pour chacun d'eux, le registre fait connaître les jours et heures de repos périodiques prévus par les articles 2 et 3 et, dans le cas de l'article 2, les dates des jours de repos prévus par les paragraphes 1 et 2 dudit article, avant que ce repos ne soit accordé ou dès que l'absence de l'ouvrier a pu être constatée.

Ce registre doit être tenu à la disposition des ouvriers ; il est visé par l'inspecteur du travail au cours de ses visites.

Art. 5. Le présent décret entrera en vigueur dans un délai de trois mois à dater de sa publication.

Par mesure transitoire, le repos compensateur prévu à l'article 2, paragraphe 1er, pourra être réduit à quinze jours pendant la première année d'application et à vingt jours pendant l'année suivante.

Jusqu'à l'expiration d'un délai de dix ans à compter de la publication du présent décret, le nombre de journées de repos compensateur accordé aux spécialistes visés au 15° de l'article 1er pourra être réduit à quinze jours par an dans les usines ne comportant pas plus de deux fours continus.

Art. 6. Les dispositions du présent décret ne s'appliquent pas au personnel protégé par la loi du 2 novembre 1892 sur le travail des enfants, des filles mineures et des femmes dans les établissements industriels.

Art. 7. Le Ministre du travail et de la prévoyance sociale est chargé de l'exécution du présent décret, qui sera publié au *Journal officiel* de la République française et inséré au *Bulletin des Lois*.

D. — HYGIÈNE ET SÉCURITÉ

LOI DU 12 JUIN 1893

concernant l'hygiène et la sécurité des travailleurs (1).

(Modifiée par la loi du 11 juillet 1903.)

Le Sénat et la Chambre des députés ont adopté,

Le Président de la République promulgue la loi dont la teneur suit :

Article premier. Sont soumis aux dispositions de la présente loi les manufactures, fabriques, usines, chantiers, ateliers, *laboratoires, cuisines, caves et chais, magasins, boutiques, bureaux, entreprises de chargement et de déchargement* et leurs dépendances, *de quelque nature que ce soit, publics ou privés, laïques ou religieux, même lorsque ces établissements ont un caractère d'enseignement professionnel ou de bienfaisance.*

Sont seuls exceptés les établissements où ne sont employés que les membres de la famille, sous l'autorité soit du père, soit de la mère, soit du tuteur.

Néanmoins, si le travail s'y fait à l'aide de chaudière à vapeur ou de moteur mécanique, ou si l'industrie exercée est classée au nombre des établissements dangereux ou insalubres (2), l'inspecteur aura le droit de prescrire les mesures de sécurité et de salubrité à prendre conformément aux dispositions de la présente loi.

Art. 2. Les établissements visés à l'article 1er doivent être tenus dans un état constant de propreté et présenter les conditions d'hygiène et de salubrité nécessaires à la santé du personnel.

Ils doivent être aménagés de manière à garantir la sécurité des travailleurs. Dans tout établissement fonctionnant par des appareils mécaniques, les roues, les courroies, les engrenages ou tout autre organe pouvant offrir une cause de danger seront séparés des ouvriers de telle manière que l'approche n'en soit possible que pour les besoins du service. Les puits, trappes et ouvertures doivent être clôturés.

Les machines, mécanismes, appareils de transmission, outils et engins doivent être installés et tenus dans les meilleures conditions possibles de sécurité.

Les dispositions qui précèdent sont applicables aux théâtres, cirques et autres établissements similaires où il est fait emploi d'appareils mécaniques.

Art. 3. Des règlements d'administration publique, rendus après avis du Comité consultatif des arts et manufactures, détermineront :

1° Les mesures générales de protection et de salubrité applicables à tous les établissements assujettis, notamment en ce qui concerne l'éclairage, l'aération ou la ventilation, les eaux potables, les fosses d'aisances, l'évacuation des poussières et vapeurs, les précautions à prendre contre les incendies, *le couchage du personnel,* etc.;

2° Au fur et à mesure des nécessités constatées, les prescriptions particu-

(1) Les parties du texte en italiques donnent les modifications apportées à la loi de 1893 par celle du 11 juillet 1903.

(2) Voir en *Annexe,* page 167, la nomenclature des établissements dangereux, insalubres ou incommodes.

lières relatives soit à certaines professions, soit à certains modes de travail.

Le Comité consultatif d'hygiène publique de France sera appelé à donner son avis en ce qui concerne les règlements généraux prévus sous le n° 1 du présent article.

Art. 4. Les inspecteurs du travail sont chargés d'assurer l'exécution de la présente loi et des règlements qui y sont prévus ; ils ont entrée dans les établissements spécifiés à l'article 1er et au dernier paragraphe de l'article 2, à l'effet de procéder à la surveillance et aux enquêtes dont ils sont chargés.

Toutefois, pour les établissements de l'État dans lesquels l'intérêt de la défense nationale s'oppose à l'introduction d'agents étrangers au service, la sanction de la loi est exclusivement confiée aux agents désignés, à cet effet, par les Ministres de la guerre et de la marine ; la nomenclature de ces établissements sera fixée par règlement d'administration publique.

Art. 5. Les contraventions sont constatées par les procès-verbaux des inspecteurs, qui font foi jusqu'à preuve contraire.

Les procès-verbaux sont dressés en double exemplaire, dont l'un est envoyé au préfet du département et l'autre envoyé au Parquet.

Les dispositions ci-dessus ne dérogent point aux règles du droit communiquant à la constatation et à la poursuite des infractions commises à la présente loi.

Art. 6. Toutefois, en ce qui concerne l'application des règlements d'administration publique prévus par l'article 3 ci-dessus, les inspecteurs, avant de dresser procès-verbal, mettront les chefs d'industrie en demeure de se conformer aux prescriptions dudit règlement.

Cette mise en demeure sera faite par écrit sur le registre de l'usine ; elle sera datée et signée, indiquera les contraventions relevées et fixera un délai à l'expiration duquel ces contraventions devront avoir disparu. Ce délai ne sera jamais inférieur à un mois.

Dans les quinze jours qui suivent cette mise en demeure, le chef d'industrie adresse, s'il le juge convenable, une réclamation au Ministre du commerce et de l'industrie (1). Ce dernier peut, lorsque l'obéissance à la mise en demeure nécessite des transformations importantes portant sur le gros œuvre de l'usine, après avis conforme du Comité des arts et manufactures, accorder à l'industriel un délai dont la durée, dans tous les cas, ne dépassera jamais dix-huit mois.

Notification de la décision est faite à l'industriel dans la forme administrative ; avis en est donné à l'inspecteur.

Art. 7. Les chefs d'industrie, directeurs, gérants ou préposés qui auront contrevenu aux dispositions de la présente loi et des règlements d'administration publique relatifs à son exécution seront poursuivis devant le tribunal de simple police et punis d'une amende de 5 francs à 15 francs. L'amende sera appliquée autant de fois qu'il y aura de contraventions distinctes constatées par le procès-verbal, sans toutefois que le chiffre total des amendes puisse excéder 200 francs.

Le jugement fixera, en outre, le délai dans lequel seront exécutés les travaux de sécurité et de salubrité imposés par la loi.

---

(1) Actuellement : le Ministre du travail et de la prévoyance sociale. — Même observation pour tout ce qui concerne l'application de cette loi et des règlements pris pour son exécution.

Les chefs d'industrie sont civilement responsables des condamnations prononcées contre leurs directeurs, gérants ou préposés.

ART. 8. Si, après une condamnation prononcée en vertu de l'article précédent, les mesures de sécurité ou de salubrité imposées par la présente loi ou par les règlements d'administration publique n'ont pas été exécutées dans le délai fixé par le jugement qui a prononcé la condamnation, l'affaire est, sur un nouveau procès-verbal, portée devant le tribunal correctionnel, qui peut, après une nouvelle mise en demeure restée sans résultat, ordonner la fermeture de l'établissement.

Le jugement sera susceptible d'appel; la cour statuera d'urgence.

ART. 9. En cas de récidive, le contrevenant sera poursuivi devant le tribunal correctionnel et puni d'une amende de 50 à 500 francs, sans que la totalité des amendes puisse excéder 2 000 francs.

Il y a récidive lorsque le contrevenant a été frappé, dans les douze mois qui ont précédé le fait qui est l'objet de la poursuite, d'une première condamnation pour infraction à la présente loi ou aux règlements d'administration publique relatifs à son exécution.

ART. 10. Les inspecteurs devront fournir, chaque année, des rapports circonstanciés sur l'application de la présente loi dans toute l'étendue de leur circonscription. Ces rapports mentionneront les accidents dont les ouvriers auront été victimes et leurs causes. Ils contiendront les propositions relatives aux prescriptions nouvelles qui seraient de nature à mieux assurer la sécurité du travail.

Un rapport d'ensemble, résumant ces communications, sera publié tous les ans par les soins du Ministre du commerce et de l'industrie.

ART. 11. Tout accident ayant causé une blessure à un ou plusieurs ouvriers, survenu dans l'un des établissements mentionnés à l'article 1er et au dernier paragraphe de l'article 2, sera l'objet d'une déclaration par le chef de l'entreprise où, à son défaut et en son absence, par le préposé[1].

Cette déclaration contiendra le nom et l'adresse des témoins de l'accident; elle sera faite dans les quarante-huit heures au maire de la commune, qui en dressera procès-verbal dans la forme à déterminer par un règlement d'administration publique. A cette déclaration sera joint, produit par le patron, un certificat du médecin indiquant l'état du blessé, les suites probables de l'accident et l'époque à laquelle il sera possible d'en connaître le résultat définitif.

Récépissé de la déclaration et du certificat médical sera remis, seance tenante, au déposant. Avis de l'accident est donné immédiatement par le maire à l'inspecteur divisionnaire ou départemental.

ART. 12. Seront punis d'une amende de 100 à 500 francs et, en cas de récidive, de 500 à 1 000 francs, tous ceux qui auront mis obstacle à l'accomplissement des devoirs d'un inspecteur.

Les dispositions du Code pénal qui prévoient et répriment les actes de résistance, les outrages et les violences contre les officiers de la police judiciaire sont, en outre, applicables à ceux qui se rendront coupables de faits de même nature à l'égard des inspecteurs.

Les articles 5, 6, 7, 8, 9, 12, §§ 1 et 2, et 14 de la présente loi ne sont pas applicables aux établissements de l'État. Un règlement d'administra-

(1) Voir l'article 11, § 6, de la loi du 9 avril 1898, p. 118, et les modeles de déclarations, pages 131 et suivantes

tion publique fixera les conditions dans lesquelles seront communiquées, par le Ministre du commerce, aux administrations intéressées, les constatations des inspecteurs du travail dans ces établissements.

Art. 13. Il n'est rien innové quant à la surveillance des appareils à vapeur.

Art. 14. L'article 463 du Code pénal est applicable aux condamnations prononcées en vertu de la présente loi.

Art. 15. Sont et demeureront abrogées toutes les dispositions des lois et règlements contraires à la présente loi.

La présente loi, délibérée et adoptée par le Sénat et par la Chambre des députés, sera exécutée comme loi de l'État.

RÈGLEMENTS GÉNÉRAUX

DÉCRET DU 29 NOVEMBRE 1904

relatif à l'hygiène et à la sécurité des travailleurs.

(Modifié par les décrets des 6 août 1905, 22 mars 1906, 11 juillet 1907, 7 décembre 1907 et 4 avril 1910)

Le Président de la République française,

Sur le rapport du Ministre du commerce, de l'industrie, des postes et des télégraphes,

Vu l'article 3 de la loi des 12 juin 1893-11 juillet 1903, ainsi conçu :

« Des règlements d'administration publique, rendus après avis du Comité consultatif des arts et manufactures, détermineront :

« 1° Les mesures générales de protection et de salubrité applicables à tous les établissements assujettis, notamment en ce qui concerne l'éclairage, l'aération ou la ventilation, les eaux potables, les fosses d'aisances, l'évacuation des poussières et vapeurs, les précautions à prendre contre les incendies, le couchage du personnel, etc. ;

« 2° Au fur et à mesure des nécessités constatées, les prescriptions particulières relatives soit à certaines professions, soit à certains modes de travail ;

« Le Comité consultatif d'hygiène publique de France sera appelé à donner son avis en ce qui concerne les règlements généraux prévus sous le n° 1 du présent article » ;

Vu l'avis du Comité consultatif d'hygiène publique de France ;

Vu l'avis du Comité consultatif des arts et manufactures ;

Le Conseil d'État entendu ;

Décrète :

Article premier. Les emplacements affectés au travail dans les établissements visés par l'article 1er de la loi du 12 juin 1893, modifiée par la loi du 11 juillet 1903, seront tenus en état constant de propreté.

Le sol sera nettoyé à fond au moins une fois par jour avant l'ouverture ou après la clôture du travail, mais jamais pendant le travail.

Ce nettoyage sera fait soit par un lavage, soit à l'aide de brosses ou de linges humides si les conditions de l'exploitation ou la nature du revêtement du sol s'opposent au lavage. Les murs et les plafonds seront l'objet de fréquents nettoyages ; les enduits seront refaits toutes les fois qu'il sera nécessaire.

Art. 2. Dans les locaux où l'on travaille des matières organiques altérables, le sol sera rendu imperméable et toujours bien nivelé, les murs seront recouverts d'un enduit permettant un lavage efficace.

En outre, le sol et les murs seront lavés aussi souvent qu'il sera nécessaire avec une solution désinfectante. Un lessivage à fond avec la même solution sera fait au moins une fois par an.

Les résidus putrescibles ne devront jamais séjourner dans les locaux affectés au travail et seront enlevés au fur et à mesure, à moins qu'ils ne soient déposés dans des récipients métalliques hermétiquement clos, vidés et lavés au moins une fois par jour.

Art. 3. L'atmosphère des ateliers et de tous les autres locaux affectés au travail sera tenue constamment à l'abri de toute émanation provenant d'égouts, fosses, puisards, fosses d'aisances ou de toute autre source d'infection.

Dans les établissements qui déverseront les eaux résiduaires ou de lavage dans un égout public ou privé, toute communication entre l'égout et l'établissement sera munie d'un intercepteur hydraulique fréquemment nettoyé et abondamment lavé au moins une fois par jour.

Les éviers seront formés de matériaux imperméables et bien joints; ils présenteront une pente dans la direction du tuyau d'écoulement et seront aménagés de façon à ne dégager aucune odeur. Les travaux dans les puits, conduites de gaz, canaux de fumée, fosses d'aisances, cuves ou appareils quelconques pouvant contenir des gaz délétères ne seront entrepris qu'après que l'atmosphère aura été assainie par une ventilation efficace. Les ouvriers appelés à travailler dans ces conditions seront attachés par une ceinture de sûreté.

Art. 4. Les cabinets d'aisances ne devront pas communiquer directement avec les locaux fermés où le personnel est appelé à séjourner. Ils seront éclairés et aménagés de manière à ne dégager aucune odeur. Le sol et les parois seront en matériaux imperméables, les peintures seront d'un ton clair.

Il y aura au moins un cabinet pour cinquante personnes et des urinoirs en nombre suffisant.

Aucun puits absorbant, aucune disposition analogue ne pourra être établie qu'avec l'autorisation de l'administration supérieure et dans les conditions qu'elle aura prescrites.

Art. 5. Les locaux fermés affectés au travail ne seront jamais encombrés. Le cube d'air par personne employée ne pourra être inférieur à 7 mètres cubes. Pendant un délai de trois ans, à dater de la promulgation du présent décret, ce cube pourra n'être que de 6 mètres.

Le cube d'air sera de 10 mètres au moins par personne employée dans les laboratoires, cuisines, chais ; il en sera de même dans les magasins, boutiques et bureaux ouverts au public.

Un avis affiché dans chaque local de travail indiquera sa capacité en mètres cubes.

Les locaux fermés affectés au travail seront largement aérés et, en hiver, convenablement chauffés.

Ils seront munis de fenêtres ou autres ouvertures à châssis mobiles donnant directement sur le dehors. L'aération sera suffisante pour empêcher une élévation exagérée de température. Ces locaux, leurs dépendances et notamment les passages et escaliers seront convenablement éclairés.

Les gardiens de chantiers devront disposer d'un abri et, pendant l'hiver, de moyens de chauffage (1).

Art. 6. Les poussières ainsi que les gaz incommodes, insalubres ou toxiques seront évacués directement au dehors des locaux de travail au fur et à mesure de leur production.

Pour les buées, vapeurs, gaz, poussières légères, il sera installé des hottes avec cheminées d'appel ou tout autre appareil d'élimination efficace.

Pour les poussières déterminées par les meules, les batteurs, les broyeurs et tous autres appareils mécaniques, il sera installé, autour des appareils, des tambours en communication avec une ventilation aspirante énergique.

Pour les gaz lourds, tels que les vapeurs de mercure, de sulfure de carbone, la ventilation aura lieu *per descensum;* les tables ou appareils de travail seront mis en communication directe avec le ventilateur.

La pulvérisation des matières irritantes et toxiques ou autres opérations telles que le tamisage et l'embarillage de ces matières se feront mécaniquement en appareils clos.

L'air des ateliers sera renouvelé de façon à rester dans l'état de pureté nécessaire à la santé des ouvriers.

Art. 7. Pour les industries désignées par arrêté ministériel, après avis du Comité consultatif des arts et manufactures, les vapeurs, les gaz incommodes et insalubres et les poussières seront condensés ou détruits.

Art. 8. Les ouvriers ou employés ne devront point prendre leurs repas dans les locaux affectés au travail.

Toutefois, l'autorisation d'y prendre les repas pourra être accordée, en cas de besoin et après enquête, par l'inspecteur divisionnaire, sous les justifications suivantes :

1° Que les opérations effectuées ne comportent pas l'emploi de substances toxiques ;

2° Qu'elles ne donnent lieu à aucun dégagement de gaz incommodes, insalubres ou toxiques, ni de poussières ;

3° Que les autres conditions d'hygiène soient jugées satisfaisantes.

Les patrons mettront à la disposition de leur personnel les moyens d'assurer la propreté individuelle, vestiaires avec lavabos, ainsi que de l'eau de bonne qualité pour la boisson.

Art. 9. Pendant les interruptions de travail, l'air des locaux sera entièrement renouvelé.

Art. 10. Les moteurs à vapeur, à gaz, les moteurs électriques, les roues hydrauliques, les turbines, ne seront accessibles qu'aux ouvriers affectés à leur surveillance. Ils seront isolés par des cloisons ou barrières de protection.

Les passages entre les machines, mécanismes, outils mus par ces moteurs

(1) Décret du 6 août 1905.

auront une largeur d'au moins 80 centimètres : le sol des intervalles sera nivelé.

Les escaliers seront solides et munis de fortes rampes.

Les puits, trappes, cuves, bassins, réservoirs de liquides corrosifs ou chauds, seront pourvus de solides barrières ou garde-corps.

Les échafaudages seront munis, sur toutes leurs faces, de garde-corps rigides de 90 centimètres de haut.

Les ponts volants, passerelles pour le chargement et le déchargement des navires devront former un tout rigide et être munis de garde-corps des deux côtés.

Les chefs d'établissements, par leurs réglements d'ateliers, interdiront aux ouvriers de coucher sur les fours à plâtre (1).

ART. 11. Les monte-charges, ascenseurs, élévateurs seront guidés et disposés de manière que la voie de la cage du monte-charge et des contre-poids soit fermée ; que la fermeture du puits à l'entrée des divers étages ou galeries s'effectue automatiquement ; que rien ne puisse tomber du monte-charge dans le puits.

Pour les monte-charges destinés à transporter le personnel, la charge devra être calculée au tiers de la charge admise pour le transport des marchandises, et les monte-charges seront pourvus de freins, chapeaux, parachutes ou autres appareils préservateurs.

Les appareils de levage porteront l'indication du maximum de poids qu'ils peuvent soulever.

ART. 12. Toutes les pièces saillantes mobiles et autres parties dangereuses des machines, et notamment les bielles, roues, volants, les courroies et câbles, les engrenages, les cylindres et cônes de friction ou tous autres organes de transmission qui seraient reconnus dangereux seront munis de dispositifs protecteurs, tels que gaines et chéneaux de bois ou de fer, tambours pour les courroies et les bielles, ou de couvre-engrenages, garde-mains, grillages.

Les machines-outils à instruments tranchants, tournant à grande vitesse, telles que machines à scier, fraiser, raboter, découper, hacher, les cisailles, coupe-chiffons et autres engins semblables seront disposés de telle sorte que les ouvriers ne puissent, de leur poste de travail, toucher involontairement les instruments tranchants.

Sauf le cas d'arrêt du moteur, le maniement des courroies sera toujours fait par le moyen de systèmes tels que monte-courroie, porte-courroie, évitant l'emploi direct de la main.

On devra prendre autant que possible des dispositions telles qu'aucun ouvrier ne soit habituellement occupé à un travail quelconque dans le plan de rotation ou aux abords immédiats d'un volant, d'une meule ou de tout autre engin pesant et tournant à grande vitesse.

Toute meule tournant à grande vitesse devra être montée ou enveloppée de telle sorte qu'en cas de rupture, ses fragments soient retenus, soit par les organes de montage, soit par l'enveloppe (2).

Une inscription très apparente, placée auprès des volants, des meules et de tout autre engin pesant et tournant à grande vitesse, indiquera le nombre de tours par minute qui ne doit pas être dépassé (2).

---

(1) Décret du 4 avril 1910.
(2) Décret du 7 décembre 1907.

Art. 13. La mise en train et l'arrêt des machines devront être toujours précédés d'un signal convenu.

Art. 14. L'appareil d'arrêt des machines motrices sera toujours placé sous la main des conducteurs qui dirigent ces machines, et en dehors de la zone dangereuse ([1]).

Les contremaîtres ou chefs d'atelier, les conducteurs de machines-outils, métiers, etc., auront à leur portée le moyen de demander l'arrêt des moteurs.

Chaque machine-outil, métier, etc., sera en outre installé et entretenu de manière à pouvoir être isolé par son conducteur de la commande qui l'actionne.

Art. 15. Des dispositifs de sûreté devront être installés dans la mesure du possible pour le nettoyage et le graissage des transmissions et mécanismes en marche.

En cas de réparation d'un organe mécanique quelconque, son arrêt devra être assuré par un calage convenable de l'embrayage ou du volant; il en sera de même pour les opérations de nettoyage qui exigent l'arrêt des organes mécaniques.

Art. 16. § *a*). *Sorties.* — Les portes des ateliers, des magasins ou des bureaux devront s'ouvrir de dedans en dehors, soit qu'elles assurent la sortie sur les cours, vestibules, couloirs, escaliers et autres dégagements intérieurs, soit qu'elles donnent accès à l'extérieur. Dans ce dernier cas, la mesure ne sera obligatoire que lorsqu'elle aura été jugée nécessaire à la sécurité.

Si les portes s'ouvrent sur un couloir ou sur un escalier, elles devront être disposées de façon à se développer sans faire saillie sur ce dégagement. Les sorties seront assez nombreuses pour permettre l'évacuation rapide de l'établissement ; elles seront toujours libres et ne devront jamais être encombrées de marchandises, de matières en dépôt ni d'objets quelconques.

Dans les établissements importants, des inscriptions bien visibles indiqueront le chemin vers la sortie la plus rapprochée.

Dans les ateliers, magasins ou bureaux où sont manipulées des matières inflammables, si les fenêtres sont munies de grilles ou grillages, ces grilles et grillages devront céder sous une légère poussée vers l'extérieur pour servir éventuellement de sorties de secours.

§ *b*) *Escaliers.* — Les escaliers desservant les locaux de travail seront construits en matériaux incombustibles ou en bois hourdé plein en plâtre.

Le nombre de ces escaliers sera calculé de manière que l'évacuation de tous les étages d'un corps de bâtiment contenant des ateliers puisse se faire immédiatement.

Une décision du Ministre du commerce, prise après avis du Comité consultatif des arts et manufactures, pourra toujours, si la sécurité l'exige, prescrire un nombre minimum de deux escaliers.

Tout escalier pouvant servir à assurer la sortie simultanée de vingt personnes au plus aura une largeur minimum de 1 mètre ; cette largeur devra s'accroître de 15 centimètres pour chaque nouveau groupe du personnel employé, variant d'une à cinquante unités.

---

(1) Décret du 7 decembre 1907.

Les passages ménagés à l'intérieur des pièces, ainsi que les couloirs conduisant aux escaliers, auront les mêmes largeurs que ceux-ci et seront libres de tout encombrement de meubles, sièges, marchandises ou matériel.

ART. 17. § *a*) *Éclairage et chauffage.* — Il est interdit d'employer pour l'éclairage et le chauffage aucun liquide émettant des vapeurs inflammables au-dessous de 35 degrés, à moins que l'appareil contenant le liquide ne soit solidement fixé pendant le travail; la partie de cet appareil contenant le liquide devra être étanche, de manière à éviter tout suintement de liquide.

Aux heures de présence du personnel, le remplissage des appareils d'éclairage ainsi que des appareils de chauffage à combustible liquide, soit dans les ateliers, soit dans les passages ou escaliers servant à la circulation du personnel, ne pourra se faire qu'à la lumière du jour et à la condition qu'aucun foyer n'y soit allumé.

Les tuyaux de conduite amenant le gaz aux appareils d'éclairage ou de chauffage seront en métal ou enveloppés de métal.

Les flammes des appareils d'éclairage ou des appareils de chauffage portatifs devront être distantes de toute partie combustible de la construction, du mobilier ou des marchandises en dépôt, d'au moins 1 mètre verticalement, et d'au moins 30 centimètres latéralement; des distances moindres pourront être tolérées en cas de nécessité en ce qui concerne les murs et plafonds, moyennant l'interposition d'un écran incombustible qui ne touchera pas la paroi à protéger.

Les appareils d'éclairage portatifs auront une base stable et solide.

Les appareils d'éclairage fixes ou portatifs devront, si la nécessité en est reconnue, être pourvus d'un verre, d'un globe, d'un réseau de toile métallique ou de tout autre dispositif propre à empêcher la flamme d'entrer en contact avec des matières inflammables.

Tous les liquides inflammables, ainsi que les chiffons et cotons imprégnés de ces substances ou de substances grasses, seront enfermés dans des récipients métalliques, clos et étanches.

Ces récipients, ainsi que les gazomètres et les récipients pour l'huile et le pétrole lampant, seront placés dans des locaux séparés et jamais au voisinage des passages ou des escaliers.

§ *b*) *Consignes pour le cas d'incendie.* — Les chefs d'établissement prendront les précautions nécessaires pour que tout commencement d'incendie puisse être rapidement et efficacement combattu.

Une consigne affichée dans chaque local de travail indiquera le matériel d'extinction et de sauvetage qui doit s'y trouver et les manœuvres à exécuter en cas d'incendie, avec le nom des personnes désignées pour y prendre part.

La consigne prescrira des essais périodiques destinés à constater que le matériel est en bon état et que le personnel est préparé à en faire usage.

Cette consigne sera communiquée à l'inspecteur du travail; le chef d'établissement veillera à son exécution [1].

ART. 18. Les ouvriers et ouvrières qui ont à se tenir près des machines doivent porter des vêtements ajustés et non flottants.

ART. 19. Un arrêté ministériel déterminera pour chaque nature de locaux celles des prescriptions du présent décret qui doivent y être affichées.

---

(1) Décrets des 22 mars 1906 et 11 juillet 1907.

Art. 20. Le Ministre du commerce et de l'industrie peut, par arrêté pris sur le rapport des inspecteurs du travail et après avis du Comité consultatif des arts et manufactures, accorder à un établissement, pour un délai déterminé, dispense permanente ou temporaire de tout ou partie des prescriptions des articles 1er (alinéa 3), 5 (alinéas 2 et 5), 9 et 10 (alinéa 6), dans le cas où il est reconnu que l'application de ces prescriptions est pratiquement impossible et que l'hygiène et la sécurité des travailleurs sont assurées dans des conditions au moins équivalentes à celles qui sont fixées par le présent décret.

Art. 21. Sous réserve du délai spécial fixé par l'article 5 et des délais supplémentaires qui seraient accordés par le ministre en vertu de l'article 20, le délai d'exécution des travaux de transformation qu'implique le présent règlement est fixé à un an à dater de sa promulgation, pour les établissements non visés par la loi du 12 juin 1893.

Art. 22. Les décrets des 10 mars 1894, 14 juillet 1901 et 6 août 1902 sont abrogés.

Art. 23. Le Ministre du commerce, de l'industrie, des postes et des télégraphes est chargé de l'exécution du présent décret, qui sera inséré au *Bulletin des Lois* et publié au *Journal officiel* de la République française.

DÉCRET DU 28 JUILLET 1904

sur le couchage du personnel.

Le Président de la République française,

Sur le rapport du Ministre du commerce, de l'industrie, des postes et des télégraphes,

Vu la loi du 12 juin 1893, modifiée par la loi du 11 juillet 1903, notamment l'article 3, ainsi conçu :

« Des règlements d'administration publique rendus après avis du Comité consultatif des arts et manufactures détermineront :

« 1° Les mesures générales de protection et de salubrité applicables à tous les établissements assujettis, notamment en ce qui concerne l'éclairage, l'aération ou la ventilation, les eaux potables, les fosses d'aisances, l'évacuation des poussières et vapeurs, les précautions à prendre contre les incendies, le couchage du personnel, etc. ;

« 2° Au fur et à mesure des nécessités constatées, les prescriptions particulières relatives soit à certaines professions, soit à certains modes de travail.

« Le Comité consultatif d'hygiène publique de France sera appelé à donner son avis en ce qui concerne les règlements généraux prévus sous le numéro 1° du présent article » ;

Vu l'avis du Comité consultatif d'hygiène publique de France ;

Vu l'avis du Comité consultatif des arts et manufactures ;

Le Conseil d'État entendu,

Décrète :

Article premier. Le cube d'air des locaux affectés au couchage du personnel dans les établissements visés à l'article 1er de la loi du 12 juin 1893, modifiée par la loi du 11 juillet 1903, ne devra pas être inférieur à 14 mètres cubes par personne. Ces locaux seront largement aérés; ils seront à cet effet munis de fenêtres ou autres ouvertures à châssis mobiles donnant directement sur le dehors. Ceux de ces locaux qui ne seraient pas ventilés par une cheminée devront être pourvus d'un mode de ventilation continue.

Art. 2. Les dortoirs devront avoir une hauteur moyenne de 2m,60 au moins; une hauteur moindre, mais supérieure à 2m,40, pourra être tolérée dans les dortoirs des ateliers établis avant la promulgation du présent décret. Quand le plafond fera corps avec le toit de la maison, il devra être imperméable et revêtu d'un enduit sans interstices. A défaut d'une épaisseur de maçonnerie de 30 centimètres au moins, les parois extérieures devront comprendre une couche d'air ou de matériaux isolants d'une épaisseur suffisante pour protéger l'occupant contre les variations brusques de la température.

Art. 3. Les ménages devront avoir chacun une chambre distincte. Les pièces à usage de dortoir ne pourront contenir que des personnes d'un même sexe disposant chacune, pour son usage exclusif, d'une literie comprenant : châssis, sommier ou paillasse, matelas, traversin, paire de draps, couverture et meuble ou placard pour les effets. Les lits seront séparés les uns des autres par une distance de 80 centimètres au moins.

Art. 4. Il est interdit de faire coucher le personnel dans les ateliers, magasins ou locaux quelconques affectés à un usage industriel ou commercial.

Cette disposition ne s'applique pas aux gardiens jugés nécessaires pour la surveillance de nuit.

Art. 5. Le sol des dortoirs sera formé d'un revêtement imperméable ou d'un revêtement jointif se prêtant facilement au lavage. Les murs seront recouverts soit d'un enduit permettant un lavage efficace, soit d'une peinture à la chaux. La peinture à la chaux sera refaite toutes les fois que la propreté l'exigera, et au moins tous les trois ans.

Art. 6. La literie sera maintenue constamment en bon état de propreté. Les draps servant au couchage seront blanchis tous les mois au moins et, en outre, chaque fois que les lits changeront d'occupants. Les matelas seront cardés au moins tous les deux ans, et les paillasses renouvelées au moins deux fois par an.

Art. 7. Les dortoirs ne seront jamais encombrés et le linge sale ne devra pas y séjourner. Ils seront maintenus dans un état constant de propreté, soit par un lavage, soit par un nettoyage à l'aide de brosses ou de linges humides. Cette opération, ainsi que la mise en état des lits, devra être répétée tous les jours.

Toutes les mesures seront prises, le cas échéant, pour la destruction des insectes.

Art. 8. Il sera tenu à la disposition du personnel de l'eau potable et des lavabos, à raison d'un au moins pour six personnes. Ces lavabos seront munis de serviettes individuelles et de savon.

Art. 9. Les pièces affectées à l'usage de dortoir ne devront pas être traversées par des conduits de fumée autres qu'en maçonnerie étanche. Ces pièces n'auront pas de communication directe avec les cabinets d'aisances, égouts, plombs, puisards.

Art. 10. Le délai d'exécution des travaux de transformation qu'implique le présent règlement est fixé à un an à compter de sa promulgation.

Art. 11. Le texte du présent décret et une affiche indiquant en caractères facilement lisibles les mesures d'hygiène concernant la prophylaxie de la tuberculose seront affichés dans toutes pièces à usage de dortoir.

Les termes de cette affiche seront fixés par arrêté ministériel. (Voir ci-dessous.)

Art. 12. Le Ministre du commerce, de l'industrie, des postes et des télégraphes est chargé de l'exécution du présent décret, qui sera inséré au *Bulletin des Lois* et publié au *Journal officiel* de la République française.

MODÈLE DE L'AFFICHE PRESCRIVANT DES MESURES D'HYGIÈNE CONTRE LE DÉVELOPPEMENT DE LA TUBERCULOSE DANS LES DORTOIRS

La tuberculose est, de toutes les maladies, celle qui tue le plus de monde. La tuberculose est causée par un microbe qui se trouve dans les crachats des personnes tuberculeuses. Ces crachats répandent la tuberculose. La contagion s'opère principalement quand on ingère ou quand on respire des parcelles liquides ou des poussières provenant de crachats, salives ou mucosités quelconques projetés par des tuberculeux.

Les précautions ci-après devront être observées dans les pièces à l'usage de dortoir :

Ne crachez pas à terre. — *Ne permettez pas que vos camarades crachent à terre, ni qu'ils toussent sans se couvrir la bouche.*

Ne respirez pas de poussières. — *Respirez de l'air pur. Aérez largement.*

Ne vous servez pas de ce qui a servi à un autre. — *Ne touchez qu'avec précaution du linge sali par un autre. Ne couchez pas dans les draps d'un autre.*

Veillez à la bonne tenue de vos dortoirs. — *Faites en sorte que votre dortoir soit tenu dans un état constant de propreté, et que toutes les prescriptions du décret du 28 juillet 1904 y soient observées.*

Le Ministre du commerce, de l'industrie et du travail,

Vu l'article 11 du décret du 28 juillet 1904,

Arrête :

En exécution de l'article 11 du décret du 28 juillet 1904, le texte ci-dessus devra être affiché dans les pièces à usage de dortoir.

Paris, le 21 mars 1906.

Signé . G. DOUMERGUE

DÉCRET DU 2 MARS 1905

relatif au contrôle de l'Inspection du travail dans les établissements de l'État, soumis à la loi du 12 juin 1893.

Le Président de la République française,

Sur le rapport du Ministre du commerce, de l'industrie, des postes et des télégraphes,

Vu la loi des 12 juin 1893-11 juillet 1903, concernant l'hygiène et la sécurité des travailleurs ;

Vu notamment l'article 12, § 3, ainsi conçu :

« Les articles 5, 6, 7, 8, 9, 12, §§ 1 et 2, et 14 de la présente loi ne sont pas applicables aux établissements de l'État. Un règlement d'administration publique fixera les conditions dans lesquelles seront communiquées par le Ministre du commerce, aux administrations intéressées, les constatations des inspecteurs du travail dans ces établissements » ;

Le Conseil d'État entendu,

DÉCRÈTE :

ARTICLE PREMIER. Les résultats des constatations faites dans les établissements de l'État par les inspecteurs du travail en vertu de l'article 4, § 1er, de la loi des 12 juin 1893-11 juillet 1903, sont consignés sur un registre spécial fourni par l'administration intéressée et confié au directeur de l'établissement. Copie des inscriptions portées à ce registre est adressée immédiatement par l'inspecteur à l'inspecteur divisionnaire du travail.

ART. 2. Si l'inspecteur a formulé des observations, le directeur de l'établissement doit, dans le délai d'un mois, faire connaître par lettre à l'inspecteur divisionnaire du travail la suite qu'il compte leur donner. Copie de cette lettre est reportée par les soins du directeur sur le registre mentionné à l'article 1er, en regard des constatations de l'inspecteur.

ART. 3. Quand l'accord sur les mesures à prendre ne s'établit pas entre le directeur et l'inspecteur divisionnaire, ce dernier avise le Ministre du commerce et de l'industrie, qui saisit le ministre intéressé.

Celui-ci informe le Ministre du commerce et de l'industrie de la suite qu'il donne à l'affaire.

ART. 4. Le Ministre du commerce et de l'industrie peut, s'il le juge utile, demander l'avis du Comité consultatif des arts et manufactures. Le Comité est toujours consulté lorsque le ministre intéressé en fait la demande.

ART. 5. Le Ministre du commerce et de l'industrie est chargé de l'exécution du présent décret, qui sera publié au *Journal officiel* de la République française et inséré au *Bulletin des Lois*.

DÉCRET DU 27 MARS 1904

relatif au contrôle de l'application de la loi du 12 juin 1893 dans les établissements de la Guerre.

LE PRÉSIDENT DE LA RÉPUBLIQUE FRANÇAISE,

DÉCRÈTE :

ARTICLE PREMIER. Les établissements militaires, ateliers, chantiers dans lesquels le contrôle de l'exécution de la loi est exclusivement confié à des agents désignés à cet effet par le Ministre de la guerre sont les suivants :

1° Dans le service de l'artillerie :

Les ateliers de Bourges, Douai, Lyon, Puteaux, Rennes, Tarbes, Alger, Valence, Vincennes et Toulouse, l'École centrale de pyrotechnie militaire, la poudrerie du Bouchet, la fonderie de canons de Bourges, les manufactures d'armes ;

2° Dans le service du génie :

Les établissements d'aérostation militaire de Chalais, les établissements de la télégraphie militaire, l'atelier central de construction du matériel du génie à Versailles ;

3° Dans le service des poudres et salpêtres :

Les poudreries ;

4° Dans tous les services :

Les magasins d'approvisionnement et les ateliers ou parties d'atelier où fonctionne exclusivement la main-d'œuvre militaire ;

5° Dans tous les services :

Les travaux exécutés en régie dans les ouvrages de fortification.

Art. 2. Le Ministre du commerce, de l'industrie, des postes et des télégraphes, et le Ministre de la guerre seront chargés, chacun en ce qui le concerne, de l'exécution du présent décret, qui sera publié au *Journal officiel* de la République française et inséré au *Bulletin des Lois*.

DÉCRET DU 28 JUIN 1904

relatif au contrôle de l'application de la loi du 12 juin 1893 dans les établissements de la Marine.

Le Président de la République française,

Décrète :

Article premier. Les établissements de la marine, ateliers, chantiers, dans lesquels le contrôle de l'exécution de la loi est exclusivement confié à des agents désignés à cet effet par le Ministre de la marine sont les suivants :

Les arsenaux de la marine ainsi que leurs annexes et dépendances ;

Les établissements de la marine situés hors des ports et leurs dépendances ;

Les hôpitaux de la marine et leurs dépendances ;

Le laboratoire central de l'artillerie et son annexe ;

L'établissement de Gâvres ;

L'École de pyrotechnie ;

Les chantiers de travaux relatifs aux projecteurs, observatoires de torpilles, défenses fixes ou mobiles et sémaphores.

Art. 2. Les Ministres du commerce, de l'industrie, des postes et des télégraphes, et de la marine sont chargés, chacun en ce qui le concerne, de l'exécution du présent décret, qui sera publié au *Journal officiel* de la République française et inséré au *Bulletin des Lois*.

VERT DE SCHWEINFURT

DÉCRET DU 29 JUIN 1895

réglementant le travail dans les fabriques de **vert de Schweinfurt.**

Le Président de la République française,

Sur le rapport du Ministre du commerce, de l'industrie, des postes et des télégraphes ;

Vu l'article 3 de la loi du 12 juin 1893 ainsi conçu :

« Des règlements d'administration publique rendus après avis du Comité consultatif des arts et manufactures détermineront :

« 1° Dans les trois mois de la promulgation de la présente loi, les mesures générales de protection et de salubrité applicables à tous les établissements assujettis, notamment en ce qui concerne l'éclairage, l'aération ou la ventilation, les eaux potables, les fosses d'aisances, l'évacuation des poussières et vapeurs, les précautions à prendre contre les incendies, etc. ;

« 2° Au fur et à mesure des nécessités constatées, les prescriptions particulières relatives soit à certaines industries, soit à certains modes de travail ;

« Le Comité consultatif d'hygiène publique de France sera appelé à donner son avis en ce qui concerne les règlements généraux prévus au paragraphe 2 du présent article » ;

Vu le décret du 10 mars 1894 sur l'hygiène et la sécurité des ateliers ;

Vu l'avis du Comité consultatif d'hygiène de France ;

Vu l'avis du Comité consultatif des arts et manufactures ;

Le Conseil d'État entendu,

DÉCRÈTE :

ARTICLE PREMIER. Dans les établissements où l'on fabrique de l'acéto-arsénite de cuivre dit *vert de Schweinfurt,* les chefs d'industrie, directeurs ou gérants sont tenus, indépendamment des mesures générales prescrites par le décret du 10 mars 1894, de prendre les mesures particulières de protection et de salubrité énoncées aux articles suivants.

ART. 2. Le sol et les murs des ateliers dans lesquels on fait la dissolution des produits employés, la précipitation et le filtrage du vert, seront fréquemment lavés et maintenus en état constant d'humidité. La même prescription sera appliquée aux parois extérieures des cuves ou autres vases servant à celles de ces opérations qui se font à une température inférieure à l'ébullition.

ART. 3. Les appareils dans lesquels les liqueurs sont portées à l'ébullition seront ou bien clos, ou au moins surmontés d'une hotte communiquant avec l'extérieur.

ART. 4. Le séchage du vert doit être pratiqué dans une étuve hermétiquement close, sauf le tuyau d'aération, et dans laquelle les ouvriers n'auront accès qu'après son refroidissement.

ART. 5. Les chefs d'industrie, directeurs ou gérants, seront tenus de mettre à la disposition des ouvriers employés aux diverses opérations, des masques, éponges mouillées ou autres moyens de protection efficaces des voies respiratoires ; ils devront leur donner des gants de travail en toile pour protéger leurs mains. Les gants, éponges, masques seront fréquemment lavés.

Ils doivent fournir, en outre, de la poudre de talc ou de fécule pour que les ouvriers s'en couvrent les mains ainsi que les autres parties du corps particulièrement aptes à l'absorption des poussières.

ART. 6. Les chefs d'industrie, directeurs ou gérants, doivent fournir aux ouvriers des vêtements consacrés exclusivement au travail et susceptibles d'être serrés au col, aux poignets et aux chevilles. Ils assureront le lavage fréquent de ces vêtements.

ART. 7. Les chefs d'industrie, directeurs ou gérants, seront tenus d'afficher le texte du présent décret dans un endroit apparent de leurs ateliers.

Art. 8. Le Ministre du commerce, de l'industrie, des postes et des télégraphes est chargé de l'exécution du présent décret, qui sera inséré au *Bulletin des Lois* et publié au *Journal officiel* de la République française.

PLOMB ET COMPOSÉS PLOMBIQUES

A. CÉRUSE

DÉCRET DU 18 JUILLET 1902

réglementant l'emploi du **blanc de céruse** *dans l'industrie de la peinture en bâtiment.*

Le Président de la République française,

Sur le rapport du Ministre du commerce, de l'industrie, des postes et des télégraphes;

Vu l'article 3 de la loi du 12 juin 1893 ainsi conçu :

« Des règlements d'administration publique, rendus après avis du Comité consultatif des arts et manufactures, détermineront :

« 1° Dans les trois mois de la promulgation de la présente loi, les mesures générales de protection et de salubrité applicables à tous les établissements assujettis, notamment en ce qui concerne l'éclairage, l'aération ou la ventilation, les eaux potables, les fosses d'aisances, l'évacuation des poussières et vapeurs, les précautions à prendre contre les incendies, etc. ;

« 2° Au fur et à mesure des nécessités constatées, les prescriptions particulières relatives soit à certaines industries, soit à certains modes de travail.

« Le Comité consultatif d'hygiène publique de France sera appelé à donner son avis en ce qui concerne les règlements généraux prévus au paragraphe 2 du présent article » ;

Vu l'avis du Comité consultatif des arts et manufactures;

Le Conseil d'État entendu,

Décrète :

Article premier. La céruse ne peut être employée qu'à l'état de pâte dans les ateliers de peinture en bâtiment.

Art. 2. Il est interdit d'employer directement avec la main les produits à base de céruse dans les travaux de peinture en bâtiment.

Art. 3. Le travail à sec au grattoir et le ponçage à sec des peintures au blanc de céruse sont interdits.

Art. 4. Dans les travaux de grattage et de ponçage humides, et généralement dans tous les travaux de peinture à la céruse, les chefs d'industrie devront mettre à la disposition de leurs ouvriers des surtouts exclusivement affectés au travail et en prescriront l'emploi. Ils assureront le bon entretien et le lavage fréquent de ces vêtements.

Les objets nécessaires aux soins de propreté seront mis à la disposition des ouvriers sur le lieu même du travail.

Les engins et outils seront tenus en bon état de propreté. Leur nettoyage sera effectué sans grattage à sec.

Art. 5. Les chefs d'industrie seront tenus d'afficher le texte du présent décret dans les locaux où se font le recrutement et la paie des ouvriers.

Art. 6. Le Ministre du commerce, de l'industrie, des postes et des télégraphes est chargé de l'exécution du présent décret, qui sera inséré au *Bulletin des Lois* et au *Journal officiel* de la République française.

DÉCRET DU 15 JUILLET 1904

étendant à tous les travaux de peinture les dispositions du décret du 18 juillet 1902.

Le Président de la République française,

Sur les rapports du Ministre du commerce, de l'industrie, des postes et des télégraphes ;

Vu l'article 3 de la loi du 12 juin 1893 modifiée par la loi du 11 juillet 1902, ainsi conçu :

« Des règlements d'administration publique, rendus après avis du Comité consultatif des arts et manufactures, détermineront :

« 1° . . . . ;

« 2° Au fur et à mesure des nécessités constatées, les prescriptions particulières relatives soit à certaines industries, soit à certains modes de travail » ;

Vu le décret du 18 juillet 1902 réglementant l'emploi du blanc de céruse dans la peinture en bâtiment ;

Vu l'avis du Comité consultatif des arts et manufactures ;

Le Conseil d'État entendu,

Décrète :

Article premier. Les dispositions du décret du 18 juillet 1902 réglementant l'emploi du blanc de céruse dans l'industrie de la peinture en bâtiment sont étendues à tous les travaux de peinture.

Art. 2. Le Ministre du commerce, de l'industrie, des postes et des télégraphes est chargé de l'exécution du présent décret, qui sera inséré au *Bulletin des Lois* et publié au *Journal officiel* de la République française.

LOI DU 20 JUILLET 1909

sur l'emploi de la céruse dans les travaux de peinture exécutés tant à l'extérieur qu'à l'intérieur des bâtiments.

Le Sénat et la Chambre des députés ont adopté,

Le Président de la République promulgue la loi dont la teneur suit :

Article premier. Dans les ateliers, chantiers, bâtiments en construction ou en réparation et généralement dans tout lieu de travail où s'exécutent des travaux de peinture en bâtiments, les chefs d'industrie, directeurs ou gérants sont tenus, indépendamment des mesures prescrites en vertu de la loi du 12 juin 1893 sur l'hygiène et la sécurité des travailleurs, de se conformer aux prescriptions suivantes.

Art. 2. A l'expiration de la cinquième année qui suivra la promulgation de la présente loi, l'emploi de la céruse, de l'huile de lin plombifère et de tout produit spécialisé renfermant de la céruse, sera interdit dans tous les travaux de peinture de quelque nature qu'ils soient, exécutés par les ouvriers peintres, tant à l'extérieur qu'à l'intérieur des bâtiments.

Art. 3. Un règlement d'administration publique rendu après avis du Comité consultatif des arts et manufactures et de la Commission d'hygiène industrielle, indiquera, s'il y a lieu, les travaux spéciaux pour lesquels il pourra être dérogé aux dispositions précédentes.

Art. 4. Les inspecteurs du travail sont chargés d'assurer l'exécution de la présente loi. A cet effet, ils ont entrée dans tous les établissements spécifiés à l'article premier. Toutefois, dans le cas ou les travaux de peinture sont exécutés dans des locaux habités, les inspecteurs ne pourront pénétrer dans ces locaux qu'après y avoir été autorisés par les personnes qui les occupent.

Art. 5. Les articles 5, 7 (§§ 1er et 3), 9 et 12 de la loi du 12 juin 1893 sont applicables à la constatation des contraventions prévues par la présente loi, ainsi qu'à leur répression.

La présente loi, délibérée et adoptée par le Sénat et par la Chambre des députés, sera exécutée comme loi de l'État.

B. POTERIE D'ÉTAIN

DÉCRET DU 21 NOVEMBRE 1902

interdisant l'opération dite **pompage** *dans l'industrie de la poterie d'étain.*

Le Président de la République française,

Sur le rapport du Ministre du commerce, de l'industrie, des postes et des télégraphes ;

Vu l'article 3 de la loi du 12 juin 1893, ainsi conçu :

« Des règlements d'administration publique, rendus après avis du Comité consultatif des arts et manufactures, détermineront :

« 1° Dans les trois mois de la promulgation de la présente loi, les mesures générales de protection et de salubrité applicables à tous les établissements assujettis, notamment en ce qui concerne l'éclairage, l'aération ou la ventilation, les eaux potables, les fosses d'aisances, l'évacuation des poussières, et vapeurs, les précautions à prendre contre les incendies, etc. ;

« 2° Au fur et à mesure des nécessités constatées, les prescriptions particulières relatives soit à certaines industries, soit à certains modes de travail ;

« Le Comité consultatif d'hygiène publique de France sera appelé à donner son avis en ce qui concerne les règlements généraux prévus au paragraphe 2 du présent article » ;

Vu l'avis du Comité consultatif des arts et manufactures;
Le Conseil d'État entendu,

DÉCRÈTE :

ARTICLE PREMIER. Dans l'industrie de la poterie d'étain, l'opération dite *pompage,* consistant à aspirer avec la bouche à l'intérieur des pièces creuses pour s'assurer de leur étanchéité, est interdite.

ART. 2. Les chefs d'industrie seront tenus de mettre à la disposition de leurs ouvriers les appareils nécessaires à l'essai des objets fabriqués.

ART. 3. Le Ministre du commerce, de l'industrie, des postes et des télégraphes est chargé de l'exécution du présent décret qui sera publié au *Journal officiel* et inséré au *Bulletin des Lois.*

C. INDUSTRIES DU PLOMB

DÉCRET DU 23 AVRIL 1908

prescrivant les mesures particulières d'hygiène dans les industries où le personnel est exposé à l'intoxication saturnine.

LE PRÉSIDENT DE LA RÉPUBLIQUE FRANÇAISE,

Sur le rapport du Ministre du travail et de la prévoyance sociale,
Vu la loi du 12 juin 1893 concernant l'hygiène et la sécurité des travailleurs dans les établissements industriels, modifiée par la loi du 11 juillet 1903, et notamment l'article 3, ainsi conçu :

« Des règlements d'administration publique, rendus après avis du Comité consultatif des arts et manufactures, détermineront :

. . . .

« 2° Au fur et à mesure des nécessités constatées, les prescriptions particulières relatives soit à certaines industries, soit à certains modes de travail » ;

. . . .

Vu l'avis du Comité consultatif des arts et manufactures;
Le Conseil d'Etat entendu,

DÉCRÈTE :

ARTICLE PREMIER. Dans les travaux du plomb désignés ci-après : métallurgie, coupellation du plomb argentifère, fabrication d'accumulateurs, cristallerie, fabrication des émaux plombeux, leur application, fabrication des poteries, décoration de la porcelaine ou de la faïence, chromolithographie céramique, fabrication des alliages, des oxydes, des sels et des couleurs de plomb, les chefs d'industrie, directeurs ou gérants sont tenus, indépendamment des mesures générales prescrites par le décret du 29 novembre 1904, de prendre les mesures particulières de protection et de salubrité énoncées aux articles suivants.

ART. 2. Les chaudières de fusion du plomb doivent être installées dans un local aéré, séparé des autres ateliers.

Des hottes ou tous autres dispositifs d'évacuation efficace des fumées seront installés :

a) Au-dessus des trous de coulée du plomb et des scories dans l'industrie de la métallurgie du plomb ;

b) Devant la porte des fours, dans l'industrie de la fabrication des oxydes de plomb ;

c) Au-dessus des chaudières de fusion du plomb ou de ses alliages, dans les autres industries énumérées à l'article 1er.

Art. 3. Tout travail des oxydes et autres composés du plomb susceptibles de dégager des poussières doit être effectué, autant que possible, sur des matières à l'état humide.

Quand ce travail n'est pas praticable en présence de l'eau ou d'un autre liquide, il doit être exécuté mécaniquement, en appareil clos, étanche.

En cas d'impossibilité de se conformer aux prescriptions de l'un ou de l'autre des deux premiers paragraphes du présent article, le travail dont il s'agit doit être fait sous le vent d'une aspiration énergique établie de telle façon que les produits nocifs soient arrêtés par des appareils convenablement disposés.

Enfin, si aucun de ces systèmes n'est réalisable, les ouvriers recevront des masques respiratoires.

Art. 4. Il est interdit de manier avec la main nue les oxydes et les autres composés plombiques, qu'ils soient à l'état sec, à l'état humide, en suspension ou en dissolution. Le chef d'industrie est tenu de mettre gratuitement à la disposition de son personnel, pour ces manipulations, soit des gants en matière imperméable comme le caoutchouc, soit des outils appropriés, et d'en assurer le bon entretien et le nettoyage fréquent.

Art. 5. Les tables sur lesquelles ces produits sont manipulés doivent être recouvertes d'une matière imperméable, entretenue en parfait état d'étanchéité.

Il doit en être de même pour le sol des ateliers qui sera en outre maintenu à l'état humide. Le sol sera légèrement incliné dans la direction d'un récipient étanche où seront retenues les matières plombiques entraînées.

Le travail sera organisé de manière qu'il n'y ait pas d'éclaboussures projetées. Les tables, le sol, les murs, seront lavés une fois par semaine au moins.

Art. 6. Sans préjudice des prescriptions édictées par l'article 3, la pulvérisation des produits plombeux, leur mélange et leur emploi au poudrage seront effectués dans des locaux spéciaux où sera pratiquée une ventilation énergique.

S'il est impossible d'humecter les matières, les ouvriers recevront des masques respiratoires.

Art. 7. Est prohibé le trempage à la main nue des poteries dans les bouillies contenant en suspension de la litharge, du minium, de l'alquifoux, de la céruse.

Art. 8. Il est interdit d'introduire dans les ateliers aucun aliment ou aucune boisson.

Art. 9. Les chefs d'industrie sont tenus de mettre à la disposition du personnel employé et d'entretenir gratuitement des surtouts ou vêtements exclusivement affectés au travail, indépendamment des gants et masques respiratoires.

Art. 10. Dans une partie de la fabrique séparée des ateliers, sera établi, à l'usage des ouvriers exposés aux poussières ou aux émanations plombeuses, un vestiaire-lavabo, soigneusement entretenu, pourvu de cuvettes ou de robinets en nombre suffisant, d'eau en abondance, ainsi que de savon et, pour chaque ouvrier, d'une serviette remplacée au moins une fois par semaine.

Ces vestiaires seront munis d'armoires ou de casiers fermés à clef ou par un cadenas, les vêtements de ville étant séparés des vêtements de travail.

Art. 11. Un bain chaud ou un bain-douche sera mis chaque semaine à la disposition du personnel exposé aux poussières ou aux émanations plombeuses.

Un bain chaud ou un bain-douche sera mis chaque jour, après le travail, à la disposition de tout ouvrier chargé : soit de vider ou de nettoyer les chambres et les carnaux de condensation ; soit de réparer les fours dans les usines à plomb ; soit de transporter le plomb sortant des fosses dans les fabriques de céruse ; soit d'embariller du minium ; soit, enfin, de pratiquer la pulvérisation des émaux plombeux et le poudrage à sec.

Art. 12. Les chefs d'industrie sont tenus d'afficher, dans un endroit apparent des locaux de travail, un règlement d'atelier imposant aux ouvriers les obligations suivantes : se servir des outils, gants, masques respiratoires, vêtements de travail mis gratuitement à leur disposition ; n'introduire dans les ateliers ni nourriture ni boisson ; veiller avec le plus grand soin, avant chaque repas, à la propreté de la bouche, des narines et des mains ; prendre chaque semaine ou chaque jour les bains prévus à l'article 11.

Art. 13. Le Ministre du travail et de la prévoyance sociale peut, par arrêté pris après avis du Comité consultatif des arts et manufactures, accorder à un établissement, pour un délai déterminé, dispense de tout ou partie des prescriptions de l'article 2, §§ *a, b, c,* de l'article 5, § 2, et de l'article 6, § 1, dans le cas où il est reconnu que l'application de ces prescriptions est pratiquement impossible et que l'hygiène et la sécurité des travailleurs sont assurées dans des conditions au moins équivalentes à celles qui sont fixées par le présent décret.

Art. 14. Sous réserve des délais supplémentaires qui seraient accordés par le ministre en vertu de l'article 6 de la loi du 12 juin 1893, modifiée par la loi du 11 juillet 1903, le délai d'exécution des travaux de transformation qu'implique le présent règlement est fixé à un an à dater de sa publication.

Art. 15. Le Ministre du travail et de la prévoyance sociale est chargé de l'exécution du présent décret, qui sera publié au *Journal officiel* de la République française et inséré au *Bulletin des Lois.*

DÉCRET DU 28 DÉCEMBRE 1909

organisant le service médical dans les industries où le personnel est exposé à l'intoxication saturnine.

LE PRÉSIDENT DE LA RÉPUBLIQUE FRANÇAISE,

Sur le rapport du Ministre du travail et de la prévoyance sociale,

Vu la loi du 12 juin 1893 concernant l'hygiène et la sécurité des travailleurs dans les établissements industriels, modifiée par la loi du 11 juillet 1903, et notamment l'article 3, ainsi conçu :

« Des règlements d'administration publique, rendus après avis du Comité consultatif des arts et manufactures, détermineront :

. . . .

« 2° Au fur et à mesure des nécessités constatées, les prescriptions particulières relatives, soit à certaines industries, soit à certains modes de travail » ;

. . . .

Vu le décret du 23 avril 1908 prescrivant les mesures particulières d'hygiène dans les industries où le personnel est exposé à l'intoxication saturnine ;

Vu l'avis du Comité consultatif des arts et manufactures ;

Le Conseil d'État entendu,

DÉCRÈTE :

ARTICLE PREMIER. Dans les établissements où sont exécutés les travaux dangereux énumérés à l'article 1er du décret du 23 avril 1908, les chefs d'industrie, directeurs ou gérants sont tenus d'assurer le service médical dans les conditions définies ci-après :

ART. 2. Un médecin désigné par le chef d'établissement procède aux examens et constatations prévus aux articles 3 et 4.

La rémunération de ces visites est à la charge de l'entreprise.

ART. 3. Aucun ouvrier ne doit être admis aux travaux visés à l'article 1er du décret du 23 avril 1908, s'il n'est muni d'un certificat délivré par le médecin, et constatant qu'il ne présente aucun symptôme d'affection saturnine ni de maladie susceptible d'être aggravée dangereusement par le saturnisme.

ART. 4. Aucun ouvrier ne doit être maintenu aux mêmes travaux, si le certificat n'est pas renouvelé un mois après l'embauchage et ensuite une fois par trimestre.

En dehors des visites périodiques, le chef d'établissement est tenu de faire examiner par le médecin tout ouvrier qui se déclare indisposé par les travaux auxquels il est occupé, ou qui exprime le désir d'être soumis à un examen médical.

ART. 5. Un registre spécial mis constamment à jour et tenu à la disposition de l'inspecteur du travail, mentionne pour chaque ouvrier :

1° Les dates et durées d'absence pour cause de maladie quelconque ;

2° Les dates des certificats présentés pour justifier de ces absences, les indications d'ordre médical qu'ils contiennent et la mention du médecin qui les a délivrés ;

3° Les avis donnés par le médecin de l'établissement par application des articles 3 et 4 ci-dessus.

Art. 6. Le délai d'exécution des mesures édictées par le présent décret est fixé à trois mois à partir de sa publication.

Art. 7. Le Ministre du travail et de la prévoyance sociale est chargé de l'exécution du présent décret, qui sera publié au *Journal Officiel* de la République française et inséré au *Bulletin des Lois*.

BLANCHISSAGE

DÉCRET DU 4 AVRIL 1905

concernant la manipulation du linge sale dans les ateliers de blanchissage.

Le Président de la République française,

Sur le rapport du Ministre du commerce, de l'industrie, des postes et des télégraphes ;

Vu l'article 3 de la loi du 12 juin 1893 modifiée par la loi du 11 juillet 1903, ainsi conçu :

« Des règlements d'administration publique, rendus après avis du Comité consultatif des arts et manufactures, détermineront :

« 1° Les mesures générales de protection et de salubrité applicables à tous les établissements assujettis, notamment en ce qui concerne l'éclairage, l'aération ou la ventilation, les eaux potables, les fosses d'aisances, l'évacuation des poussières et vapeurs, les précautions à prendre contre les incendies, le couchage du personnel, etc. ;

« 2° Au fur et à mesure des nécessités constatées, les prescriptions particulières relatives soit à certaines industries, soit à certains modes de travail ;

« Le Comité consultatif d'hygiène publique de France sera appelé à donner son avis en ce qui concerne les règlements généraux prévus sous le numéro 1° du présent article » ;

Vu le décret du 29 novembre 1904 ;

Vu l'avis du Comité consultatif des arts et manufactures ;

Le Conseil d'État entendu,

Décrète :

Article premier. Dans les ateliers de blanchissage de linge, les chefs d'industrie, directeurs ou gérants, sont tenus, indépendamment des mesures générales prescrites par le décret du 29 novembre 1904, de prendre les mesures particulières de protection et de salubrité énoncées aux articles suivants.

Art. 2. Le linge sale ne doit être introduit dans l'atelier de blanchissage, par l'exploitant ou son personnel, que renfermé dans des sacs, enveloppes spéciales ou tous autres récipients soigneusement clos pendant le transport.

Art. 3. Le linge sale avec son contenant doit être désinfecté avant tout triage par un des procédés de désinfection admis pour l'exécution de la loi du 15 février 1902 sur la santé publique ou par l'ébullition dans une solution alcaline, soit, à défaut de l'une de ces opérations, tout au moins soumis à une aspersion suffisante pour fixer les poussières. Dans ce dernier cas, les sacs et enveloppes ou tous autres récipients doivent être lessivés ou désinfectés.

Les mesures de désinfection sont obligatoires pour le linge sale provenant des établissements hospitaliers où l'on reçoit des malades.

Art. 4. Les chefs d'industrie, directeurs ou gérants, sont tenus de mettre à la disposition du personnel employé à la manipulation du linge sale, des surtouts exclusivement affectés au travail; ils en assureront le bon entretien et le lavage fréquent; ces vêtements devront être rangés dans un local séparé de la salle des blanchissages et de la salle où se trouve le linge propre.

Art. 5. Il est interdit de manipuler du linge sale non désinfecté ou non lessivé, soit dans les salles de repassage, soit dans les salles où se trouve du linge blanchi.

Art. 6. Les eaux d'essangeage doivent être évacuées directement hors de l'atelier par canalisation fermée, sans préjudice de toutes autres mesures de salubrité à prendre en exécution des articles 97 de la loi municipale du 5 avril 1884 et 1er de la loi du 15 février 1902 sur la santé publique.

Art. 7. Les chefs d'industrie, directeurs ou gérants, sont tenus d'afficher dans un endroit apparent des locaux professionnels un règlement qui prescrira l'emploi des vêtements de travail, qui imposera au personnel l'obligation de prendre des soins de propreté à chaque sortie de l'atelier, et qui interdira de consommer aucun aliment ni aucune boisson dans les ateliers de manipulation du linge sale.

Art. 8. Le délai d'exécution des mesures édictées par le présent règlement est fixé à six mois à partir de sa prómulgation, sauf en ce qui concerne les articles 5 et 6. Pour l'exécution des travaux de transformation qu'impliquent ces deux derniers articles, le délai est fixé à trois ans.

Art. 9. Le Ministre du commerce, de l'industrie, des postes et des télégraphes est chargé de l'exécution du présent décret, qui sera inséré au *Bulletin des Lois* et publié au *Journal officiel* de la République française.

ÉLECTRICITÉ

DÉCRET DU 11 JUILLET 1907

sur la sécurité des travailleurs dans les établissements industriels qui mettent en œuvre des courants électriques.

Le Président de la République française,

Sur le rapport du Ministre du travail et de la prévoyance sociale,

Vu l'article 3 de la loi du 12 juin 1893, modifiée par la loi du 11 juillet 1903, ainsi conçu :

« Des règlements d'administration publique, rendus après avis du Comité consultatif des arts et manufactures, détermineront :

« 1°. . . . .

« 2° Au fur et à mesure des nécessités constatées, les prescriptions particulières relatives soit à certaines industries, soit à certains modes de travail;

« . . . . »

Vu le décret du 29 novembre 1904 modifié par les décrets des 6 août 1905 et 22 mars 1906;

Vu l'avis du Comité consultatif des arts et manufactures;

Le Conseil d'Etat entendu,

DÉCRÈTE :

SECTION I.

PRESCRIPTIONS GÉNÉRALES.

ARTICLE PREMIER. Les installations électriques doivent comporter des dispositifs de sécurité en rapport avec la plus grande tension de régime existant entre les conducteurs et la terre.

Suivant cette tension, les installations électriques sont classées en deux catégories.

Première catégorie.

A. *Courant continu.* — Installations dans lesquelles la plus grande tension de régime entre les conducteurs et la terre ne dépasse pas 600 volts.

B. *Courant alternatif.* — Installations dans lesquelles la plus grande tension efficace entre les conducteurs et la terre ne dépasse pas 150 volts.

Deuxième catégorie.

Installations comportant des tensions respectivement supérieures aux tensions ci-dessus.

SECTION II.

INSTALLATIONS DE MACHINES, APPAREILS ET LAMPES ÉLECTRIQUES.

ART. 2. Les machines électriques sont soumises, en outre des prescriptions générales du décret du 29 novembre 1904, et notamment de celles des articles 12, 14 et 15 de ce décret, aux prescriptions spéciales suivantes :

Pour celles qui appartiennent à des installations de la deuxième catégorie, les bâtis et pièces conductrices non parcourues par le courant doivent être reliés électriquement à la terre ou isolés électriquement du sol. Dans ce dernier cas, les machines sont entourées par un plancher de service non glissant, isolé du sol et assez développé pour qu'il ne soit pas possible de toucher à la fois à la machine et à un corps conducteur quelconque relié au sol.

La mise à la terre ou l'isolement électrique est constamment maintenu en bon état.

Les mêmes prescriptions sont applicables aux transformateurs dépendant d'installations de la deuxième catégorie; ces appareils ne doivent être accessibles qu'au personnel qui en a la charge.

Art. 3. Si une machine ou un appareil électrique de la deuxième catégorie se trouve dans un local ayant, en même temps, une autre destination, la partie du local affectée à cette machine ou à cet appareil est rendue inaccessible, par un garde-corps ou un dispositif équivalent, à tout autre personnel que celui qui en a la charge ; une mention indiquant le danger doit être affichée en évidence.

Art. 4. Dans les locaux destinés aux accumulateurs, dans les ateliers qui contiennent des corps explosifs et dans ceux où il peut se produire soit des gaz détonants, soit des poussières inflammables, il est interdit d'établir des machines électriques à découvert, des lampes à incandescence non munies de double enveloppe, des lampes à arc ou aucun appareil pouvant donner lieu à des étincelles, sans qu'ils soient pourvus d'une enveloppe de sûreté les isolant de l'atmosphère du local.

La ventilation des locaux destinés aux accumulateurs doit être suffisante pour assurer l'évacuation continue des gaz dégagés.

SECTION III.

TABLEAUX DE DISTRIBUTION ET LOCAUX.

Art. 5. Pour les tableaux de distribution de courants appartenant à la première catégorie, les conducteurs doivent présenter les isolements et les écartements propres à éviter tout danger.

Pour les tableaux de distribution portant des appareils et pièces métalliques de la deuxième catégorie, le plancher de service sur la face avant (où se trouvent les poignées de manœuvres et les instruments de lecture) doit être isolé électriquement et établi comme il est dit ci-dessus au sujet des machines.

Quand des pièces métalliques ou appareils de la deuxième catégorie sont établis à découvert sur la face arrière du tableau, un passage entièrement libre de 1 mètre de largeur et de 2 mètres de hauteur au moins est réservé derrière lesdits appareils et pièces métalliques; l'accès de ce passage est défendu par une porte fermant à clef, laquelle ne peut être ouverte que par ordre du chef de service ou par ses préposés à ce désignés; l'entrée en sera interdite à toute autre personne.

Art. 6. Les passages ménagés pour l'accès aux machines et appareils de la deuxième catégorie placés à découvert ne peuvent avoir moins de 2 mètres de hauteur; leur largeur, mesurée entre les machines, conducteurs ou appareils eux-mêmes aussi bien qu'entre ceux-ci et les parties métalliques de la construction, ne doit pas être inférieure à 1 mètre.

Dans tous les locaux, les conducteurs et appareils de la deuxième catégorie doivent, notamment sur les tableaux de distribution, être nettement différenciés des autres par une marque très apparente (une couche de peinture par exemple).

Dans les locaux où le sol et les parois sont très conducteurs, soit par construction, soit par suite de dépôts salins résultant de l'exercice même de l'industrie ou par suite d'humidité, on ne doit jamais établir, à la portée de la main, des conducteurs ou des appareils placés à découvert.

Art. 7. Les salles des machines génératrices d'électricité et les sous-stations doivent posséder un éclairage de secours continuant à fonctionner en cas d'arrêt du courant.

SECTION IV.

INSTALLATION DES CANALISATIONS.

Art. 8. Les canalisations nues appartenant à une installation de la deuxième catégorie doivent être établies hors de la portée de la main sur des isolateurs convenablement espacés et être écartées des masses métalliques telles que piliers ou colonnes, gouttières, tuyaux de descente, etc.

Les canalisations nues appartenant à une installation de la première catégorie établies à l'intérieur, et qui sont à portée de la main, doivent être signalées à l'attention par une marque bien apparente; l'abord en est défendu par un dispositif de garde.

Les enveloppes des autres canalisations doivent être convenablement isolantes.

Aucun travail n'est entrepris sur des conducteurs de la première catégorie en charge sans que des précautions suffisantes assurent la sécurité de l'opérateur.

Des dispositions doivent être prises pour éviter l'échauffement anormal des conducteurs, à l'aide de coupe-circuit, plombs fusibles ou autres dispositifs équivalents.

Toute installation reliée à un réseau comportant des lignes aériennes de plus de 500 mètres doit être suffisamment protégée contre les décharges atmosphériques.

Art. 9. Les colonnes, les supports et, en général, toutes les pièces métalliques de la construction qui risqueraient, par suite d'un accident sur la canalisation, d'être accidentellement soumis à une tension de la deuxième catégorie doivent être convenablement reliés à la terre.

Art. 10. Il est formellement interdit de faire exécuter aucun travail sur les lignes électriques de la deuxième catégorie, sans les avoir, au préalable, coupées de part et d'autre de la section à réparer. La communication ne peut être rétablie que sur l'ordre exprès du chef de service; ce dernier doit avoir été au préalable avisé par chacun des chefs d'équipe que le travail est terminé et que le personnel ouvrier est réuni au point de ralliement fixé à l'avance.

Pendant toute la durée du travail, la coupure de la ligne doit être maintenue par un dispositif tel que le courant ne puisse être rétabli que sur l'ordre exprès du chef de service.

Dans les cas exceptionnels où la sécurité publique exige qu'un travail soit entrepris sur des lignes en charge de la deuxième catégorie, il ne doit y être procédé que sur l'ordre exprès du chef de service et avec toutes les précautions de sécurité qu'il indiquera.

Art. 11. Il est interdit de faire exécuter des élagages ou des travaux analogues pouvant mettre directement ou indirectement le personnel en contact avec des conducteurs ou pièces métalliques de la deuxième catégorie, sans avoir pris des précautions suffisantes pour assurer la sécurité du personnel par des mesures efficaces d'isolement.

Art. 12. Les lignes téléphoniques, télégraphiques ou de signaux particulières aux établissements ayant des installations électriques et affectées à leur exploitation, qui sont montées, en tout ou en partie de leur longueur, sur les mêmes supports qu'une ligne électrique de la deuxième catégorie, sont soumises aux prescriptions de l'article 8, §§ 1 et 6, et à celles des articles 10 et 11.

Leurs postes de communication, leurs appareils de manœuvres ou d'appel doivent être disposés de telle manière qu'il ne soit possible de les utiliser ou de les manœuvrer qu'en se trouvant dans les meilleures conditions d'isolement par rapport à la terre, à moins que leurs appareils ne soient disposés de manière à assurer l'isolement de l'opérateur par rapport à la ligne.

SECTION V.

AFFICHAGE, DÉROGATION, CONTRÔLE.

Art. 13. Les chefs d'industrie, directeurs ou gérants, sont tenus d'afficher dans un endroit apparent des salles contenant des installations de la deuxième catégorie :

1° Un ordre de service indiquant qu'il est dangereux et formellement interdit de toucher aux pièces métalliques ou conducteurs soumis à une tension de la deuxième catégorie, même avec des gants en caoutchouc, ou de se livrer à des travaux sur ces pièces ou conducteurs, même avec des outils à manche isolant ;

2° Des extraits du présent règlement et une instruction sur les premiers soins à donner aux victimes des accidents électriques, rédigée conformément aux termes qui seront fixés par un arrêté ministériel.

Art. 14. Dans les ateliers de construction ou de réparation de matériel électrique (machines, instruments, appareils, câbles et fils), où l'emploi des tensions de la deuxième catégorie est d'un usage courant pour les essais du matériel en cours de fabrication, il peut être dérogé, pour ces essais, aux prescriptions du présent décret, à la condition que les organes dangereux ne soient accessibles qu'à un personnel expérimenté, désigné expressément par le chef d'établissement, et que la sécurité générale ne soit pas compromise.

Une consigne spéciale réglementant ces essais doit être rédigée par le chef d'établissement et portée à la connaissance du personnel.

Art. 15. Le Ministre du travail et de la prévoyance sociale peut, par arrêté pris sur le rapport des inspecteurs du travail et après avis du Comité consultatif des arts et manufactures, accorder dispense, pour un délai déterminé, de tout ou partie des prescriptions des articles 5, § 3, et 6, § 1 :

1° Aux installations créées avant la promulgation du présent décret ;

2° Lorsque l'application de ces prescriptions est pratiquement impossible.

Dans les deux cas, la sécurité du personnel doit être assurée dans des conditions équivalentes à celles définies auxdits articles.

Art. 16. Dans les deux mois qui suivront la promulgation du présent règlement, les chefs d'industrie, directeurs ou gérants, devront adresser à l'inspecteur du travail un schéma de leurs installations électriques de la deuxième catégorie indiquant : l'emplacement des usines, sous-stations, postes de transformateurs et canalisations.

Une note jointe indiquera :

a) Si, par application de l'article 2, § 2, du présent règlement concernant les machines et transformateurs de la deuxième catégorie, les bâtis et masses métalliques non parcourus par le courant sont isolés électriquement du sol ou s'ils sont reliés à la terre;

b) Les renseignements techniques nécessaires pour assurer le contrôle de l'exécution des prescriptions du présent règlement (nature du courant, tensions des différentes parties de l'installation, pièces métalliques visées à l'article 9, etc.).

Dans la première quinzaine de chaque année, le schéma et les renseignements qui l'accompagnent sont complétés, s'il y a lieu, par les chefs d'industrie, directeurs, gérants ou préposés et les modifications transmises à l'inspecteur du travail.

En cas de modifications importantes ou d'installations nouvelles, le schéma et les renseignements complémentaires sont adressés à l'inspecteur du travail avant la mise en exploitation.

SECTION VI.

DISPOSITIONS DIVERSES.

Art. 17. Le présent décret ne s'applique pas, en dehors de l'enceinte des usines de production, aux distributions d'énergie électrique réglementées en vertu de la loi du 15 juin 1906.

Art. 18. Le Ministre du travail et de la prévoyance sociale est chargé de l'exécution du présent décret, qui sera publié au *Journal officiel* de la République française et inséré au *Bulletin des Lois*.

AIR COMPRIMÉ

DÉCRET DU 15 DÉCEMBRE 1908

prescrivant les mesures particulières de protection et de salubrité dans les chantiers de travaux à l'air comprimé.

Le Président de la République française,

Sur le rapport du Ministre du travail et de la prévoyance sociale,

Vu l'article 3 de la loi du 12 juin 1893, modifiée par la loi du 11 juillet 1903, ainsi conçu :

« Des règlements d'administration publique, rendus après avis du Comité consultatif des arts et manufactures, détermineront :

. . . .

« 2° Au fur et à mesure des nécessités constatées, les prescriptions particulières relatives soit à certaines industries, soit à certains modes de travail » ;

Vu le décret du 29 novembre 1904, relatif à l'hygiène et à la sécurité des travailleurs ;

Vu l'avis du Comité consultatif des arts et manufactures;

Le Conseil d'État entendu,

Décrète :

Article premier. Dans les chantiers de travaux à l'air comprimé, les chefs d'industrie, directeurs ou préposés, sont tenus, indépendamment des mesures générales prescrites par le décret du 29 novembre 1904, de prendre les mesures particulières de protection et de salubrité énoncées aux articles suivants.

Art. 2. Un médecin désigné par le chef d'entreprise procède aux examens et constatations prévus ci-après. Sa rémunération est à la charge de l'entreprise (1).

Aucun ouvrier ne doit être admis au travail dans l'air comprimé, s'il n'est muni d'un certificat délivré par ce médecin et constatant qu'il n'est pas impropre à ce genre de travail.

Aucun ouvrier ne doit être maintenu au travail dans l'air comprimé si le certificat n'est pas renouvelé quinze jours après l'embauchage et ensuite une fois par mois.

En dehors des visites périodiques, le chef d'entreprise est tenu de faire examiner par le médecin tout ouvrier qui déclare souffrir du nez, de la gorge ou des oreilles ou qui exprime le désir d'être soumis à un examen.

Un registre du personnel ouvrier, tenu constamment à jour, mentionne les accidents et les indispositions même légères se rapportant au travail dans l'air comprimé.

Art. 3. Des mesures doivent être prises pour empêcher l'introduction sur le chantier de toutes boissons autres que les boissons hygiéniques.

Tout ouvrier en état d'ébriété doit être éloigné du chantier pendant vingt-quatre heures.

Art. 4. La compression et la décompression doivent être surveillées par un agent spécial que désigne un ordre de service.

A la compression, le temps employé doit être de quatre minutes au moins pour augmenter la pression de 1 kilo par centimètre carré jusqu'à 2 kilos de pression totale effective et de cinq minutes au moins pour chaque kilogramme de pression au delà de 2 kilos par centimètre carré.

Le temps employé à la décompression ne doit pas être inférieur aux valeurs indiquées ci-dessous :

Vingt minutes par kilogramme de pression au-dessus de 3 kilos effectifs par centimètre carré ;

Quinze minutes par kilogramme de pression entre 3 et 2 kilos effectifs par centimètre carré ;

Dix minutes par kilogramme de pression au-dessous de 2 kilos effectifs pour abaisser la pression à zéro.

Si la pression ne dépasse pas 1 kilo effectif par centimètre carré, le temps nécessaire pour abaisser la pression à zéro peut être réduit à cinq minutes.

Il est interdit d'opérer la descente du caisson au moyen de diminutions brusques de pression sans avoir fait sortir préalablement les ouvriers.

Chaque écluse doit renfermer un manomètre.

Si la pression est supérieure à 1 kilo effectif par centimètre carré, le manomètre doit être du type enregistreur fonctionnant d'une manière ininterrompue.

(1) Décret du 21 avril 1910.

Art. 5. La hauteur de la chambre de travail doit être telle que les ouvriers puissent se tenir debout; en aucun cas cette hauteur ne doit être inférieure à 1m80.

La quantité d'air envoyée dans la chambre de travail doit être de 40 mètres cubes au moins par heure et par homme. Elle est réglée de façon que la proportion d'acide carbonique dans l'air ne dépasse pas 1 p. 1 000.

Dans le cas où l'envoi de l'air se trouverait arrêté, le préposé de l'entrepreneur dans la chambre de travail doit prescrire la sortie de tous les ouvriers après une période d'attente de dix minutes au plus.

Il est interdit de tirer une mine dans la chambre de travail avant que celle-ci ait été évacuée par les ouvriers et de les faire rentrer avant que l'état de l'atmosphère soit redevenu normal.

Art. 6. Le cube d'air dans l'écluse doit être d'au moins 600 décimètres cubes par personne.

Le renouvellement de l'air des écluses pendant les périodes de décompression dépassant dix minutes doit être assuré par la mise en jeu simultanée des robinets d'entrée et de sortie de l'air comprimé.

En été, les écluses exposées au soleil doivent être protégées par une tente ou par des paillassons maintenus humides.

Lorsque les chantiers occupent plus de vingt ouvriers à la fois dans l'air comprimé, la communication entre la chambre de travail et l'extérieur doit être assurée par téléphone.

Art. 7. Des précautions spéciales doivent être prises pour éviter, en cas de vertige, toute chute dangereuse des ouvriers à la sortie de l'écluse à air vers l'extérieur.

Art. 8. Les portes de communication et les tampons de fermeture des écluses à air doivent s'ouvrir du côté de la plus forte pression.

Les portes servant à l'évacuation des déblais et à l'introduction des matériaux peuvent s'ouvrir du côté de la moins forte pression, mais elles doivent être munies d'un enclanchement de sûreté qui les empêche de s'ouvrir intempestivement.

Art. 9. Les cheminées doivent être d'accès facile et les échelles être constamment maintenues en parfait état d'entretien et de propreté.

Des apparaux de secours doivent être préparés pour remonter les ouvriers qui ne pourraient gravir les échelles.

L'écluse à air, les cheminées et la chambre de travail sont éclairées par la lumière électrique.

Des précautions spéciales doivent être prises dans la chambre de travail pour éviter la circulation des ouvriers sous les cheminées.

Art. 10. Chaque tuyau d'amenée d'air est pourvu à son entrée d'une soupape automatique se fermant dès que la pression de l'air envoyé tombe au-dessous de celle qui existe dans la chambre de travail.

L'installation servant à l'aérage (pompes, réservoirs ou tuyaux) doit être munie d'un dispositif réglant automatiquement la pression de l'air envoyé dans le caisson.

Art. 11. Le chantier doit être pourvu d'une boîte de secours renfermant notamment un tube d'oxygène sous pression ou des substances pouvant dégager rapidement et facilement des quantités notables d'oxygène pur

Quand les travaux sont effectués sous une pression effective supérieure à 1kg200 par centimètre carré, une baraque de repos doit être aménagée à proximité du chantier pour recevoir les ouvriers à la sortie de la chambre de travail. Ses dimensions sont fixées d'après le nombre des ouvriers travaillant simultanément dans l'air comprimé à raison de 6 mètres cubes de capacité par homme. Elle doit être convenablement aérée, chauffée et pourvue de lavabos, avec savon et serviettes individuelles, d'un vestiaire et de lits de repos.

Quand la pression dans la chambre de travail dépasse 2 kilos par centimètre carré, il doit être installé une chambre de recompression de dimensions suffisantes pour contenir un lit et recevoir deux aides.

Art. 12. Tous les appareils, notamment les moteurs, réservoirs, tuyaux, soupapes, échelles et chaînes, doivent être soumis à une vérification hebdomadaire.

Le boulonnage reliant les tronçons successifs des cheminées doit faire l'objet d'une vérification spéciale toutes les fois qu'il y aura été touché.

Art. 13. Le préfet peut, par arrêté pris sur le rapport des ingénieurs chargés de la surveillance ou des inspecteurs du travail, et à raison des conditions particulières dans lesquelles le travail doit être exécuté, accorder dispense permanente ou temporaire de tout ou partie des prescriptions relatives : au manomètre enregistreur (art. 4, dernier paragraphe), à la teneur maximum de l'air en acide carbonique (art. 5, 2e paragraphe), à l'installation du téléphone (art. 6, dernier paragraphe), au réglage de la pression par dispositif automatique (art. 10, dernier paragraphe) et à la chambre de recompression (art. 11, dernier paragraphe); dans ce dernier cas, le médecin désigné conformément à l'article 2 est obligatoirement consulté.

Art. 14. Les chefs d'industrie, directeurs ou préposés, sont tenus de faire afficher dans les locaux où se font le recrutement et la paie :

1° Le texte du présent règlement;

2° Le texte, arrêté par le Ministre du travail, le comité des arts et manufactures entendu, des avis concernant la durée du travail dans l'air comprimé et les soins à donner en certains cas.

Art. 15. Le délai d'exécution des mesures édictées par le présent règlement est fixé à trois mois à partir de sa publication; toutefois, pour les travaux à l'air comprimé en cours au moment de la promulgation du présent règlement, ce délai est porté à un an.

Art. 16. Le Ministre du travail et de la prévoyance sociale est chargé de l'exécution du présent règlement, qui sera publié au *Journal officiel* de la République française et inséré au *Bulletin des Lois*.

ARRÊTÉ DU 28 DÉCEMBRE 1908

fixant les termes de l'avis relatif à la durée du travail dans l'air comprimé et aux soins à donner dans certains cas.

Le Ministre du travail et de la prévoyance sociale,

Vu l'article 14, 2°, du décret du 15 décembre 1908;

Vu l'avis du Comité consultatif des arts et manufactures,

Arrête :

En exécution de l'article 14, 2°, du décret du 15 décembre 1908, le texte ci-dessous devra être affiché dans les locaux où se font le recrutement et la paie des ouvriers des chantiers de travaux à l'air comprimé.

Paris, le 28 décembre 1908.

René Viviani.

Avis concernant la durée du travail dans l'air comprimé et les soins à donner dans certains cas.

Il est imprudent de dépasser par vingt-quatre heures, dans l'air comprimé, les durées de séjour ci-après, y compris le temps d'éclusage :

Huit heures pour des pressions effectives inférieures à 2 kilos par centimètre carré;

Sept heures pour des pressions comprises entre 2 kilos et 2kg500 par centimètre carré;

Six heures pour des pressions comprises entre 2kg500 et 3 kilos par centimètre carré;

Cinq heures pour des pressions comprises entre 3 kilos et 3kg500 par centimètre carré;

Quatre heures pour des pressions comprises entre 3kg500 et 4 kilos par centimètre carré.

Le jour de changement de poste et, au plus, une fois par semaine, la durée journalière du séjour peut être augmentée, pourvu qu'il s'écoule au moins douze heures entre la sortie et la rentrée de chaque équipe.

Cette dérogation ne doit pas porter la moyenne hebdomadaire du séjour journalier dans l'air comprimé au-dessus des chiffres qui précèdent.

Si la pression dépasse 2 kilos par centimètre carré, il est désirable, pour la facilité des soins médicaux à donner aux ouvriers, qu'un local voisin du chantier soit mis à leur disposition dans le cas où ils ne pourraient être logés dans un rayon inférieur à 2 kilomètres.

INFECTION CHARBONNEUSE

DÉCRET DU 22 AOUT 1910

prescrivant les mesures particulières d'hygiène dans les établissements dont le personnel est exposé à l'infection charbonneuse.

Le Président de la République française,

Sur le rapport du Ministre du travail et de la prévoyance sociale,

Vu l'article 3 de la loi du 12 juin 1893, modifiée par la loi du 11 juillet 1903, ainsi conçu :

« Des règlements d'administration publique, rendus après avis du Comité consultatif des arts et manufactures, détermineront :

« 1° . . . .

« 2° Au fur et à mesure des nécessités constatées, les prescriptions particulières relatives soit à certaines industries, soit à certains modes de travail ;

« . . . .

Vu l'avis du Comité consultatif des arts et manufactures ;

Le Conseil d'État entendu,

DÉCRÈTE :

ARTICLE PREMIER. Dans les établissements visés à l'article 1er de la loi du 12 juin 1893, modifiée par la loi du 11 juillet 1903, et où sont manipulés, à l'état brut, des peaux, poils, crins, soies de porcs, laines, cornes, os ou autres dépouilles provenant d'animaux susceptibles d'être atteints d'infection charbonneuse, les chefs d'industrie, directeurs ou gérants, sont tenus, indépendamment des mesures générales prescrites par le décret du 29 novembre 1904, de prendre les mesures particulières de protection et de salubrité énoncées aux articles suivants :

Doivent être considérés comme à l'état brut, pour l'application du présent décret, les produits ou dépouilles qui n'ont pas subi les opérations ci-dessous :

Pour les crins, poils et soies de porcs : étuvage à 103 degrés pendant une heure ou séjour de deux heures dans l'eau bouillante, ou blanchiment ;

Pour les peaux : tannage ;

Pour les laines : dégraissage industriel ;

Pour les os et cornes : étuvage à 103 degrés pendant une heure ou séjour de deux heures dans l'eau bouillante, ou traitement par des antiseptiques actifs.

Pourront être également admis tous les autres procédés de désinfection que le ministre du travail, après avis du Comité consultatif des arts et manufactures, reconnaîtra équivalents.

ART. 2. Un médecin désigné par le chef d'établissement procède aux examens et constatations ci-après ; sa rémunération est à la charge de l'entreprise.

Dès que les chefs d'industrie, directeurs ou gérants, ont connaissance qu'un ouvrier est atteint, soit d'un bouton, soit d'une coupure, écorchure ou gerçure non cicatrisée après trois jours de pansement à l'usine, ils doivent le faire examiner immédiatement par le médecin qui indique les soins nécessaires. Le nom, l'âge de l'ouvrier et le travail auquel il était occupé, l'origine des matières reconnues susceptibles d'avoir déterminé l'infection, ainsi que le résultat des constatations du médecin, sont inscrits sur un registre spécial.

Chaque établissement doit être pourvu d'une boîte de secours contenant les médicaments et objets de pansement déterminés par arrêté ministériel. Cette boîte doit être constamment tenue en bon état et placée dans un local facilement accessible.

ART. 3. Les chefs d'industrie, directeurs ou gérants sont tenus de mettre à la disposition du personnel ouvrier des tabliers et jambières imperméables pour toutes les opérations où le corps est exposé à être mouillé par les eaux employées au travail des produits ou dépouilles désignés à l'article 1er.

ART. 4. Doivent être considérées comme dangereuses pour l'application de l'article 5 ci-après, les industries suivantes, quand elles mettent en œuvre des matières provenant des régions qui seront désignées par un arrêté du Ministre du travail et de la prévoyance sociale, après avis du Ministre du commerce et de l'industrie et du Ministre de l'agriculture :

1° La préparation des crins ;

2° Le délainage et le lavage, le triage des laines ;

3° La mégisserie, la tannerie, la pelleterie ;

4° Le triage et le travail des os et des cornes.

Sont considérés également comme dangereux, pour l'application du même article, le déballage, les manutentions et les autres opérations effectuées à sec, avant désinfection, sur les matières énumérées à l'article 1er, et provenant des régions déterminées par l'arrêté ci-dessus prévu.

Art. 5. Dans les parties d'établissement spécialement affectées à l'exercice des industries ou à l'exécution des travaux dangereux définis par l'article 4, les précautions ci-après doivent être observées :

1° Dans les ateliers, le sol sera formé d'un revêtement imperméable ou d'un revêtement jointif se prêtant facilement au lavage. Les murs seront recouverts soit d'un enduit permettant un lavage à fond, soit d'un badigeon à la chaux. Ce badigeon sera refait toutes les fois qu'il sera nécessaire et notamment, lorsqu'un cas de charbon se sera manifesté. Les tables, établis et sièges, de même que le sol et les murs, seront lavés aussi souvent qu'il sera nécessaire au moyen d'une solution désinfectante.

Les outils seront soumis à des désinfections fréquentes.

2° Dans les magasins où sont déposées les matières visées à l'article 1er, tout emplacement temporairement inutilisé doit être nettoyé avec emploi d'une substance désinfectante.

3° Pour les laines, crins, soies de porc et poils, les manipulations seront faites, autant que possible, en vase clos. Celles qu'il est impossible de faire de cette manière, comme l'ouverture des ballots et, s'il y a lieu, l'époussiérage, doivent être faites dans des conditions qui permettent de recueillir tous les détritus et de les détruire ultérieurement.

4° Dans des locaux séparés des ateliers et magasins où s'effectuent des opérations dangereuses, il sera établi, à l'usage des ouvriers, un vestiaire-lavabo, soigneusement entretenu, pourvu de cuvettes ou de robinets en nombre suffisant, d'eau en abondance ainsi que de savon, et pour chaque ouvrier, d'une serviette remplacée au moins une fois par semaine.

Ces vestiaires seront munis d'armoires ou de casiers fermés à clef ou par un cadenas, les vêtements de ville étant séparés des vêtements de travail.

A défaut d'armoire individuelle divisée en deux compartiments, tout ouvrier disposera de deux patères placées sur les côtés opposés du vestiaire et destinées à recevoir l'une les vêtements de ville, l'autre les vêtements de travail. Les patères seront séparées par un intervalle de 30 centimètres au minimum.

5° Le personnel aura à sa disposition des surtouts pour la manutention des marchandises brutes. Il disposera en outre de protège-nuque pour le transport de celles de ces marchandises qui devraient être portées sur l'épaule. Sauf impossibilité, toutes les matières brutes seront portées sur chariot ou sur civières.

Art. 6. Le ministre du travail et de la prévoyance sociale peut, par arrêté pris sur le rapport des inspecteurs du travail et après avis du comité consultatif des arts et manufactures, accorder à un établissement, pour un délai déterminé, dispense de tout ou partie des prescriptions de l'article 5, n° 3, s'il est reconnu que l'application de ces prescriptions est pratiquement impossible et que l'hygiène des travailleurs est assurée dans des conditions au moins équivalentes à celles qui sont fixées par le présent décret.

ART. 7. Les chefs d'industrie, directeurs ou gérants sont tenus de faire apposer dans un endroit apparent des locaux de travail :

1° Un règlement d'atelier imposant aux ouvriers les obligations suivantes : se servir des divers vêtements de travail et autres effets de travail mis gratuitement à leur disposition, utiliser le vestiaire et les lavabos visés par l'article 5 (4°), prendre des soins de propreté à chaque sortie de l'atelier et ne pas apporter d'aliments dans l'atelier de travail ;

2° Une affiche indiquant les dangers du charbon, ainsi que les précautions à prendre pour les éviter et la nécessité pour les ouvriers de faire la déclaration prévue par l'article 2 ;

3° Le nom et l'adresse du médecin chargé du service médical de l'établissement.

Les termes de l'affiche prévue au présent article sous le n° 2 seront fixés par un arrêté ministériel.

ART. 8. Le délai d'exécution des mesures édictées par le présent règlement est fixé à un an à dater de sa publication, sauf en ce qui concerne l'article 5, n°s 1°, 3° et 4°. Pour l'exécution des travaux de transformation qu'impliquent ces trois derniers numéros, le délai est fixé à trois ans.

ART. 9. Le Ministre du travail et de la prévoyance sociale est chargé de l'exécution du présent décret, qui sera publié au *Journal officiel* de la République française et inséré au *Bulletin des Lois*.

III — ACCIDENTS DU TRAVAIL

LOI DU 9 AVRIL 1898

concernant les responsabilités des accidents dont les ouvriers sont victimes dans leur travail.

(Modifiée par les lois des 22 mars 1902, 31 mars 1905[1] et 17 avril 1906.)

Le Sénat et la Chambre des députés ont adopté,
Le Président de la République promulgue la loi dont la teneur suit :

TITRE PREMIER.

INDEMNITÉ EN CAS D'ACCIDENTS.

Article premier. Les accidents survenus par le fait du travail, ou à l'occasion du travail, aux ouvriers et employés occupés dans l'industrie du bâtiment, les usines, manufactures, chantiers, les entreprises de transport par terre et par eau, de chargement et de déchargement, les magasins publics, mines, minières, carrières et, en outre, dans toute *exploitation* ou partie d'exploitation dans laquelle sont fabriquées ou mises en œuvre des matières explosives, ou dans laquelle il est fait usage d'une machine mue par une force autre que celle de l'homme ou des animaux, donnent droit, au profit de la victime ou de ses représentants, à une indemnité à la charge du chef d'entreprise, à la condition que l'interruption de travail ait duré plus de quatre jours.

Les ouvriers qui travaillent seuls d'ordinaire ne pourront être assujettis à la présente loi par le fait de la collaboration accidentelle d'un ou de plusieurs de leurs camarades.

Art. 2. Les ouvriers et employés désignés à l'article précédent ne peuvent se prévaloir, à raison des accidents dont ils sont victimes dans leur travail, d'aucunes dispositions autres que celles de la présente loi.

Ceux dont le salaire annuel dépasse deux mille quatre cents francs (2 400 fr.) ne bénéficient de ces dispositions que jusqu'à concurrence de cette somme. Pour le surplus, ils n'ont droit qu'au quart des rentes stipu-

---

(1) *LOI du 31 mars 1905 modifiant certains articles de la loi du 9 avril 1898 sur les accidents du travail.*

Le Sénat et la Chambre des députés ont adopté,
Le Président de la République promulgue la loi dont la teneur suit

Article premier. Les articles 3, 4, 10, 15, 16, 19, 21, 27 et 30 de la loi du 9 avril 1898 sont modifiés ainsi qu'il suit . . . .

(Ces modifications ont été insérées dans le texte.)

Art 2. Le tarif visé à l'article 4 de la loi du 9 avril 1898, ci-dessus modifié, devra être établi dans un délai de six mois à compter de la promulgation de la présente loi et publié au *Journal officiel* Il sera appliqué un mois après cette publication, et jusque-là les tarifs d'assistance médicale gratuite resteront transitoirement applicables.

Art. 3. La présente loi sera applicable aux accidents visés par la loi du 30 juin 1899 .

Art. 4. La présente loi — en ce qu'elle décide que l'indemnité journalière sera due à partir du premier jour après celui de l'accident, si l'incapacité de travail a duré plus de dix jours — et en ce qui concerne le maximum des frais d'hospitalisation — n'entrera en vigueur que trente jours après sa promulgation.

La présente loi, délibérée et adoptée par le Sénat et par la Chambre des députés, sera exécutée comme loi de l'État.

lées à l'article 3, à moins de conventions contraires élevant le chiffre de la quotité.

Art. 3. Dans les cas prévus à l'article 1er, l'ouvrier ou employé a droit :

Pour l'incapacité absolue et permanente, à une rente égale aux deux tiers de son salaire annuel ;

Pour l'incapacité partielle et permanente, à une rente égale à la moitié de la réduction que l'accident aura fait subir au salaire ;

Pour l'incapacité temporaire, si l'incapacité de travail a duré plus de quatre jours, à une indemnité journalière, sans distinction entre les jours ouvrables et les dimanches et jours fériés, égale à la moitié du salaire touché au moment de l'accident, à moins que le salaire ne soit variable ; dans ce dernier cas, l'indemnité journalière est égale à la moitié du salaire moyen des journées de travail pendant le mois qui a précédé l'accident. L'indemnité est due à partir du cinquième jour après celui de l'accident ; toutefois, elle est due à partir du premier jour si l'incapacité de travail a duré plus de dix jours. L'indemnité journalière est payable aux époques et lieu de paie usités dans l'entreprise, sans que l'intervalle puisse excéder seize jours.

Lorsque l'accident est suivi de mort, une pension est servie aux personnes ci-après désignées, à partir du décès, dans les conditions suivantes :

a) Une rente viagère égale à 20 p. 100 du salaire annuel de la victime pour le conjoint survivant non divorcé ou séparé de corps, à la condition que le mariage ait été contracté antérieurement à l'accident.

En cas de nouveau mariage, le conjoint cesse d'avoir droit à la rente mentionnée ci-dessus ; il lui sera alloué, dans ce cas, le triple de cette rente à titre d'indemnité totale.

b) Pour les enfants, légitimes ou naturels, reconnus avant l'accident, orphelins de père ou de mère, âgés de moins de seize ans, une rente calculée sur le salaire annuel de la victime à raison de 15 p. 100 de ce salaire s'il n'y a qu'un enfant, de 25 p. 100 s'il y en a deux, de 35 p. 100 s'il y en a trois et de 40 p. 100 s'il y en a quatre ou un plus grand nombre.

Pour les enfants, orphelins de père et de mère, la rente est portée pour chacun d'eux à 20 p. 100 du salaire.

L'ensemble de ces rentes ne peut, dans le premier cas, dépasser 40 p. 100 du salaire ni 60 p. 100 dans le second.

c) Si la victime n'a ni conjoint ni enfant dans les termes des paragraphes *a* et *b*, chacun des ascendants et descendants qui étaient à sa charge recevra une rente viagère pour les ascendants et payable jusqu'à seize ans pour les descendants. Cette rente sera égale à 10 p. 100 du salaire annuel de la victime, sans que le montant total des rentes ainsi allouées puisse dépasser 30 p. 100.

Chacune des rentes prévues par le paragraphe *c* est, le cas échéant, réduite proportionnellement.

Les rentes constituées en vertu de la présente loi sont payables à la résidence du titulaire, ou au chef-lieu de canton de cette résidence, et, si elles sont servies par la Caisse nationale des retraites, chez le préposé de cet établissement désigné par le titulaire.

Elles sont payables par trimestre et à terme échu ; toutefois, le tribunal peut ordonner le paiement d'avance de la moitié du premier arrérage.

Ces rentes sont incessibles et insaisissables.

Les ouvriers étrangers, victimes d'accidents, qui cesseraient de résider sur le territoire français, recevront, pour toute indemnité, un capital égal à trois fois la rente qui leur avait été allouée.

Il en sera de même pour leurs ayants droit étrangers cessant de résider sur le territoire français, sans que toutefois le capital puisse alors dépasser la valeur actuelle de la rente d'après le tarif visé à l'article 28.

Les représentants étrangers d'un ouvrier étranger ne recevront aucune indemnité si, au moment de l'accident, ils ne résidaient pas sur le territoire français.

Les dispositions des trois alinéas précédents pourront, toutefois, être modifiées par traités dans la limite des indemnités prévues au présent article, pour les étrangers dont les pays d'origine garantiraient à nos nationaux des avantages équivalents.

Art. 4. Le chef d'entreprise supporte, en outre, les frais médicaux et pharmaceutiques et les frais funéraires. Ces derniers sont évalués à la somme de 100 francs au maximum.

La victime peut toujours faire choix elle-même de son médecin et de son pharmacien. Dans ce cas, le chef d'entreprise ne peut être tenu des frais médicaux et pharmaceutiques que jusqu'à concurrence de la somme fixée par le juge de paix du canton où est survenu l'accident, conformément à un tarif qui sera établi par arrêté du Ministre du commerce[1], après avis d'une commission spéciale comprenant des représentants de syndicats de médecins et de pharmaciens, de syndicats professionnels ouvriers et patronaux, de sociétés d'assurances contre les accidents du travail et de syndicats de garantie, et qui ne pourra être modifié qu'à intervalles de deux ans.

Le chef d'entreprise est seul tenu dans tous les cas, en outre des obligations contenues en l'article 3, des frais d'hospitalisation qui, tout compris, ne pourront dépasser le tarif établi pour l'application de l'article 24 de la loi du 15 juillet 1893 majoré de 50 p. 100, ni excéder jamais 4 francs par jour pour Paris, ou 3 fr. 50 partout ailleurs.

Les médecins et pharmaciens ou les établissements hospitaliers peuvent actionner directement le chef d'entreprise.

Au cours du traitement, le chef d'entreprise pourra désigner au juge de paix un médecin chargé de le renseigner sur l'état de la victime. Cette désignation, dûment visée par le juge de paix, donnera audit médecin accès hebdomadaire auprès de la victime en présence du médecin traitant, prévenu deux jours à l'avance par lettre recommandée.

Faute par la victime de se prêter à cette visite, le paiement de l'indemnité journalière sera suspendu par décision du juge de paix, qui convoquera la victime par simple lettre recommandée.

Si le médecin certifie que la victime est en état de reprendre son travail et que celle-ci le conteste, le chef d'entreprise peut, lorsqu'il s'agit d'une incapacité temporaire, requérir du juge de paix une expertise médicale qui devra avoir lieu dans les cinq jours.

Art. 5. Les chefs d'entreprise peuvent se décharger pendant les trente, soixante ou quatre-vingt-dix premiers jours à partir de l'accident, de l'obligation de payer aux victimes les frais de maladie et l'indemnité tem-

(1) Actuellement : le Ministre du travail et de la prévoyance sociale. — Même observation pour tout ce qui concerne l'application de cette loi, des lois qui en ont étendu les dispositions et des règlements pris pour leur exécution.

poraire, ou une partie seulement de cette indemnité, comme il est spécifié ci-après, s'ils justifient :

1° Qu'ils ont affilié leurs ouvriers à des sociétés de secours mutuels et pris à leur charge une quote-part de la cotisation qui aura été déterminée d'un commun accord, et en se conformant aux statuts types approuvés par le Ministre compétent, mais qui ne devra pas être inférieure au tiers de cette cotisation ;

2° Que ces sociétés assurent à leurs membres, en cas de blessures, pendant trente, soixante ou quatre-vingt-dix jours, les soins médicaux et pharmaceutiques et une indemnité journalière.

Si l'indemnité journalière servie par la société est inférieure à la moitié du salaire quotidien de la victime, le chef d'entreprise est tenu de lui verser la différence.

Art. 6. Les exploitants de mines, minières et carrières peuvent se décharger des frais et indemnités mentionnés à l'article précédent moyennant une subvention annuelle versée aux caisses ou sociétés de secours constituées dans ces entreprises en vertu de la loi du 29 juin 1894.

Le montant et les conditions de cette subvention devront être acceptés par la société et approuvés par le Ministre des travaux publics.

Ces deux dispositions seront applicables à tous autres chefs d'industrie qui auront créé en faveur de leurs ouvriers des caisses particulières de secours en conformité du titre III de la loi du 29 juin 1894. L'approbation prévue ci-dessus sera, en ce qui les concerne, donnée par le Ministre du commerce et de l'industrie.

Art. 7. Indépendamment de l'action résultant de la présente loi, la victime ou ses représentants conservent contre les auteurs de l'accident, autres que le patron ou ses ouvriers et préposés, le droit de réclamer la réparation du préjudice causé, conformément aux règles du droit commun.

L'indemnité qui leur sera allouée exonérera à due concurrence le chef de l'entreprise des obligations mises à sa charge. Dans le cas où l'accident a entraîné une incapacité permanente ou la mort, cette indemnité devra être attribuée sous forme de rentes servies par la Caisse nationale des retraites

En outre de cette allocation sous forme de rente, le tiers reconnu responsable pourra être condamné soit envers la victime, soit envers le chef de l'entreprise, si celui-ci intervient dans l'instance, au paiement des autres indemnités et frais prévus aux articles 3 et 4 ci-dessus.

Cette action contre les tiers responsables pourra même être exercée par le chef d'entreprise, à ses risques et périls, au lieu et place de la victime ou de ses ayants droit si ceux-ci négligent d'en faire usage.

Art. 8. Le salaire qui servira de base à la fixation de l'indemnité allouée à l'ouvrier âgé de moins de seize ans ou à l'apprenti victime d'un accident ne sera pas inférieur au salaire le plus bas des ouvriers valides de la même catégorie occupés dans l'entreprise.

Toutefois, dans le cas d'incapacité temporaire, l'indemnité de l'ouvrier âgé de moins de seize ans ne pourra pas dépasser le montant de son salaire.

Art. 9. Lors du règlement définitif de la rente viagère, après le délai de revision prévu à l'article 19, la victime peut demander que le quart au plus du capital nécessaire à l'établissement de cette rente, calculé d'après les tarifs dressés pour les victimes d'accidents par la Caisse des retraites pour la vieillesse, lui soit attribué en espèces.

Elle peut aussi demander que ce capital, ou ce capital réduit du quart au plus comme il vient d'être dit, serve à constituer sur sa tête une rente viagère réversible, pour moitié au plus, sur la tête de son conjoint. Dans ce cas, la rente viagère sera diminuée de façon qu'il ne résulte de la réversibilité aucune augmentation de charges pour le chef de l'entreprise.

Le tribunal, en chambre du conseil, statuera sur ces demandes.

Art. 10. Le salaire servant de base à la fixation des rentes s'entend, pour l'ouvrier occupé dans l'entreprise pendant les douze mois avant l'accident, de la rémunération effective qui lui a été allouée pendant ce temps, soit en argent, soit en nature.

Pour les ouvriers occupés pendant moins de douze mois avant l'accident, il doit s'entendre de la rémunération effective qu'ils ont reçue depuis leur entrée dans l'entreprise, augmentée de la rémunération qu'ils auraient pu recevoir pendant la période de travail nécessaire pour compléter les douze mois, d'après la rémunération moyenne des ouvriers de la même catégorie pendant ladite période.

Si le travail n'est pas continu, le salaire annuel est calculé, tant d'après la rémunération reçue pendant la période d'activité que d'après le gain de l'ouvrier pendant le reste de l'année.

Si, pendant les périodes visées aux alinéas précédents, l'ouvrier a chômé exceptionnellement et pour des causes indépendantes de sa volonté, il est fait état du salaire moyen qui eût correspondu à ces chômages.

TITRE II.

DÉCLARATION DES ACCIDENTS ET ENQUÊTES.

Art. 11. Tout accident ayant occasionné une incapacité de travail doit être déclaré dans les quarante-huit heures, non compris les dimanches et jours fériés, par le chef d'entreprise ou ses préposés, au maire de la commune, qui en dresse procès-verbal et en délivre immédiatement récépissé.

La déclaration et le procès-verbal doivent indiquer, dans la forme réglée par décret, les nom, qualité et adresse du chef d'entreprise, le lieu précis, l'heure et la nature de l'accident, les circonstances dans lesquelles il s'est produit, la nature des blessures, les noms et adresses des témoins.

Dans les quatre jours qui suivent l'accident, si la victime n'a pas repris son travail, le chef d'entreprise doit déposer à la mairie, qui lui en délivre immédiatement récépissé, un certificat de médecin indiquant l'état de la victime, les suites probables de l'accident et l'époque à laquelle il sera possible d'en connaître le résultat définitif.

La déclaration d'accident pourra être faite dans les mêmes conditions par la victime ou ses représentants jusqu'à l'expiration de l'année qui suit l'accident.

Avis de l'accident, dans les formes réglées par décret, est donné immédiatement par le maire à l'inspecteur départemental du travail ou à l'ingénieur ordinaire des mines chargé de la surveillance de l'entreprise.

L'article 15 de la loi du 2 novembre 1892 et l'article 11 de la loi du 12 juin 1893 cessent d'être applicables dans les cas visés par la présente loi.

Art. 12. Dans les vingt-quatre heures qui suivent le dépôt du certificat, et au plus tard dans les cinq jours qui suivent la déclaration de l'accident, le maire transmet au juge de paix du canton où l'accident s'est produit, la déclaration et soit le certificat médical, soit l'attestation qu'il n'a pas été produit de certificat.

Lorsque, d'après le certificat médical, produit en exécution du paragraphe précédent ou transmis ultérieurement par la victime à la justice de paix, la blessure paraît devoir entraîner la mort ou une incapacité permanente, absolue ou partielle de travail, ou lorsque la victime est décédée, le juge de paix, dans les vingt-quatre heures, procède à une enquête à l'effet de rechercher:

1° La cause, la nature et les circonstances de l'accident ;

2° Les personnes victimes et le lieu où elles se trouvent, le lieu et la date de leur naissance ;

3° La nature des lésions ;

4° Les ayants droit pouvant, le cas échéant, prétendre à une indemnité, le lieu et la date de leur naissance ;

5° Le salaire quotidien et le salaire annuel des victimes ;

6° La société d'assurance à laquelle le chef d'entreprise était assuré ou le syndicat de garantie auquel il était affilié.

Les allocations tarifées pour le juge de paix et son greffier en exécution de l'article 29 de la présente loi et de l'article 31 de la loi de finances du 13 avril 1900 seront avancées par le Trésor.

Art. 13. L'enquête a lieu contradictoirement dans les formes prescrites par les articles 35, 36, 37, 38 et 39 du Code de procédure civile, en présence des parties intéressées ou celles-ci convoquées d'urgence par lettre recommandée.

Le juge de paix doit se transporter auprès de la victime de l'accident qui se trouve dans l'impossibilité d'assister à l'enquête.

Lorsque le certificat médical ne lui paraîtra pas suffisant, le juge de paix pourra désigner un médecin pour examiner le blessé.

Il peut aussi commettre un expert pour l'assister dans l'enquête.

Il n'y a pas lieu, toutefois, à nomination d'expert dans les entreprises administrativement surveillées, ni dans celles de l'État placées sous le contrôle d'un service distinct du service de gestion, ni dans les établissements nationaux où s'effectuent des travaux que la sécurité publique oblige à tenir secrets. Dans ces divers cas, les fonctionnaires chargés de la surveillance ou du contrôle de ces établissements ou entreprises et, en ce qui concerne les exploitations minières, les délégués à la sécurité des ouvriers mineurs, transmettent au juge de paix, pour être joint au procès-verbal d'enquête, un exemplaire de leur rapport.

Sauf les cas d'impossibilité matérielle dûment constatés dans le procès-verbal, l'enquête doit être close dans le plus bref délai et, au plus tard, dans les dix jours à partir de l'accident. Le juge de paix avertit, par lettre recommandée, les parties de la clôture de l'enquête et du dépôt de la minute au greffe, où elles pourront, pendant un délai de cinq jours, en prendre connaissance et s'en faire délivrer une expédition, affranchie du timbre et de l'enregistrement. A l'expiration de ce délai de cinq jours, le dossier de l'enquête est transmis au président du tribunal civil de l'arrondissement.

Art. 14. Sont punis d'une amende d'un à quinze francs (1 à 15 fr.) les chefs d'industrie ou leurs préposés qui ont contrevenu aux dispositions de l'article 11.

En cas de récidive dans l'année, l'amende peut être élevée de seize à trois cents francs (16 à 300 fr.).

L'article 463 du Code pénal est applicable aux contraventions prévues par le présent article.

TITRE III.

COMPÉTENCE. — JURIDICTIONS. — PROCÉDURE. — REVISION.

Art. 15. Sont jugées en dernier ressort par le juge de paix du canton où l'accident s'est produit, à quelque chiffre que la demande puisse s'élever et dans les quinze jours de la demande, les contestations relatives tant aux frais funéraires qu'aux indemnités temporaires.

Les indemnités temporaires sont dues jusqu'au jour du décès ou jusqu'à la consolidation de la blessure, c'est-à-dire jusqu'au jour où la victime se trouve, soit complètement guérie, soit définitivement atteinte d'une incapacité permanente; elles continuent, dans ce dernier cas, à être servies jusqu'à la décision définitive prévue à l'article suivant, sous réserve des dispositions du quatrième alinéa dudit article.

Si l'une des parties soutient, avec un certificat médical à l'appui, que l'incapacité est permanente, le juge de paix doit se déclarer incompétent par une décision dont il transmet, dans les trois jours, expédition au président du tribunal civil. Il fixe en même temps, s'il ne l'a fait antérieurement, l'indemnité journalière.

Le juge de paix connaît des demandes relatives au paiement des frais médicaux et pharmaceutiques jusqu'à 300 francs en dernier ressort et, à quelque chiffre que ces demandes s'élèvent, à charge d'appel dans la quinzaine de la décision.

Les décisions du juge de paix relatives à l'indemnité journalière sont exécutoires nonobstant opposition. Ces décisions sont susceptibles de recours en cassation pour violation de la loi.

Lorsque l'accident s'est produit en territoire étranger, le juge de paix compétent, dans les termes de l'article 12 et du présent article, est celui du canton où est situé l'établissement ou le dépôt auquel est attachée la victime.

Lorsque l'accident s'est produit en territoire français, hors du canton où est situé l'établissement ou le dépôt auquel est attachée la victime, le juge de paix de ce dernier canton devient exceptionnellement compétent, à la requête de la victime ou de ses ayants droit adressée, sous forme de lettre recommandée, au juge de paix du canton où l'accident s'est produit, avant qu'il n'ait été saisi dans les termes du présent article ou bien qu'il n'ait clos l'enquête prévue à l'article 13. Un récépissé est immédiatement envoyé au requérant par le greffe, qui avise, en même temps que le chef d'entreprise, le juge de paix devenu compétent et, s'il y a lieu, transmet à ce dernier le dossier de l'enquête, dès sa clôture, en avertissant les parties, conformément à l'article 13.

Si, après transmission du dossier de l'enquête au président du tribunal du lieu de l'accident et avant convocation des parties, la victime ou ses ayants droit justifient qu'ils n'ont pu, avant la clôture de l'enquête, user de la faculté prévue à l'alinéa précédent, le président peut, les parties entendues, se dessaisir du dossier et le transmettre au président du tribunal de l'arrondissement où est situé l'établissement ou le dépôt auquel est attachée la victime.

Art. 16. En ce qui touche les autres indemnités prévues par la présente loi, le président du tribunal de l'arrondissement, dans les cinq jours de la transmission du dossier, si la victime est décédée avant la clôture de l'enquête, ou, dans le cas contraire, dans les cinq jours de la production par la partie la plus diligente, soit de l'acte de décès, soit d'un accord écrit des parties reconnaissant le caractère permanent de l'incapacité, ou bien de la réception de la décision du juge de paix visée au troisième alinéa de l'article précédent, ou enfin, s'il n'a été saisi d'aucune de ces pièces, dans les cinq jours précédant l'expiration du délai de prescription prévu à l'article 18, lorsque la date de cette expiration lui est connue, convoque la victime ou ses ayants droit, le chef d'entreprise, qui peut se faire représenter et, s'il y a assurance, l'assureur. Il peut, du consentement des parties, commettre un expert dont le rapport doit être déposé dans le délai de huitaine.

En cas d'accord entre les parties, conforme aux prescriptions de la présente loi, l'indemnité est définitivement fixée par l'ordonnance du président qui en donne acte en indiquant, sous peine de nullité, le salaire de base et la réduction que l'accident aura fait subir au salaire.

En cas de désaccord, les parties sont renvoyées à se pourvoir devant le tribunal, qui est saisi par la partie la plus diligente et statue comme en matière sommaire, conformément au titre XXIV du livre II du Code de procédure civile. Son jugement est exécutoire par provision.

En ce cas, le président, par son ordonnance de renvoi et sans appel, peut substituer à l'indemnité journalière une provision inférieure au demi-salaire ou, dans la même limite, allouer une provision aux ayants droit. Ces provisions peuvent être allouées ou modifiées en cours d'instance par voie de référé sans appel. Elles sont incessibles et insaisissables et payables dans les mêmes conditions que l'indemnité journalière.

Les arrérages des rentes courent à partir du jour du décès ou de la consolidation de la blessure, sans se cumuler avec l'indemnité journalière ou la provision.

Dans les cas où le montant de l'indemnité ou de la provision excède les arrérages dus jusqu'à la date de la fixation de la rente, le tribunal peut ordonner que le surplus sera précompté sur les arrérages ultérieurs dans la proportion qu'il détermine.

S'il y a assurance, l'ordonnance du président ou le jugement fixant la rente allouée spécifie que l'assureur est substitué au chef d'entreprise dans les termes du titre IV de façon à supprimer tout recours de la victime contre ledit chef d'entreprise.

Art. 17. Les jugements rendus en vertu de la présente loi sont susceptibles d'appel selon les règles du droit commun. Toutefois l'appel, sous réserve des dispositions de l'article 449 du Code de procédure civile, devra être interjeté dans les trente jours de la date du jugement s'il est contradictoire, et, s'il est par défaut, dans la quinzaine à partir du jour où l'opposition ne sera plus recevable.

L'opposition ne sera plus recevable en cas de jugement par défaut contre partie, lorsque le jugement aura été signifié à personne, passé le délai de quinze jours à partir de cette signification.

La cour statuera d'urgence dans le mois de l'acte d'appel. Les parties pourront se pourvoir en cassation.

Toutes les fois qu'une expertise médicale sera ordonnée, soit par le juge de paix, soit par le tribunal ou par la cour d'appel, l'expert ne pourra être le médecin qui a soigné le blessé, ni un médecin attaché à l'entreprise ou à la société d'assurance à laquelle le chef d'entreprise est affilié.

ART. 18. L'action en indemnité prévue par la présente loi se prescrit par un an à dater du jour de l'accident, ou de la clôture de l'enquête du juge de paix, ou de la cessation du paiement de l'indemnité temporaire.

L'article 55 de la loi du 10 août 1871 et l'article 124 de la loi du 5 avril 1884 ne sont pas applicables aux instances suivies contre les départements ou les communes, en exécution de la présente loi.

ART. 19. La demande en revision de l'indemnité fondée sur une aggravation ou une atténuation de l'infirmité de la victime, ou son décès par suite des conséquences de l'accident, est ouverte pendant trois ans à compter soit de la date à laquelle cesse d'être due l'indemnité journalière, s'il n'y a point eu attribution de rente, soit de l'accord intervenu entre les parties ou de la décision judiciaire passée en force de chose jugée, même si la pension a été remplacée par un capital en conformité de l'article 21.

Dans tous les cas, sont applicables à la revision les conditions de compétence et de procédure fixées par les articles 16, 17 et 22. Le président du tribunal est saisi par voie de simple déclaration au greffe.

S'il y a accord entre les parties, conforme aux prescriptions de la présente loi, le chiffre de la rente revisée est fixé par ordonnance du président, qui donne acte de cet accord en spécifiant, sous peine de nullité, l'aggravation ou l'atténuation de l'infirmité.

En cas de désaccord, l'affaire est renvoyée devant le tribunal, qui est saisi par la partie la plus diligente et qui statue comme en matière sommaire et ainsi qu'il est dit à l'article 16.

Au cours des trois années pendant lesquelles peut s'exercer l'action en revision, le chef d'entreprise pourra désigner au président du tribunal un médecin chargé de le renseigner sur l'état de la victime.

Cette désignation, dûment visée par le président, donnera audit médecin accès trimestriel auprès de la victime. Faute par la victime de se prêter à cette visite, tout paiement d'arrérages sera suspendu par décision du président qui convoquera la victime par simple lettre recommandée.

Les demandes prévues à l'article 9 doivent être portées devant le tribunal au plus tard dans le mois qui suit l'expiration du délai imparti pour l'action en revision.

ART. 20. Aucune des indemnités déterminées par la présente loi ne peut être attribuée à la victime qui a intentionnellement provoqué l'accident.

Le tribunal a le droit, s'il est prouvé que l'accident est dû à une faute inexcusable de l'ouvrier, de diminuer la pension fixée au titre Ier.

Lorsqu'il est prouvé que l'accident est dû à la faute inexcusable du patron ou de ceux qu'il s'est substitués dans la direction, l'indemnité pourra être majorée, mais sans que la rente ou le total des rentes allouées puisse dépasser soit la réduction, soit le montant du salaire annuel.

En cas de poursuites criminelles, les pièces de procédure seront communiquées à la victime ou à ses ayants droit.

Le même droit appartiendra au patron ou à ses ayants droit.

ART. 21. Les parties peuvent toujours, après détermination du chiffre de l'indemnité due à la victime de l'accident, décider que le service de la pension sera suspendu et remplacé, tant que l'accord subsistera, par tout autre mode de réparation.

En dehors des cas prévus à l'article 3, la pension ne pourra être remplacée par le paiement d'un capital que si elle n'est pas supérieure à

100 francs et si le titulaire est majeur. Ce rachat ne pourra être effectué que d'après le tarif spécifié à l'article 28.

Art. 22. Le bénéfice de l'assistance judiciaire est accordé de plein droit, sur le visa du procureur de la République, à la victime de l'accident ou à ses ayants droit, devant le président du tribunal civil et devant le tribunal.

Le procureur de la République procède comme il est prescrit à l'article 13 (§§ 2 et suivants) de la loi du 22 janvier 1851, modifiée par la loi du 10 juillet 1901.

Le bénéfice de l'assistance judiciaire s'applique de plein droit à l'acte d'appel *et, le cas échéant, à l'acte par lequel est signifié le désistement de l'appel* (1). Le premier président de la cour, sur la demande qui lui sera adressée à cet effet, désignera l'avoué près la cour dont la constitution figurera dans l'acte d'appel, et commettra un huissier pour le signifier.

Si la victime de l'accident se pourvoit devant le bureau d'assistance judiciaire pour en obtenir le bénéfice en vue de toute la procédure d'appel, elle sera dispensée de fournir les pièces justificatives de son indigence.

Le bénéfice de l'assistance judiciaire s'étend de plein droit aux instances devant le juge de paix, à tous les actes d'exécution mobilière et immobilière et à toute contestation incidente à l'exécution des décisions judiciaires.

L'assisté devra faire déterminer par le bureau d'assistance judiciaire de son domicile la nature des actes et procédure d'exécution auxquels l'assistance s'appliquera.

TITRE IV.

GARANTIES.

Art. 23. La créance de la victime de l'accident ou de ses ayants droit relative aux frais médicaux, pharmaceutiques et funéraires ainsi qu'aux indemnités allouées à la suite de l'incapacité temporaire de travail, est garantie par le privilège de l'article 2101 du Code civil et y sera inscrite sous le n° 6.

Le paiement des indemnités pour incapacité permanente de travail ou accidents suivis de mort est garanti conformément aux dispositions des articles suivants.

Art. 24. A défaut, soit par les chefs d'entreprise débiteurs, soit par les sociétés d'assurances à primes fixes ou mutuelles, ou les syndicats de garantie liant solidairement tous leurs adhérents, de s'acquitter, au moment de leur exigibilité, des indemnités mises à leur charge à la suite d'accidents ayant entraîné la mort ou une incapacité permanente de travail, le paiement en sera assuré aux intéressés par les soins de la Caisse nationale des retraites pour la vieillesse, au moyen d'un fonds spécial de garantie constitué comme il va être dit et dont la gestion sera confiée à ladite caisse.

Art. 25. Pour la constitution du fonds spécial de garantie, il sera ajouté au principal de la contribution des patentes des industriels visés par l'article 1er, quatre centimes (0 fr. 04) additionnels. Il sera perçu sur les mines une taxe de cinq centimes (0 fr. 05) par hectare concédé.

Ces taxes pourront, suivant les besoins, être majorées ou réduites par la loi de finances.

---

(1) Les mots en italiques ont été ajoutés par la loi de finances du 17 avril 1906, article 59.

Art. 26. La Caisse nationale des retraites exercera un recours contre les chefs d'entreprise débiteurs, pour le compte desquels des sommes auront été payées par elle, conformément aux dispositions qui précèdent.

En cas d'assurance du chef d'entreprise, elle jouira, pour le remboursement de ses avances, du privilège de l'article 2102 du Code civil sur l'indemnité due par l'assureur et n'aura plus de recours contre le chef d'entreprise.

Un règlement d'administration publique déterminera les conditions d'organisation et de fonctionnement du service conféré par les dispositions précédentes à la Caisse nationale des retraites et, notamment, les formes du recours à exercer contre les chefs d'entreprise débiteurs ou les sociétés d'assurances et les syndicats de garantie, ainsi que les conditions dans lesquelles les victimes d'accidents ou leurs ayants droit seront admis à réclamer à la caisse le paiement de leurs indemnités.

Les décisions judiciaires n'emporteront hypothèque que si elles sont rendues au profit de la Caisse des retraites exerçant son recours contre les chefs d'entreprise ou les compagnies d'assurances.

Art. 27. Les compagnies d'assurances mutuelles ou à primes fixes contre les accidents, françaises ou étrangères, sont soumises à la surveillance et au contrôle de l'État et astreintes à constituer des réserves ou cautionnements dans les conditions déterminées par un règlement d'administration publique.

Le montant des réserves mathématiques et des cautionnements sera affecté par privilège au paiement des pensions et indemnités.

Les syndicats de garantie seront soumis à la même surveillance et un règlement d'administration publique déterminera les conditions de leur création et de leur fonctionnement.

A toute époque, un arrêté du Ministre du commerce peut mettre fin aux opérations de l'assureur qui ne remplit pas les conditions prévues par la présente loi ou dont la situation financière ne donne pas des garanties suffisantes pour lui permettre de remplir ses engagements. Cet arrêté est pris après avis conforme du Comité consultatif des assurances contre les accidents du travail, l'assureur ayant été mis en demeure de fournir ses observations par écrit dans un délai de quinzaine. Le comité doit émettre son avis dans la quinzaine suivante.

Le dixième jour, à midi, à compter de la publication de l'arrêté au *Journal officiel*, tous les contrats contre les risques régis par la présente loi cessent de plein droit d'avoir effet, les primes restant à payer ou les primes payées d'avance n'étant acquises à l'assureur qu'en proportion de la période d'assurance réalisée, sauf stipulation contraire dans les polices.

Le Comité consultatif des assurances contre les accidents du travail est composé de vingt-quatre membres, savoir : deux sénateurs et trois députés élus par leurs collègues ; le directeur de l'assurance et de la prévoyance sociales ; le directeur du travail ; le directeur général de la Caisse des dépôts et consignations ; trois membres agrégés de l'institut des actuaires français ; le président du tribunal de commerce de la Seine ou un président de section délégué par lui ; le président de la chambre de commerce de Paris ou un membre délégué par lui ; deux ouvriers membres du Conseil supérieur du travail ; un professeur de la Faculté de droit de Paris ; deux directeurs ou administrateurs de sociétés mutuelles d'assurances contre les accidents du travail ou syndicats de garantie ; deux directeurs ou administrateurs de sociétés anonymes ou en commandite d'assurances contre les accidents du travail; quatre personnes spécialement compétentes en matière d'assurances contre les accidents du travail. Un décret détermine le mode de nomination et de renouvellement des membres ainsi que la désignation du président, du vice-président et du secrétaire.

Les frais de toute nature résultant de la surveillance et du contrôle seront couverts au moyen de contributions proportionnelles au montant des réserves ou cautionnements et fixés annuellement pour chaque compagnie ou association par arrêté du ministre du commerce.

Art. 28. Le versement du capital représentatif des pensions allouées en vertu de la présente loi ne peut être exigé des débiteurs.

Toutefois, les débiteurs qui désireront se libérer en une fois pourront verser le capital représentatif de ces pensions à la Caisse nationale des retraites, qui établira à cet effet, dans les six mois de la promulgation de la présente loi, un tarif tenant compte de la mortalité des victimes d'accidents et de leurs ayants droit.

Lorsqu'un chef d'entreprise cesse son industrie, soit volontairement, soit par décès, liquidation judiciaire ou faillite, soit par cession d'établissement, le capital représentatif des pensions à sa charge devient exigible de plein droit et sera versé à la Caisse nationale des retraites. Ce capital sera déterminé au jour de son exigibilité, d'après le tarif visé au paragraphe précédent.

Toutefois, le chef d'entreprise ou ses ayants droit peuvent être exonérés du versement de ce capital, s'ils fournissent des garanties qui seront à déterminer par un règlement d'administration publique.

TITRE V.

DISPOSITIONS GÉNÉRALES.

Art. 29. Les procès-verbaux, certificats, actes de notoriété, significations, jugements et autres actes faits ou rendus en vertu et pour l'exécution de la présente loi, sont délivrés gratuitement, visés pour timbre et enregistrés gratis lorsqu'il y a lieu à la formalité de l'enregistrement.

Dans les six mois de la promulgation de la présente loi, un décret déterminera les émoluments des greffiers de justice de paix pour leur assistance et la rédaction des actes de notoriété, procès-verbaux, certificats, significations, jugements, envois de lettres recommandées, extraits, dépôts de la minute d'enquête au greffe, et pour tous les actes nécessités par l'application de la présente loi, ainsi que les frais de transport auprès des victimes et d'enquête sur place.

Art. 30. Toute convention contraire à la présente loi est nulle de plein droit. Cette nullité, comme la nullité prévue au deuxième alinéa de l'article 16 et au troisième alinéa de l'article 19, peut être poursuivie par tout intéressé devant le tribunal visé auxdits articles.

Toutefois, dans ce cas, l'assistance judiciaire n'est accordée que dans les conditions du droit commun.

La décision qui prononce la nullité fait courir à nouveau, du jour où elle devient définitive, les délais impartis soit pour la prescription, soit pour la revision.

Sont nulles de plein droit et de nul effet les obligations contractées, pour rémunération de leurs services, envers les intermédiaires qui se chargent, moyennant émoluments convenus à l'avance, d'assurer aux victimes d'accidents ou à leurs ayants droit le bénéfice des instances ou des accords prévus aux articles 15, 16, 17 et 19.

Est passible d'une amende de 16 francs à 300 francs et, en cas de récidive dans l'année de la condamnation, d'une amende de 500 francs à 2 000 francs, sous réserve de l'application de l'article 463 du Code pénal : 1° tout intermédiaire convaincu d'avoir offert les services spécifiés à l'alinéa précédent ; 2° tout chef d'entreprise ayant opéré, sur le salaire de ses ouvriers ou employés, des retenues pour l'assurance des risques mis à sa charge par la présente loi ; 3° toute personne qui, soit par menace de renvoi, soit par refus ou menace de refus des indemnités dues en vertu de la présente loi, aura porté atteinte ou tenté de porter atteinte au droit de la victime de choisir son médecin ; 4° tout médecin ayant, dans des certificats délivrés pour l'application de la présente loi, sciemment dénaturé les conséquences des accidents.

Art. 31. Les chefs d'entreprise sont tenus, sous peine d'une amende d'un à quinze francs (1 à 15 fr.), de faire afficher dans chaque atelier la présente loi et les règlements d'administration relatifs à son exécution.

En cas de récidive dans la même année, l'amende sera de seize à cent francs (16 à 100 fr.).

Les infractions aux dispositions des articles 11 et 31 pourront être constatées par les inspecteurs du travail.

Art. 32. Il n'est point dérogé aux lois, ordonnances et règlements concernant les pensions des ouvriers, apprentis et journaliers appartenant aux ateliers de la Marine et celles des ouvriers immatriculés des manufactures d'armes dépendant du Ministère de la guerre.

Art. 33. La présente loi ne sera applicable que trois mois après la publication officielle des décrets d'administration publique qui doivent en régler l'exécution.

Art. 34. Un règlement d'administration publique déterminera les conditions dans lesquelles la présente loi pourra être appliquée à l'Algérie et aux colonies.

La présente loi, délibérée et adoptée par le Sénat et par la Chambre des députés, sera exécutée comme loi de l'État.

LOI DU 30 JUIN 1899

concernant les accidents causés dans les exploitations agricoles par l'emploi de machines mues par des moteurs inanimés.

Article unique. Les accidents occasionnés par l'emploi de machines agricoles mues par des moteurs inanimés et dont sont victimes, par le fait ou à l'occasion du travail, les personnes, quelles qu'elles soient, occupées à la conduite ou au service de ces moteurs ou machines, sont à la charge de l'exploitant dudit moteur.

En dehors du cas ci-dessus déterminé, la loi du 9 avril 1898 n'est pas applicable à l'agriculture.

La présente loi, délibérée et adoptée par le Sénat et par la Chambre des députés, sera exécutée comme loi de l'État.

LOI DU 12 AVRIL 1906

étendant à toutes les exploitations commerciales les dispositions de la loi du 9 avril 1898 sur les accidents du travail.

(Modifiée par la loi du 26 mars 1908.)

Le Sénat et la Chambre des députés ont adopté,

Le Président de la République promulgue la loi dont la teneur suit :

Article premier. La législation sur les responsabilités des accidents du travail est étendue à toutes les entreprises commerciales.

Art. 2. A partir de la promulgation du décret prévu à l'article 4 et pendant les trois mois qui suivront, les contrats d'assurance contre les accidents, souscrits antérieurement à cette promulgation pour des entreprises visées à l'article 1er et ne garantissant pas le risque prévu par les lois des 9 avril 1898, 22 mars 1902 et 31 mars 1905, pourront être dénoncés par l'assureur ou par l'assuré.

La dénonciation s'effectuera soit au moyen d'une déclaration au siège social ou chez l'agent local, dont il sera donné récépissé, soit par acte extrajudiciaire, soit par lettre recommandée. Le contrat se trouvera ainsi intégralement résilié le dixième jour, à midi, à compter du jour de la déclaration, de la signification de l'acte extrajudiciaire ou du dépôt à la poste de la lettre recommandée.

Les primes restant à payer ne seront acquises à l'assureur qu'en proportion de la période d'assurance réalisée jusqu'au jour de la résiliation. Les primes payées d'avance pour assurances a forfait ne lui resteront acquises, et seulement jusqu'à concurrence de six mois de risque au maximum à compter du jour de la résiliation, que si le contrat n'a pas été dénoncé par lui ; le surplus sera restitué à l'assuré.

Art. 3. Les contrats mixtes, par lesquels l'assureur s'est engagé, d'une part, à garantir l'assuré contre le risque de la loi de 1898, si celle-ci était déclarée applicable, et, dans le cas contraire, à le couvrir du risque de la responsabilité civile, seront intégralement résiliés, s'ils ont été dénoncés dans les formes et délais prévus à l'article précédent. La dénonciation de l'assuré restera toutefois sans effet si, dans la huitaine de cette dénonciation, l'assureur lui remet un avenant garantissant expressément, sans aucune augmentation de prime, le risque défini par les lois des 9 avril 1898, 22 mars 1902 et 31 mars 1905.

A l'expiration du délai de trois mois visé à l'article précédent, le silence des deux parties aura pour effet, sans autres formalités, de rendre le contrat applicable au risque déterminé par les lois des 9 avril 1898, 22 mars 1902 et 31 mars 1905.

Art. 4. La taxe prévue par l'article 25 de la loi du 9 avril 1898 continuera à être perçue pour les exploitations assujetties par ladite loi, y compris tous les ateliers.

Elle sera réduite à 1 centime et demi pour les exploitations exclusivement commerciales, y compris les chantiers de manutention ou de dépôt. La liste desdites exploitations sera arrêtée dans les six mois de la promulgation de la présente loi, par décret rendu sur la proposition des Ministres du commerce et des finances, après avis du Comité consultatif des assurances contre les accidents du travail. Elle sera soumise tous les cinq ans à la sanction législative.

Des décrets rendus dans la même forme pourront modifier le taux de la taxe spécifiée à l'alinéa précédent, dans les limites du maximum prévu à l'article 25 de la loi du 9 avril 1898 ou fixé par la loi de finances ; ils devront être publiés au *Journal officiel* au moins trois mois avant l'ouverture de l'exercice à partir duquel la modification deviendrait applicable.

Art. 5. Les exploitations régies par les lois du 9 avril 1898 et du 30 juin 1899 qui ne sont pas soumises à l'impôt des patentes contribueront au fonds de garantie dans les conditions ci-après :

Il sera perçu annuellement sur chaque contrat d'assurance une contribution dont le montant sera fixé tous les cinq ans par la loi de finances, en proportion des primes, et sera recouvré, en même temps que les primes, par les sociétés d'assurances, les syndicats de garantie ou la caisse nationale d'assurances en cas d'accidents, qui en opéreront le versement au fonds de garantie.

En ce qui concerne les exploitants non assurés, il sera perçu une contribution dont le taux sera fixé dans les mêmes formes, en proportion du capital constitutif des rentes mises à leur charge. Cette contribution sera liquidée lors de l'enregistrement des ordonnances, jugements et arrêts allouant lesdites rentes et recouvrée comme en matière d'assistance judiciaire, pour le compte du fonds de garantie, par l'administration de l'enregistrement.

Le capital constitutif de la rente sera déterminé, pour la perception de la contribution, d'après un barème et dans les conditions qui seront fixées par un règlement d'administration publique.

Les ordonnances, jugements et arrêts allouant des rentes, en exécution de la loi du 9 avril 1898 devront indiquer si le chef d'entreprise est, ou non, assuré et patenté [1].

Un règlement d'administration publique déterminera les conditions dans lesquelles seront effectués les versements des sociétés d'assurances, des syndicats de garantie ou de la Caisse nationale d'assurance en cas d'accidents et les recouvrements de l'administration de l'enregistrement, ainsi que toutes les mesures nécessaires pour assurer l'exécution du présent article.

Toute contravention aux prescriptions de ce règlement sera punie d'une amende de cent francs à mille francs (100 fr. à 1 000 fr.).

Art. 6. Les syndicats de garantie prévus à l'article 24 de la loi du 9 avril 1898 doivent, qu'il s'agisse d'entreprises industrielles ou commerciales, comprendre au moins 5 000 ouvriers assurés et 10 chefs d'entreprise adhérents, dont 5 ayant au moins 300 ouvriers, ou bien 2 000 ouvriers assurés et 300 chefs d'entreprise adhérents, dont 30 ayant au moins chacun 3 ouvriers.

Ces syndicats sont autorisés par décrets rendus en Conseil d'État, après avis du Comité consultatif des assurances contre les accidents du travail. Ils peuvent être autorisés par arrêtés ministériels, lorsque leurs statuts sont conformes à des statuts-types approuvés par décret rendu en Conseil d'État, après avis du comité susvisé.

Art. 7. Un règlement d'administration publique déterminera les conditions dans lesquelles la présente loi pourra être appliquée à l'Algérie et aux colonies.

Art. 8. La présente loi entrera en vigueur trois mois après la promulgation du décret prévu au deuxième alinéa de l'article 4 [2].

---

(1) Loi du 26 mars 1908.
(2) Décret du 27 septembre 1906 (*Journal officiel* du 30 septembre 1906).

La présente loi, délibérée et adoptée par le Sénat et par la Chambre des députés, sera exécutée comme loi de l'Etat.

LOI DU 18 JUILLET 1907
ayant pour objet la faculté d'adhésion à la législation des accidents du travail.

Article premier. Tout employeur non assujetti à la législation concernant les responsabilités des accidents du travail peut se placer sous le régime de ladite législation pour tous les accidents qui surviendraient à ses ouvriers, employés ou domestiques, par le fait du travail ou à l'occasion du travail.

Il dépose à cet effet à la mairie du siège de son exploitation ou, s'il n'y a pas exploitation, à la mairie de sa résidence personnelle, une déclaration dont il lui est remis gratuitement récépissé et qui est immédiatement transcrite sur un registre spécial tenu à la disposition des intéressés. Il doit présenter en même temps un carnet destiné à recevoir l'adhésion de ses salariés, sur lequel le maire appose son visa en faisant mention de la déclaration et de sa date.

Les formes de la déclaration et du carnet sont déterminées par décret(1). Le carnet doit être conservé par l'employeur pour être, le cas échéant, représenté en justice.

Art. 2. La législation sur les accidents du travail devient alors de plein droit applicable à tous ceux de ses ouvriers, employés ou domestiques qui auront donné leur adhésion, signée et datée en toutes lettres par eux, au carnet prévu par l'article précédent.

Si l'ouvrier, employé ou domestique, ne sait ou ne peut signer, son adhésion est reçue par le maire qui la mentionne sur le carnet. Il en est de même pour l'adhésion des mineurs et des femmes mariées, sans qu'ils aient besoin, à cet effet, de l'autorisation du père, tuteur ou mari.

Art. 3. L'employeur peut, pour l'avenir, faire cesser son assujettissement à la législation sur les accidents du travail par une déclaration spéciale à la mairie. Cette déclaration, dont il lui est immédiatement donné récépissé, est transcrite sur le registre visé à l'article 1er, à la suite de la déclaration primitive, ainsi que sur le carnet.

La cessation d'assujettissement n'a point d'effet vis-à-vis des ouvriers, employés ou domestiques qui ont accepté, dans les formes prévues à l'article précédent, d'être soumis à la législation sur les accidents du travail.

Art. 4. Si l'employeur n'est point par ailleurs obligatoirement assujetti à la législation sur les accidents du travail, il contribue au fonds de garantie dans les conditions spécifiées par l'article 5 de la loi du 12 avril 1906.

DÉCRET DU 23 MARS 1902
relatif à l'exécution des articles 11 et 12 de la loi du 9 avril 1898 modifiée par la loi du 22 mars 1902.

Le Président de la République française,

Sur le rapport du Ministre du commerce, de l'industrie, des postes et des télégraphes,

(1) Décret du 30 juillet 1907 (*Journal officiel* du 31 juillet 1907).

Vu la loi du 9 avril 1898 concernant les responsabilités des accidents dont les ouvriers sont victimes dans leur travail, modifiée par la loi du 22 mars 1902;

Vu spécialement l'article 11 et le premier alinéa de l'article 12 ainsi conçus :

« Art. 11. Tout accident ayant occasionné une incapacité de travail doit être déclaré dans les quarante-huit heures, non compris les dimanches et jours fériés, par le chef d'entreprise ou ses préposés, au maire de la commune, qui en dresse procès-verbal et en délivre immédiatement récépissé.

« La déclaration et le procès-verbal doivent indiquer, dans la forme réglée par un décret, les noms, qualité et adresse du chef d'entreprise, le lieu précis, l'heure et la nature de l'accident, les circonstances dans lesquelles il s'est produit, la nature des blessures, les noms et adresses des témoins.

« Dans les quatre jours qui suivent l'accident, si la victime n'a pas repris son travail, le chef d'entreprise doit déposer à la mairie, qui lui en délivre immédiatement récépissé, un certificat du médecin indiquant l'état de la victime, les suites probables de l'accident et l'époque à laquelle il sera possible d'en connaître le résultat définitif.

« La déclaration d'accident pourra être faite dans les mêmes conditions par la victime ou ses représentants jusqu'à l'expiration de l'année qui suit l'accident.

« Avis de l'accident, dans les formes réglées par ce décret, est donné immédiatement par le maire à l'inspecteur départemental du travail ou à l'ingénieur ordinaire des mines chargé de la surveillance de l'entreprise

« L'article 15 de la loi du 2 novembre 1892 et l'article 11 de la loi du 12 juin 1893 cessent d'être applicables dans les cas visés par la présente loi.

« Art. 12. Dans les vingt-quatre heures qui suivent le dépôt du certificat et au plus tard dans les cinq jours qui suivent la déclaration de l'accident, le maire transmet au juge de paix du canton où l'accident s'est produit, la déclaration et soit le certificat médical, soit l'attestation qu'il n'a pas été produit de certificat » ;

Vu les décrets des 30 juin et 18 août 1899 relatifs à l'application des articles 11 et 12 de la loi du 9 avril 1898,

Décrète :

Article premier. Pour chaque victime d'un accident ayant occasionné une incapacité de travail, dans les cas prévus par la loi du 9 avril 1898, la déclaration de l'accident, le récépissé de cette déclaration, le procès-verbal du maire, le dépôt du certificat médical, le récépissé de ce dépôt, la transmission de pièces à la justice de paix, l'avis au service d'inspection, seront établis conformément aux sept modèles annexés au présent décret.

Art. 2. Le présent décret aura effet à dater du 1er mai 1902.

Sont rapportés, à la même date, les décrets des 30 juin et 18 août 1899.

Art. 3. Le Ministre du commerce, de l'industrie, des postes et des télégraphes est chargé de l'exécution du présent décret, qui sera publié au *Journal officiel* de la République française et inséré au *Bulletin des Lois*.

MODÈLE I.

DÉCLARATION D'ACCIDENT DU TRAVAIL (*a*)

(Art. 11 de la loi du 9 avril 1898, modifié par la loi du 22 mars 1902.)

Le soussigné (1),
déclare à M. le maire de la commune d
canton d
arrondissement d
département d
conformément à l'article 11 de la loi du 9 avril 1898, modifié par la loi du 22 mars 1902, qu'un accident ayant occasionné une incapacité de travail est survenu le
à heure
dans (2)
à (3)

L'accident a été occasionné par la cause matérielle (4) ci-après, dans les circonstances suivantes :

L'accident a produit les blessures suivantes : (5)

Les témoins de l'accident sont : (6)

Je déclare être assuré contre les accidents du travail par la société ci-après : (7)

Fait à , le 191 .

(*Signature du déclarant.*)

(1) Indiquer les nom, prénoms, profession et adresse soit du chef d'entreprise, s'il fait la déclaration lui-même, soit de son préposé, en mentionnant son emploi dans l'entreprise, soit des représentants de la victime, en mentionnant à quel titre ils la représentent (père, mère, conjoint, enfant, mandataire, etc.).
Si la déclaration est faite par la victime elle-même, indiquer ici les renseignements prévus ci-après sous le n° 3.

(2) Indiquer la nature de l'établissement et son adresse, ainsi que le lieu précis où l'accident s'est produit.

(3) Indiquer les nom, prénoms, âge, sexe, profession et adresse de la victime.

(4) Spécifier l'engin, le travail, le fait qui a occasionné l'accident.

(5) Préciser la nature des blessures : fracture de la jambe, contusions, lésions internes, asphyxie, etc. Spécifier s'il y a eu décès.

(6) Indiquer les noms, professions et adresses.

(7) Titre et siège du syndicat de garantie, de la société mutuelle ou de la compagnie à primes fixes qui assure le chef d'entreprise. S'il n'y a pas d'assureur, le déclarer expressément.

(*a*) Cette déclaration doit être remise à la mairie par le chef d'entreprise ou son préposé, dans les quarante-huit heures de l'accident, non compris les dimanches et jours fériés. Dans les quatre jours qui suivent l'accident, si la victime n'a pas repris son travail, le chef d'entreprise ou son préposé doit, en outre, déposer un certificat de médecin indiquant l'état de la victime, les suites probables de l'accident et l'époque à laquelle il sera possible d'en connaître le résultat définitif (mod. IV).
Si la déclaration est faite par la victime ou ses ayants droit, le certificat médical doit être joint à la déclaration.

MODÈLE II.

DÉPARTEMENT
d

ARRONDISSEMENT
d

CANTON
d

RÉPUBLIQUE FRANÇAISE

Mairie d

RÉCÉPISSÉ DE DÉCLARATION D'ACCIDENT DU TRAVAIL

(Art. 11 de la loi du 9 avril 1898, modifié par la loi du 22 mars 1902.)

Nous soussigné (1),
maire de la commune d
donnons récépissé à M. (2)

de la déclaration de l'accident survenu le
à (3)
qu'il a déposée ce jour à la mairie, à heure

Fait à , le 191 .

(*Signature.*)

(1) Nom et prénoms.

(2) Nom et prénoms du déclarant.

(3) Nom, prénoms et adresse de la victime.

MODÈLE III.

DÉPARTEMENT
d

ARRONDISSEMENT
d

CANTON
d

REPUBLIQUE FRANÇAISE

Mairie d

PROCÈS-VERBAL

DE DÉCLARATION D'ACCIDENT DU TRAVAIL

(Art. 11 de la loi du 9 avril 1898, modifié par la loi du 22 mars 1902.)

(1) Nom et prenoms.

(2) Indiquer les nom, prenoms, profession et adresse soit du chef d'entreprise, s'il fait la declaration lui-meme, soit de son prepose, en mentionnant son emploi dans l'entreprise, soit des representants de la victime, en mentionnant à quel titre ils la représentent (pere, mere, conjoint, enfant, mandataire, etc.).
Si la declaration est faite par la victime elle-même, indiquer ici les renseignements prévus ci-après sous le n° 4.

(3) Indiquer la nature de l'établissement et son adresse, ainsi que le lieu precis où l'accident s'est produit.

(4) Indiquer les nom, prenoms, âge, sexe, profession et adresse de la victime.

(5) Spécifier l'engin, le travail, le fait qui a occasionne l'accident.

(6) Preciser la nature des blessures : fracture de la jambe, contusions, lesions internes, asphyxie, etc. Specifier s'il y a eu déces.

(7) Indiquer les noms, professions et adresses.

Nous soussigné (1),
maire de la commune d
avons reçu le à heure
de M (2)

en exécution de l'article 11 de la loi du 9 avril 1898, modifié par la loi du 22 mars 1902, une déclaration relative à un accident survenu le a heure
dans (3)
à (4)

Cette declaration constate

1° Que l'accident a été occasionné par la cause matérielle (5) ci-apres, dans les circonstances suivantes :

2° Que l'accident a produit les blessures suivantes : (6)

3° Que les témoins de l'accident sont : (7)

La déclaration, dont récépissé a été délivré séance tenante au declarant, a été annexee au present proces-verbal pour être transmise à la justice de paix dans le delai prescrit par la loi (*a*).

Fait et arrêté le present procès-verbal les jour, mois et an que dessus.

(*Signature du maire.*)

(*a*) Si la déclaration est faite par la victime ou ses ayants droit, le proces-verbal fait en outre mention du dépôt du certificat medical, qui doit être joint a la déclaration.

MODÈLE IV.

DÉPOT DE CERTIFICAT MÉDICAL

(Art. 11 de la loi du 9 avril 1898, modifie par la loi du 22 mars 1902.)

(1) Indiquer les nom, prenoms, profession et adresse soit du chef d'entreprise, s'il fait la declaration lui-même, soit de son prépose, en mentionnant son emploi dans l'entreprise.

(2) Indiquer les nom, prenoms, âge, sexe, profession et adresse de la victime.

(3) Nom et adresse.

Le soussigné (1),
remet à M. le maire de la commune d
canton d
arrondissement d
département d
pour être joint à la déclaration faite le
de l'accident survenu le
à (2)

un certificat du docteur (3)

indiquant l'état de la victime, les suites probables de l'accident et l'époque à laquelle il sera possible d'en connaître le resultat définitif.

Fait à , le 191 .

(*Signature du deposant.*)

MODÈLE V.

DÉPARTEMENT
d

ARRONDISSEMENT

CANTON
d

RÉPUBLIQUE FRANÇAISE

Mairie d

RÉCÉPISSÉ DE CERTIFICAT MÉDICAL

(Art. 11 de la loi du 9 avril 1898, modifié par la loi du 22 mars 1902.)

(1) Nom et prénoms.
(2) Nom et prénoms du declarant.
(3) Nom, prenoms et adresse de la victime.

Nous soussigne (1),
maire de la commune d
donnons récépissé a M. (2)
du certificat médical relatif à l'accident survenu à (3)
qu'il a déposé ce jour à la mairie,
à heure , pour être joint à la déclaration reçue
le

Fait à , le 191 .

(*Signature.*)

MODÈLE VI.

DÉPARTEMENT
d

ARRONDISSEMENT
d

CANTON
d

RÉPUBLIQUE FRANÇAISE

Mairie d

TRANSMISSION DE PIÈCES A LA JUSTICE DE PAIX

POUR ENQUÊTE (*a*)

(Art. 12 de la loi du 9 avril 1898, modifié par la loi du 22 mars 1902.)

(1) Nom et prénoms
(2) Date de la déclaration.
(3) Nom, adresse et qualité du déclarant. (Si la déclaration est faite par la victime elle-même, indiquer ici les renseignements prévus sous le n° 5.)
(4) Date et heure de l'accident.
(5) Nom, prénoms et adresse de la victime.
(6) Désignation et adresse de l'établissement.
(7) Formule à rayer suivant le cas.

Nous soussigné (1),
maire de la commune d
transmettons avec la présente à M le juge de paix du canton
d la déclaration
faite à notre mairie le (2)
à heure , par (3)
au sujet d'un accident survenu le (4)
à (5)
occupé dans (6)

Ci-joint le certificat médical dépose le
pour être annexé à la déclaration susvisée (7).
(*ou*) Nous certifions qu'il n'a pas été deposé de certificat médica
dans le délai prévu par la loi (7).

Fait à , le 191 .

(*a*) Cette transmission doit être faite dans les vingt-quatre heures qui suivent le dépot du certificat et au plus tard dans les cinq jours qui suivent la déclaration.

MODÈLE VII.

DÉPARTEMENT
d

ARRONDISSEMENT
d

CANTON
d

REPUBLIQUE FRANÇAISE

Mairie d

AVIS DE DÉCLARATION D'ACCIDENT DU TRAVAIL

TRANSMIS AU SERVICE D'INSPECTION (*a*).

(Art. 11 de la loi du 9 avril 1898, modifie par la loi du 22 mars 1902)

Nous soussigne (1),
maire de la commune d
avisons M. (2)
que nous avons reçu le a heure
de (3)
une déclaration d'accident survenu le
à heure
dans (4)
à (5)

Cette declaration constate .

1° Que l'accident a été occasionne par la cause materielle (6) ci-après, dans les circonstances suivantes :

2° Que l'accident a produit les blessures suivantes : (7)

3° Que les témoins de l'accident sont : (8)

Le certificat médical indique comme suites probables de l'accident : (9)

Fait a , le 191

(1) Nom et prenoms.

(2) L'inspecteur departemental du travail en résidence a
ou l'ingénieur ordinaire des mines en residence a

(3) Indiquer le nom, la qualité et l'adresse du declarant.

(4) Indiquer la nature de l'établissement et son adresse, ainsi que le lieu précis où l'accident s'est produit.

(5) Indiquer les nom, prenoms, âge, sexe, profession et adresse de la victime.

(6) Spécifier l'engin, le travail, le fait qui a occasionne l'accident.

(7) Préciser la nature des blessures : fracture de la jambe, contusions, lésions internes, asphyxie, etc.

(8) Indiquer les noms, professions et adresses.

(9) Si la victime est decédee, le spécifier expressement, sinon indiquer autant que possible la durée probable d'incapacite de travail d'après le certificat médical.

(*a*) Cette transmission a l'inspecteur départemental du travail ou à l'ingénieur ordinaire des mines, suivant le cas, doit être faite dans le même délai que la transmission au juge de paix (Mod. VI). Elle n'est faite toutefois que pour les seuls accidents ayant été suivis de decés ou ayant donné lieu à la production d'un certificat médical.

IV — ORGANISATION DE L'INSPECTION DU TRAVAIL

DÉCRET DU 17 MAI 1905

relatif à l'organisation du corps des inspecteurs du travail.

(Modifié par les décrets des 11 juillet 1906, 19 mars 1908 et 3 avril 1909.)

Le Président de la République française,

Sur le rapport du Ministre du commerce, de l'industrie, des postes et des télégraphes;

Vu les paragraphes 1, 2, 3, 4, 5 et 6 de l'article 18 de la loi du 2 novembre 1892, ainsi conçus:

« Les inspecteurs du travail sont nommés par le Ministre du commerce et de l'industrie.

« Ce service comprendra:

« 1° Des inspecteurs divisionnaires;

« 2° Des inspecteurs ou inspectrices départementaux.

« Un décret rendu après avis du Comité des arts et manufactures et de la Commission supérieure du travail ci-dessous instituée déterminera les départements dans lesquels il y aura lieu de créer des inspecteurs départementaux. Il fixera le nombre, le traitement et les frais de tournée de ces inspecteurs.

« Les inspecteurs et les inspectrices départementaux sont placés sous l'autorité de l'inspecteur divisionnaire »;

Vu le paragraphe 2 de l'article 19 de ladite loi, ainsi conçu: « La nomination au poste d'inspecteur titulaire ne sera définitive qu'après un stage d'un an »;

Vu les décrets des 10 mai 1902 et 19 juin 1904;

Vu l'avis du Comité consultatif des arts et manufactures;

Vu l'avis de la Commission supérieure instituée par l'article 22 de la loi précitée,

Décrète:

Article premier. Le nombre des inspecteurs du travail est fixé comme suit:

11 inspecteurs divisionnaires;
110 inspecteurs départementaux;
18 inspectrices départementales.

Art. 2. La délimitation des circonscriptions attribuees aux inspecteurs divisionnaires, le lieu de leurs résidences, l'indication des départements inspectés par les inspecteurs ou inspectrices départementaux, les lieux de résidence de ces inspecteurs ou inspectrices sont inscrits au tableau suivant:

CIRCONSCRIPTIONS.	DEPARTEMENTS.	NOMBRE DES INSPECTEURS et inspectrices départementaux.	RÉSIDENCES DES INSPECTEURS départementaux	RESIDENCES des INSPECTEURS divisionnaires.
1re.	Seine, Seine-et-Oise et Seine-et-Marne	22 inspecteurs. 12 inspectrices.	Paris (21 inspecteurs, 12 inspectrices), Versailles	Paris.
2e.	Haute-Vienne, Loiret, Loir-et-Cher, Indre-et-Loire, Vienne, Indre, Creuse, Allier et Cher.	7 inspecteurs.	Limoges, Orléans, Tours, Poitiers, Montluçon, Bourges, Vierzon.	Limoges
3e.	Yonne, Nievre, Aube, Haute-Marne, Côte-d'Or, Haute-Saône, territoire de Belfort, Doubs, Jura et Saône-et-Loire.	8 inspecteurs.	Nevers, Troyes, Dijon, Chaumont, Belfort, Besançon, Lons-le-Saunier, Chalon-sur-Saône.	Dijon.
4e.	Meurthe-et-Moselle, Aisne, Ardennes, Marne, Meuse et Vosges.	10 inspecteurs.	Nancy (2 inspecteurs), Saint-Quentin, Laon, Reims (2 inspect.), Mezieres, Châlons-sur-Marne, Bar-le-Duc, Epinal.	Nancy.
5e.	Nord, Pas-de-Calais et Somme.	15 inspecteurs. 1 inspectrice.	Lille (3 inspecteurs, 1 inspectrice), Roubaix, Tourcoing, Valenciennes, Maubeuge, Cambrai, Armentieres, Douai, Dunkerque, Calais, Arras, Amiens (2 inspectrs).	Lille.
6e.	Oise, Seine-Inférieure, Eure, Eure-et-Loir, Orne, Calvados et Manche	7 inspecteurs. 1 inspectrice.	Creil, Beauvais, Rouen (1 inspecteur, 1 inspectrice), Le Havre, Elbeuf, Chartres, Caen.	Rouen.
7e.	Sarthe, Mayenne, Ille-et-Vilaine, Côtes-du-Nord, Finistere, Morbihan, Loire-Inférieure, Vendee, Deux-Sevres et Maine-et-Loire	8 inspecteurs. 1 inspectrice.	Le Mans, Nantes (1 inspecteur, 1 inspectrice), Rennes, Angers, Brest, Lorient, Niort, Laval.	Nantes
8e.	Charente-Inferieure, Gironde, Lot-et-Garonne, Landes, Gers, Basses-Pyrenées, Hautes-Pyrénées, Charente, Dordogne, Correze et Lot	7 inspecteurs. 1 inspectrice.	Bordeaux (2 inspecteurs, 1 inspectrice), Agen, Pau, Tarbes, Angoulême, Cahors.	Bordeaux
9e.	Aude, Pyrenées-Orientales, Herault, Aveyron, Cantal, Lozere, Tarn, Haute-Garonne, Tarn-et-Garonne et Ariège.	6 inspecteurs.	Carcassonne, Montpellier, Rodez, Castres, Toulouse (2 inspecteurs).	Toulouse.
10e.	Bouches-du-Rhône, Var, Alpes-Maritimes, Corse, Vaucluse, Basses-Alpes, Drôme, Hautes-Alpes, Gard et Ardeche	9 inspecteurs. 1 inspectrice.	Marseille (3 inspecteurs, 1 inspectrice), Nice, Avignon, Valence, Nîmes, Privas, Toulon.	Marseille.
11e.	Rhône, Isère, Ain, Haute-Savoie, Savoie, Puy-de-Dôme, Loire et Haute-Loire	11 inspecteurs. 1 inspectrice.	Lyon (4 inspecteurs, 1 inspectrice). Grenoble, Chambery, Saint-Etienne (2 inspectrs), Roanne, Thiers, Clermont-Ferrand.	Lyon.

Art. 3. Dans les groupes de départements prévus au tableau ci-dessus, un arrêté ministériel déterminera la limite des sections à attribuer à chacun des inspecteurs ou inspectrices départementaux.

Art. 4. Les inspecteurs et inspectrices stagiaires institués par l'article 19 de la loi reçoivent un traitement annuel de 2 400 francs.

Art. 5. Les inspecteurs et inspectrices départementaux sont répartis en cinq classes dont les traitements sont fixés ainsi qu'il suit :

5e classe	3 000 fr.
4e classe	3 500
3e classe	4 000
2e classe	4 500
1re classe	5 000

Le nombre des inspecteurs et inspectrices départementaux de chaque classe est fixé conformément aux indications ci-après :

INSPECTEURS DEPARTEMENTAUX.

1re classe	10	inspecteurs	au maximum.
2e classe	15	—	—
3e classe	25	—	—
4e, 5e classes et stagiaires	60	—	au minimum.

INSPECTRICES DEPARTEMENTALES.

1re classe	1	inspectrice	au maximum.
2e classe.	2	—	—
3e classe.	5	—	—
4e, 5e classes et stagiaires	10	—	au minimum.

Art. 6. Les inspecteurs divisionnaires sont répartis en trois classes dont les traitements sont fixés ainsi qu'il suit :

3e classe	6 000 fr.
2e classe	7 000
1re classe.	8 000

Le nombre des inspecteurs divisionnaires de chaque classe est fixé conformément aux indications ci-après :

1re classe.	3	inspecteurs divisionnaires	au maximum
2e classe.	4	—	—
3e classe.	4	—	au minimum.

Art. 7. Les inspecteurs ou inspectrices ne peuvent être élevés de classe qu'après trois ans de service dans la classe immédiatement inférieure.

Les inspecteurs divisionnaires sont nommés au choix parmi les inspecteurs départementaux appartenant au moins à la deuxième classe.

Art. 8. Les frais de tournée des inspecteurs et inspectrices seront réglés sur état, selon les formes prescrites par décision du Ministre du commerce, de l'industrie, des postes et des télégraphes, et suivant le tarif ci-après :

DÉSIGNATION des FONCTIONNAIRES.	FRAIS DE ROUTE.			
	TRANSPORT EN COMMUN.		TRANSPORT	INDEMNITÉ
	Chemins de fer.	Tramways, voitures publiques, bateaux, etc.	individuel.	de séjour.
Inspecteurs divisionnaires.	Remboursement en 1re classe.	Prix déboursé.	50 cent. par kilomètre.	15 fr. par jour
Inspecteurs et inspectrices départementaux.	Remboursement en 2e classe.	Prix déboursé.	50 cent. par kilomètre.	15 fr. par jour.

Les déplacements par transport individuel ne donneront droit à indemnité qu'autant qu'ils comporteront un parcours d'au moins 6 kilomètres, aller et retour.

Les déplacements effectués par transport individuel sur un parcours desservi par une entreprise de transport en commun ne donneront droit qu'à une indemnité correspondant au tarif de cette entreprise de transport, sauf les cas de nécessité certifiée par l'inspecteur divisionnaire.

L'indemnité de séjour de 15 francs n'est acquise que lorsque l'inspecteur aura pris ses deux repas et passé la nuit hors de sa résidence. Dans le cas contraire, cette indemnité sera fractionnée par tiers, savoir : 5 francs pour chacun des deux repas et 5 francs pour le coucher.

L'inspecteur divisionnaire résidant à Paris reçoit, pour frais de tournée, dans le département de la Seine, une indemnité fixe de 3 000 francs par an ; l'inspecteur départemental chargé du contrôle dans la première circonscription reçoit, pour frais de tournée dans le département de la Seine, une indemnité fixe de 1 500 francs par an. Leurs frais de tournée dans les départements de Seine-et-Marne et de Seine-et-Oise leur sont remboursés sur le même taux qu'aux autres inspecteurs divisionnaires ou départementaux.

Les inspecteurs et inspectrices départementaux du département de la Seine reçoivent une indemnité fixe de 600 francs pour frais de déplacement dans l'enceinte de Paris ; l'indemnité est de 900 francs pour les inspecteurs attachés au service de la banlieue.

Dans les départements autres que celui de la Seine où les conditions de service l'exigent, les frais de tournée alloués sur état aux inspecteurs et inspectrices peuvent être remplacés par des indemnités fixes réglées par arrêté ministériel.

Les déplacements des inspecteurs hors de leur circonscription ou section, nécessités par les besoins du service, sont comptés comme frais de tournée et réglés sur état aux mêmes tarifs.

Art. 9. Il sera alloué aux inspecteurs divisionnaires des frais de bureau fixés à 2 200 francs pour l'inspecteur divisionnaire de la première circonscription, à 1 800 francs pour l'inspecteur divisionnaire de la cinquième circonscription et à 1 500 francs pour les autres inspecteurs divisionnaires.

Art. 10. Les décrets des 10 mai 1902 et 19 juin 1904 sont abrogés.

Art. 11. Le Ministre du commerce, de l'industrie, des postes et des télégraphes (1) est chargé de l'exécution du présent décret, qui sera inséré au *Bulletin des Lois* et publié au *Journal officiel* de la République française

---

DECRET DU 3 MAI 1907

réglant l'avancement et la discipline du corps de l'inspection du travail.

(Modifié par les décrets des 11 mars 1909 et 6 février 1911.)

Le Président de la République française,

Sur le rapport du Ministre du travail et de la prévoyance sociale ;

Vu la loi du 2 novembre 1892 et le décret du 17 mai 1905, modifié par le décret du 11 juillet 1906 ;

Vu le décret du 13 juin 1895, modifié par les décrets des 13 novembre 1900 et 7 janvier 1903 ;

---

(1) Actuellement : le Ministre du travail et de la prévoyance sociale. — Même observation pour tout ce qui concerne l'inspection du travail.

Décrète :

Article premier. Les promotions de grade ou de classe dans le personnel de l'inspection du travail ont lieu d'après un tableau d'avancement arrêté à la fin de chaque année par le Ministre du travail et de la prévoyance sociale, sur la proposition d'une commission spéciale de classement instituée à cet effet.

Art. 2. Le tableau d'avancement est établi pour une année seulement ; il est annulé de plein droit au moment où le tableau suivant est arrêté.

Le nombre des candidats à porter chaque année sur ledit tableau est fixé par le Ministre avant la réunion de la Commission de classement.

Aucun inspecteur ne peut recevoir d'avancement de grade ou de classe s'il n'est porté sur ce tableau.

Le tableau d'avancement est publié au *Bulletin de l'inspection du travail.*

Art. 3. La Commission de classement est présidée par le Ministre du travail et de la prévoyance sociale, ou, à son défaut, par le Directeur du travail.

Elle comprend en outre :

Le directeur ou chef du cabinet du Ministre du travail ;

Un membre de la Commission supérieure du travail dans l'industrie, nommé par le Ministre ;

Trois membres ouvriers du Conseil supérieur du travail, nommés pour un an, au mois de janvier, par arrêté ministériel.

Le chef du bureau de l'inspection du travail ;

Les onze inspecteurs divisionnaires du travail ;

Un inspecteur départemental du travail choisi par ses collègues parmi ceux qui ne remplissent pas les conditions d'avancement prévues à l'article 4 ci-après.

Les inspecteurs divisionnaires d'une classe déterminée cessent de faire partie de la Commission pendant la discussion des titres des inspecteurs divisionnaires appartenant à une classe égale ou supérieure à la leur.

L'inspecteur départemental membre de la Commission cesse de faire partie de la Commission pendant la discussion des titres des inspecteurs divisionnaires et des inspecteurs à inscrire au tableau pour le grade de divisionnaire.

En cas de partage des voix, celle du président sera prépondérante.

Art. 4. Les inspecteurs et inspectrices ne peuvent être élevés de classe qu'après trois ans de service dans la classe immédiatement inférieure.

Néanmoins, peuvent être inscrits au tableau d'avancement les candidats qui atteindraient le temps de service réglementaire au cours de l'année pour laquelle le tableau a été dressé.

Les inspecteurs divisionnaires sont choisis parmi les inspecteurs départementaux appartenant au moins à la deuxième classe.

Art. 5. L'avancement a lieu à l'ancienneté et au choix dans les limites fixées par le décret du 15 mai 1905, suivant les distinctions suivantes :

Inspecteurs et inspectrices départementaux.	Nomination à la 4e classe.	A l'ancienneté.
	— à la 3e classe, à la 2e et à la 1re classe . . .	Moitié au choix, moitié à l'ancienneté.
Inspecteurs divisionnaires.	Nomination à la 3e classe.	Au choix.
	— à la 2e et 1re classe. .	Moitié au choix, moitié à l'ancienneté.

Art. 6. Lorsque le tableau d'avancement sera dressé au choix, il com-

prendra, uniquement classés par ordre de mérite, des noms de candidats réunissant les conditions d'ancienneté prévues aux paragraphes 1 et 2 de l'article 4.

Lorsque le tableau d'avancement sera dressé à l'ancienneté, les inspecteurs réunissant les conditions prévues à l'article 4 y seront inscrits à leur rang. Toutefois, pourraient être exclus du tableau d'ancienneté ceux qui auraient été l'objet, au cours de l'année, d'une des mesures disciplinaires énumérées à l'article 7 ci-après.

Le tableau d'avancement, pour les grades ou les classes dans lesquelles l'avancement participe du choix et de l'ancienneté, se composera de deux listes distinctes qui seront respectivement dressées conformément aux dispositions des deux paragraphes qui précèdent.

ART. 7(1). Les peines disciplinaires applicables aux fonctionnaires de l'inspection du travail sont les suivantes :

1° Le blâme avec inscription au dossier ;

2° Le déplacement d'office ;

3° La perte d'un certain nombre de mois d'ancienneté pour l'avancement ;

4° La rétrogradation de classe ou de grade ;

5° La mise en disponibilité d'office ;

6° La révocation.

Ces peines disciplinaires sont prononcées par le Ministre, sur le rapport du directeur du travail. Le Conseil de discipline, prévu à l'article 8 ci-après, est en outre obligatoirement appelé à donner son avis, sauf en ce qui concerne le blâme et le déplacement d'office.

Le fonctionnaire rétrogradé conserve, dans la classe du même grade ou du grade inférieur dans laquelle il est replacé, l'ancienneté acquise dans la classe à laquelle il appartenait au moment de sa rétrogradation.

Toute peine disciplinaire peut entraîner en outre, sur avis du Conseil de discipline, la radiation du tableau d'avancement du fonctionnaire qui y figurait.

ART. 8(1). Le Conseil de discipline est nommé dans le courant de décembre de chaque année pour l'année suivante.

Il comprend :

Le directeur du travail, président ;

Le directeur du cabinet ou, en cas d'empêchement de ce dernier, le chef du cabinet du Ministre du travail ;

Un membre de la Commission supérieure du travail dans l'industrie, désigné par le Ministre ;

Le chef du bureau de l'inspection du travail ou, en cas d'empêchement de ce dernier, un autre chef de bureau de la direction du travail désigné par le Ministre ;

Un inspecteur divisionnaire du travail désigné par le Ministre ;

Deux inspecteurs divisionnaires du travail élus par leurs collègues ;

Deux inspecteurs départementaux du travail élus par leurs collègues ;

Les deux inspecteurs divisionnaires du travail élus par leurs collègues ne siègent que si le fonctionnaire déféré au Conseil appartient à leur grade. Il en est de même des deux inspecteurs départementaux.

En même temps qu'ils élisent leurs délégués au Conseil de discipline,

---

(1) Ainsi modifié par le décret du 6 février 1911.

les inspecteurs divisionnaires et les inspecteurs départementaux du travail élisent, en nombre égal, des délégués suppléants.

Les arrêtés ministériels qui désignent le membre de la Commission supérieure du travail et l'inspecteur divisionnaire appelés par le Ministre à siéger au Conseil de discipline, désignent en même temps leur suppléant.

Lorsque des faits sont imputés à un inspecteur qui seraient de nature à entraîner sa comparution devant le Conseil de discipline, le fonctionnaire est invité à fournir par écrit ses explications. Si ces explications sont jugées insuffisantes, ou si le fonctionnaire, sans avoir pu justifier d'une excuse légitime, ne les a pas fournies dans le délai qui lui a été imparti, le Ministre, sur le rapport du directeur du travail, peut le déférer au Conseil de discipline.

La décision déférant un inspecteur au Conseil de discipline peut le suspendre de ses fonctions tout en lui maintenant son traitement jusqu'au moment où le Ministre aura statué sur les faits qui ont fait l'objet du renvoi devant le Conseil.

La même décision charge un fonctionnaire du service de l'inspection ou de l'administration centrale des fonctions de rapporteur près le Conseil de discipline et désigne le secrétaire de ce Conseil.

Le dossier complet de l'affaire est tenu sur place à la disposition de l'intéressé pendant les trois jours qui précèdent la séance du Conseil. Il pourra être également consulté pendant cette même période par les membres du Conseil.

Le Conseil ne se réunit valablement que s'il compte cinq membres au minimum.

L'intéressé est entendu par le Conseil dans ses moyens de défense. Il peut, s'il le préfère, adresser au Conseil sa défense écrite ou la faire présenter oralement par une personne de son choix.

Si l'intéressé ne se présente à aucune des convocations qui lui auront été adressées et sans justifier d'une excuse reconnue légitime, il sera passé outre.

Ni le rapporteur ni le secrétaire n'assistent à la délibération et au vote du Conseil.

Le Conseil vote au scrutin secret. En cas de partage, l'avis le plus favorable à l'intéressé est adopté.

A l'issue de la délibération du Conseil de discipline, le président transmet au Ministre, avec un rapport, le procès-verbal de la séance et l'avis du Conseil.

Art. 9. Est abrogé le décret du 13 juin 1895 modifié par les décrets des 13 novembre 1900 et 7 janvier 1903.

Art. 10. Le Ministre du travail et de la prévoyance sociale est chargé de l'exécution du présent décret qui sera inséré au *Bulletin des Lois* et publié au *Journal officiel* de la République française.

ARRÊTÉ DU 30 MARS 1908

répartissant les sections territoriales d'inspection attribuées aux inspecteurs et inspectrices départementaux.

(Modifié par les arrêtés des 4 avril et 8 novembre 1909.)

LE MINISTRE DU TRAVAIL ET DE LA PRÉVOYANCE SOCIALE,

Vu le décret du 19 mars 1908, modifiant les articles 1, 2 et 5 du décret du 17 mai 1905, modifié par le décret du 11 juillet 1906, relatif à l'organisation du corps de l'inspection du travail;

Sur la proposition du conseiller d'État, directeur du travail,

ARRÊTE :

Les sections territoriales d'inspection à attribuer aux inspecteurs et inspectrices départementaux, conformément aux dispositions de l'article 3 du décret du 17 mai 1905, sont fixées ainsi qu'il suit :

1re CIRCONSCRIPTION (Paris).

(*Seine, Seine-et-Oise, Seine-et-Marne.*)

I. — INSPECTEURS.

1re section. — Résidence à Paris.

PARIS : Quartiers de Saint-Germain-l'Auxerrois, Palais-Royal, Place-Vendôme, Champs-Élysées, Faubourg-du-Roule, Madeleine, Europe, Porte-Dauphine, Chaillot, Ternes, Plaine-Monceau, Batignolles, Épinettes.

2e section. — Résidence à Paris.

PARIS : Quartiers de Gaillon, Vivienne, Mail, Saint-Georges, Chaussée d'Antin, Faubourg-Montmartre, Rochechouart, Grandes-Carrières, Clignancourt.

3e section. — Résidence à Paris.

PARIS : Quartiers des Halles, Bonne-Nouvelle, Saint-Vincent-de-Paul, Porte-Saint-Denis, Goutte-d'Or, La Chapelle, Pont-de-Flandre.

4e section. — Résidence à Paris.

PARIS : Quartiers de l'Hôpital-Saint-Louis, La Villette, Amérique, Combat, Belleville.

5e section. — Résidence à Paris.

PARIS : Quartiers des Arts-et-Métiers, Saint-Avoye, Porte-Saint-Martin.

6e section. — Résidence à Paris.

PARIS : Quartiers des Enfants-Rouges, Archives, Saint-Merri, Saint-Gervais, Arsenal.

7e section. — Résidence à Paris.

Paris : Quartiers de La Folie-Méricourt, Saint-Ambroise.

8e section. — Résidence à Paris.

Paris : Quartiers de La Roquette, Saint-Fargeau, Père-Lachaise.

9e section. — Résidence à Paris.

Paris : Quartiers de Sainte-Marguerite, Bel-Air, Charonne.

10e section. — Résidence à Paris.

Paris : Quartiers des Quinze-Vingts, Salpêtrière, Gare, Maison-Blanche.

11e section. — Résidence à Paris.

Paris : Quartiers de Notre-Dame, Saint-Victor, Jardin-des-Plantes, Val-de-Grâce, Sorbonne, Monnaie, Odéon, Notre-Dame-des-Champs, Croulebarbe, Montparnasse, Santé, Petit-Montrouge.

12e section. — Résidence à Paris.

Paris : Quartiers de Saint-Germain-des-Prés, Saint-Thomas-d'Aquin, Invalides, École-Militaire, Gros-Caillou, Plaisance, Saint-Lambert, Necker, Grenelle, Javel.

13e section. — Résidence à Paris.

Paris : Quartiers d'Auteuil, La Muette.
Seine : Canton de Boulogne-sur-Seine.

14e section. — Résidence à Paris.

Seine : Cantons de Puteaux, Neuilly-sur-Seine, Courbevoie, Colombes, Levallois-Perret.

15e section. — Résidence à Paris.

Seine : Cantons d'Asnières, Clichy, Saint-Ouen, Saint-Denis.

16e section. — Résidence à Paris.

Seine : Cantons de Pantin, Noisy-le-Sec, Montreuil-sous-Bois, Vincennes.

17e section. — Résidence à Paris.

Seine : Cantons de Vanves, Sceaux, Villejuif, Ivry-sur-Seine.

18e section. — Résidence à Paris.

Seine : Canton d'Aubervilliers.
Seine-et-Marne : Arrondissements de Meaux, Coulommiers, Provins.

19e section. — Résidence à Paris.

PARIS : Quartiers de Picpus, Bercy.
SEINE : Cantons de Nogent-sur-Marne, Charenton, Saint-Maur.
SEINE-ET-MARNE : Arrondissements de Melun, Fontainebleau.

20e section. — Résidence à Paris.

PARIS : Chantiers du Métropolitain.
SEINE-ET-OISE : Arrondissements de Pontoise, Corbeil, Etampes.

21e section. — Résidence à Versailles.

SEINE-ET-OISE : Arrondissements de Versailles, Mantes, Rambouillet.

II. — INSPECTRICES.

1re section. — Résidence à Paris.

PARIS : Quartiers de Saint-Germain-l'Auxerrois, Palais-Royal, Place-Vendôme, Gaillon.

2e section. — Résidence à Paris.

PARIS : Quartiers du Faubourg-du-Roule, Madeleine, Europe, Ternes, Plaine-Monceau, Batignolles.

3e section. — Résidence à Paris.

PARIS : Quartiers Saint-Georges, Chaussée-d'Antin, Épinettes, Grandes-Carrières.

4e section. — Résidence à Paris.

PARIS : Quartiers de Vivienne, Faubourg-Montmartre, Rochechouart, Clignancourt, Goutte-d'Or, La Chapelle.

5e section. — Résidence à Paris.

PARIS : Quartiers de Bonne-Nouvelle, Saint-Vincent-de-Paul, Porte-Saint-Denis, La Villette, Pont-de-Flandre.

6e section. — Résidence à Paris.

PARIS : Quartiers des Arts-et-Métiers, Saint-Avoye, Porte-Saint-Martin, Hôpital-Saint-Louis, Amérique, Combat.

7e section. — Résidence à Paris.

PARIS : Quartiers des Enfants-Rouges, Archives, Folie-Méricourt, Saint-Ambroise, Belleville, Saint-Fargeau, Père-Lachaise.

8e section. — Résidence à Paris.

PARIS : Quartiers des Halles, Mail, Saint-Merri, Saint-Gervais, Arsenal, La Roquette.

9e section. — Résidence à Paris.

Paris : Quartiers de Notre-Dame, Saint-Victor, Jardin-des-Plantes, Sainte-Marguerite, Bel-Air, Picpus, Bercy, Quinze-Vingts, Salpêtrière, Gare, Maison-Blanche, Croulebarbe, Charonne.

10e section. — Résidence à Paris.

Paris : Quartiers du Val-de-Grâce, Sorbonne, Monnaie, Odéon, Notre-Dame-des-Champs, Montparnasse, Santé, Petit-Montrouge, Plaisance.

11e section. — Résidence à Paris.

Paris : Quartiers de Saint-Germain-des-Prés, Saint-Thomas-d'Aquin, Invalides, École-Militaire, Gros-Caillou, Champs-Élysées, Saint-Lambert, Necker, Grenelle, Javel, Auteuil, La Muette, Porte-Dauphine, Chaillot.

2e CIRCONSCRIPTION (Limoges).

(*Loiret, Cher, Loir-et-Cher, Indre-et-Loire, Indre, Vienne, Haute-Vienne, Allier, Creuse.*)

1re section. — Résidence à Orléans.

Loiret.
Loir-et-Cher : Arrondissement de Blois, moins les cantons de Montrichard et de Saint-Aignan.

2e section. — Résidence à Tours.

Indre-et-Loire.
Loir-et-Cher : Arrondissement de Vendôme.

3e section. — Résidence à Poitiers.

Vienne.
Indre : Arrondissement du Blanc.

4e section. — Résidence à Limoges.

Haute-Vienne.
Creuse : Canton de La Souterraine de l'arrondissement de Guéret.

5e section. — Résidence à Montluçon.

Creuse, moins le canton de La Souterraine de l'arrondissement de Guéret.
Allier : Arrondissement de Gannat; arrondissement de Montluçon, moins le canton de Cerilly; cantons de Vichy et de Cusset de l'arrondissement de La Palisse.

6e section. — Résidence à Bourges.

Cher : Arrondissements de Sancerre et de Saint-Amand; cantons des Aix-d'Angillon, de Baugy, de Bourges, de Levet, de Saint-Martin-d'Aubigny, de Charost; commune de Saint-Doulchard du canton de Mehun-sur-Yèvre de l'arrondissement de Bourges.

Allier : Arrondissement de Moulins; arrondissement de La Palisse, moins les cantons de Vichy et de Cusset; canton de Cerilly de l'arrondissement de Montluçon.

7e section. — Résidence à Vierzon.

Indre, moins l'arrondissement du Blanc.

Cher : Cantons de Vierzon, de Graçay, de Lury; canton de Mehun-sur-Yèvre, moins la commune de Saint-Doulchard de l'arrondissement de Bourges.

Loir-et-Cher : Arrondissement de Romorantin; cantons de Saint-Aignan et de Montrichard de l'arrondissement de Blois.

3e CIRCONSCRIPTION (Dijon).

(*Yonne, Nièvre, Aube, Haute-Marne, Côte-d'Or, Haute-Saône, Territoire de Belfort, Doubs, Jura, Saône-et-Loire.*)

1re section. — Résidence à Nevers.

Yonne : Arrondissements d'Auxerre et de Joigny.

Nièvre.

2e section. — Résidence à Troyes.

Aube, moins l'arrondissement de Bar-sur-Aube.

Haute-Marne : Arrondissement de Sens.

3e section. — Résidence à Dijon.

Côte-d'Or.

Yonne : Arrondissements de Tonnerre et d'Avallon.

4e section. — Résidence à Chaumont.

Haute-Marne.

Aube : Arrondissement de Bar-sur-Aube.

5e section. — Résidence à Belfort.

Haut-Rhin.

Haute-Saône : Arrondissement de Lure.

Doubs : Arrondissement de Montbéliard.

6e section. — Résidence à Besançon.

Doubs, moins l'arrondissement de Montbéliard.

Haute-Saône : Arrondissements de Vesoul et de Gray.

7e section. — Résidence à Lons-le-Saunier.

Jura.

Saône-et-Loire : Arrondissement de Louhans.

8e section. — Résidence à Chalon-sur-Saône.

Saône-et-Loire, moins l'arrondissement de Louhans.

4e CIRCONSCRIPTION (Nancy).

(*Aisne, Ardennes, Marne, Meuse, Meurthe-et-Moselle, Vosges.*)

1re section. — Résidence à Saint-Quentin.

AISNE : Arrondissement de Saint-Quentin ; cantons de Chauny, La Fère, Coucy-le-Château, de l'arrondissement de Laon.

2e section. — Résidence à Laon.

AISNE : Arrondissement de Laon, moins les cantons de Chauny, Coucy-le-Château, La Fère ; arrondissement de Soissons ; arrondissement de Vervins.

3e section. — Résidence à Reims.

AISNE : Arrondissement de Château-Thierry.
MARNE : Arrondissement d'Épernay ; arrondissement de Reims, moins les 2e, 3e et 4e cantons de la ville de Reims et moins les cantons de Beine, de Bourgogne et de Verzy.

4e section. — Résidence à Reims.

ARDENNES : Arrondissement de Rethel ; arrondissement de Vouziers, moins le canton de Grandpré ; cantons de Beine, de Bourgogne, de Verzy, 2e, 3e et 4e cantons de Reims, de l'arrondissement de Reims.

5e section. — Résidence à Mézières.

ARDENNES : Arrondissement de Mézières ; arrondissement de Sedan ; arrondissement de Rocroi.
MEUSE : Cantons de Montmédy et Stenay de l'arrondissement de Montmédy.

6e section. — Résidence à Châlons-sur-Marne.

MARNE : Arrondissement de Châlons-sur-Marne ; arrondissement de Sainte-Menehould.
MEUSE : Arrondissement de Verdun ; cantons de Damvillers, Dun, Montfaucon de l'arrondissement de Montmédy.
ARDENNES : Canton de Grandpré de l'arrondissement de Vouziers.

7e section. — Résidence à Bar-le-Duc.

MARNE : Arrondissement de Vitry-le-François.
MEUSE : Arrondissement de Bar-le-Duc ; arrondissement de Commercy.

8e section. — Résidence à Nancy.

MEURTHE-ET-MOSELLE : Arrondissement de Briey ; arrondissement de Lunéville ; cantons est et sud de Nancy, de Nomeny, de Pont-à-Mousson et de Saint-Nicolas de l'arrondissement de Nancy ; cantons de Thiaucourt et de Domèvre de l'arrondissement de Toul.
MEUSE : Canton de Spincourt de l'arrondissement de Montmédy.

9e section. — Résidence à Nancy.

VOSGES : Arrondissement de Neufchâteau; arrondissement de Mirecourt, moins les cantons de Darney, Dompaire et Monthureux-sur-Saône.

MEURTHE-ET-MOSELLE : Cantons de Toul-nord, de Toul-sud et de Colombey-les-Belles de l'arrondissement de Toul; cantons nord et ouest de Nancy, d'Haroué et de Vézelise de l'arrondissement de Nancy.

10e section. — Résidence à Épinal.

VOSGES : Arrondissement d'Épinal; arrondissement de Remiremont; arrondissement de Saint-Dié; cantons de Darney, de Dompaire et de Monthureux-sur-Saône de l'arrondissement de Mirecourt.

5e CIRCONSCRIPTION (Lille).

(Nord, Pas-de-Calais, Somme.)

I. — INSPECTEURS.

1re section. — Résidence à Lille.

NORD : Cantons ouest et sud-ouest de Lille, d'Haubourdin et de La Bassée de l'arrondissement de Lille.

2e section. — Résidence à Lille.

NORD : Cantons centre, nord, nord-est et est de Lille; canton de Lannoy, moins les communes de Lannoy, Lys-lès-Lannoy, Hem, Leers et Toufflers; commune de Wasquehal du canton de Roubaix; commune de Marcq-en-Barœul du canton de Tourcoing de l'arrondissement de Lille.

3e section. — Résidence à Lille.

NORD : Cantons sud-est et sud de Lille, de Séclin, de Pont-à-Marcq et de Cysoing de l'arrondissement de Lille.

4e section. — Résidence à Roubaix.

NORD : Cantons de Roubaix, moins la commune de Wasquehal; communes de Lannoy, Lys-lès-Lannoy, Hem, Leers et Toufflers du canton de Lannoy de l'arrondissement de Lille.

5e section. — Résidence à Tourcoing.

NORD : Canton de Tourcoing, moins les communes de Marcq-en-Barœul, d'Halluin et de Bousbecques de l'arrondissement de Lille

6e section. — Résidence à Douai.

NORD : Arrondissement de Douai; cantons de Denain et Bouchain de l'arrondissement de Valenciennes.

7e section. — Résidence à Valenciennes.

NORD : Arrondissement de Valenciennes, moins les cantons de Denain et Bouchain.

8e section. — Résidence à Maubeuge.

NORD : Arrondissement d'Avesnes, moins les cantons de Quesnoy et de Landrecies.

9e section. — Résidence à Cambrai.

NORD : Arrondissement de Cambrai, cantons de Quesnoy et de Landrecies de l'arrondissement d'Avesnes.

10e section. — Résidence à Armentières.

NORD : Arrondissement d'Hazebrouck; cantons d'Armentières et de Quesnoy-sur-Deulle, communes d'Halluin et de Bousbecques du canton de Tourcoing de l'arrondissement de Lille.

PAS-DE-CALAIS : Cantons de Laventie, de Lillers et de Norrent-Fontès de l'arrondissement de Béthune.

11e section. — Résidence à Dunkerque.

NORD : Arrondissement de Dunkerque.

PAS-DE-CALAIS : Arrondissement de Saint-Omer.

12e section. — Résidence à Calais.

PAS-DE-CALAIS : Arrondissement de Boulogne; arrondissement de Montreuil-sur-Mer.

13e section. — Résidence à Arras.

PAS-DE-CALAIS : Arrondissement d'Arras; arrondissement de Saint-Pol; arrondissement de Béthune, moins les cantons de Laventie, de Lillers et de Norrent-Fontès.

14e section. — Résidence à Amiens.

SOMME : Arrondissement d'Abbeville; arrondissement d'Amiens, moins les cantons nord-est et sud-est d'Amiens et les cantons de Boves, de Corbie et de Villers-Bocage.

15e section. — Résidence à Amiens.

SOMME : Arrondissement de Doullens; arrondissement de Montdidier; arrondissement de Péronne; cantons nord-est et sud-est d'Amiens, cantons de Boves, de Corbie et de Villers-Bocage de l'arrondissement d'Amiens.

II. — INSPECTRICE.

16e section. — Résidence à Lille.

NORD : Cantons de Lille, Roubaix et Tourcoing de l'arrondissement de Lille.

6e CIRCONSCRIPTION (Rouen).

(Oise, Seine-Inférieure, Eure, Eure-et-Loir, Orne, Calvados, Manche.)

I. — Inspecteurs.

1re section. — Résidence à Creil.

Oise, moins l'arrondissement de Beauvais.

2e section. — Résidence à Beauvais.

Oise : Arrondissement de Beauvais.
Eure : Arrondissement des Andelys.
Seine-Inférieure : Arrondissement de Neufchâtel; cantons d'Eu et d'Envermeu de l'arrondissement de Dieppe.

3e section. — Résidence à Rouen.

Seine-Inférieure : Arrondissement de Rouen, moins les cantons d'Elbeuf et de Grand-Couronne; arrondissement de Dieppe, moins les cantons d'Eu et d'Envermeu.

4e section. — Résidence au Havre.

Seine-Inférieure : Arrondissement du Havre; arrondissement d'Yvetot.

5e section. — Résidence à Elbeuf.

Eure, moins l'arrondissement des Andelys, et les cantons de Nonancourt et de Verneuil.
Calvados : Arrondissement de Lisieux; arrondissement de Pont-l'Évêque.
Seine-Inférieure : Cantons d'Elbeuf et de Grand-Couronne de l'arrondissement de Rouen.

6e section. — Résidence à Chartres.

Eure-et-Loir.
Orne, moins l'arrondissement de Domfront.
Eure : Cantons de Nonancourt et de Verneuil de l'arrondissement des Andelys.

7e section. — Résidence à Caen.

Manche.
Calvados, moins les arrondissements de Lisieux et de Pont-l'Évêque.
Orne : Arrondissement de Domfront.

II. — Inspectrice.

8e section. — Résidence à Rouen.

Seine-Inférieure : Villes de Rouen, du Havre, de Dieppe, et banlieues.

7e CIRCONSCRIPTION (Nantes).

(*Sarthe, Mayenne, Ille-et-Vilaine, Côtes-du-Nord, Finistère, Morbihan, Loire-Inférieure, Maine-et-Loire, Deux-Sèvres, Vendée.*)

I. — Inspecteurs.

1re section. — Résidence au Mans.

Sarthe.

2e section. — Résidence à Laval.

Mayenne.

Ille-et-Vilaine : Arrondissement de Vitré; cantons de Fougères et de Louvigné-du-Désert de l'arrondissement de Fougères.

3e section. — Résidence à Rennes.

Ille-et-Vilaine, moins l'arrondissement de Vitré et les cantons de Fougères et de Louvigné-du-Désert.

Côtes-du-Nord : Arrondissement de Dinan.

4e section. — Résidence à Brest.

Côtes-du-Nord, moins l'arrondissement de Dinan.

Finistère : Arrondissement de Brest; arrondissement de Morlaix; arrondissement de Châteaulin.

5e section. — Résidence à Lorient.

Morbihan.

Finistère : Arrondissement de Quimper; arrondissement de Quimperlé.

6e section. — Résidence à Nantes.

Loire-Inférieure.

7e section. — Résidence à Angers.

Maine-et-Loire.

8e section. — Résidence à Niort.

Deux-Sèvres.

Vendée.

II. — Inspectrice.

9e section. — Résidence à Nantes.

Loire-Inférieure : Ville de Nantes et communes suburbaines de Rezé et Saint-Sébastien de l'arrondissement de Nantes.

8e CIRCONSCRIPTION (Bordeaux).

(*Charente-Inférieure, Gironde, Lot-et-Garonne, Landes, Gers, Basses-Pyrénées, Hautes-Pyrénées, Charente, Dordogne, Corrèze, Lot.*)

1re section. — Résidence à Bordeaux.

CHARENTE-INFÉRIEURE.
GIRONDE : Arrondissement de Blaye; arrondissement de Libourne; 5e, 6e et 7e cantons de la ville de Bordeaux.

2e section. — Résidence à Bordeaux.

GIRONDE : Arrondissement de Bazas; arrondissement de La Réole; arrondissement de Lesparre; arrondissement de Bordeaux, moins les 5e, 6e et 7e cantons de la ville de Bordeaux.

3e section. — Résidence à Agen.

LOT-ET-GARONNE.
DORDOGNE : Arrondissement de Bergerac; arrondissement de Sarlat.

4e section. — Résidence à Pau.

LANDES.
BASSES-PYRÉNÉES.

5e section. — Résidence à Tarbes.

GERS.
HAUTES-PYRÉNÉES.

6e section. — Résidence à Cahors.

LOT.
CORRÈZE.

7e section. — Résidence à Angoulême.

CHARENTE.
DORDOGNE : Arrondissement de Périgueux; arrondissement de Nontron; arrondissement de Ribérac.

II. — INSPECTRICE.

8e section. — Résidence à Bordeaux.

Ville de Bordeaux et banlieue.

9e CIRCONSCRIPTION (Toulouse).

(*Aude, Pyrénées-Orientales, Hérault, Aveyron, Cantal, Lozère, Tarn, Haute-Garonne, Tarn-et-Garonne, Ariège.*)

1re section. — Résidence à Carcassonne.

AUDE.
PYRÉNÉES-ORIENTALES

2e section. — Résidence à Montpellier.

Hérault, moins la commune de Verreries-de-Moussans.
Lozère : Canton de Saint-Germain-de-Calberte de l'arrondissement de Florac.

3e section. — Résidence à Rodez.

Aveyron.
Cantal.
Lozère, moins le canton de Saint-Germain-de-Calberte de l'arrondissement de Florac.

4e section. — Résidence à Castres.

Tarn.
Hérault : Commune des Verreries-de-Moussans de l'arrondissement de Saint-Pons.

5e section. — Résidence à Toulouse.

Tarn-et-Garonne.
Haute-Garonne : Arrondissement de Villefranche: arrondissement de Toulouse, moins les cantons nord et ouest de Toulouse.

6e section. — Résidence à Toulouse.

Ariège.
Haute-Garonne : Arrondissement de Muret ; arrondissement de Saint-Gaudens ; cantons nord et ouest de Toulouse, de l'arrondissement de Toulouse.

10e CIRCONSCRIPTION (Marseille).

(*Bouches-du-Rhône, Var, Alpes-Maritimes, Corse, Vaucluse, Basses-Alpes, Drôme, Hautes-Alpes, Gard, Ardèche.*)

I. — Inspecteurs.

1re section. — Résidence à Marseille.

Bouches-du-Rhône : Arrondissement d'Aix, moins les cantons de Gardanne, de Trets, de Martigues, d'Istres et de Berre ; 1er, 3e, 4e et 5e cantons de Marseille, de l'arrondissement de Marseille.

2e section. — Résidence à Marseille.

Bouches-du-Rhône : Arrondissement d'Arles ; 2e, 10e, 11e et 12e cantons de Marseille, de l'arrondissement de Marseille.

3e section. — Résidence à Marseille.

Bouches-du-Rhône : Arrondissement de Marseille, moins le canton de La Ciotat et les 1er, 2e, 3e, 4e, 5e, 10e, 11e et 12e cantons de Marseille ; cantons de Gardanne, de Trets, de Martigues, d'Istres et de Berre de l'arrondissement d'Aix.

4e section. — Résidence à Toulon.

VAR

BOUCHES-DU-RHÔNE : Canton de La Ciotat de l'arrondissement de Marseille.

5e section. — Résidence à Nice.

ALPES-MARITIMES.
CORSE.

6e section. — Résidence à Avignon.

BASSES-ALPES.
VAUCLUSE.

7e section. — Résidence à Valence.

DRÔME.
HAUTES-ALPES.

8e section — Résidence à Nîmes.

GARD.

9e section. — Résidence à Privas.

ARDECHE.

II. — INSPECTRICE.

10e section. — Résidence à Marseille.

BOUCHES-DU-RHÔNE : Ville de Marseille.

11e CIRCONSCRIPTION (Lyon).

(*Rhône, Isère, Ain, Haute-Savoie, Savoie, Puy-de-Dôme, Loire, Haute-Loire.*)

I. — INSPECTEURS.

1re section. — Résidence à Lyon.

RHÔNE : 1er et 4e arrondissements de la ville de Lyon; canton de Neuville-sur-Saône de l'arrondissement de Lyon.

AIN : Arrondissement de Bourg ; arrondissement de Trévoux.

2e section. — Résidence à Lyon.

RHÔNE : 6e arrondissement de la ville de Lyon; canton de Villeurbanne de l'arrondissement de Lyon.

AIN : Arrondissement de Belley ; arrondissement de Nantua; arrondissement de Gex.

3e section. — Résidence à Lyon.

RHÔNE : 2e et 5e arrondissements de la ville de Lyon ; canton de Limonest de l'arrondissement de Lyon; arrondissement de Villefranche.

4ᵉ section. — Résidence à Lyon.

Rhône : Arrondissement de Lyon, moins les 1er, 2e, 4e, 5e et 6e arrondissements de la ville de Lyon et moins les cantons de Neuville-sur-Saône, de Villeurbanne et de Limonest.
Isère : Arrondissement de Vienne.

5e section. — Résidence à Grenoble.

Isère, moins l'arrondissement de Vienne.

6e section. — Résidence à Chambéry.

Savoie.
Haute-Savoie.

7e section. — Résidence à Saint-Étienne.

Loire : Cantons nord-est et nord-ouest de la ville de Saint-Étienne, de Saint-Chamond, de Rive-de-Gier, de Saint-Héand et de Pélussin de l'arrondissement de Saint-Étienne.

8e section. — Résidence à Saint-Étienne.

Loire : Cantons sud-est et sud-ouest de la ville de Saint-Étienne, de Bourg-Argental, de Chambon-Feugerolles et de Saint-Genest-Malifaux de l'arrondissement de Saint-Étienne.
Haute-Loire : Arrondissement d'Yssingeaux.

9e section. — Résidence à Roanne.

Loire : Arrondissement de Roanne; arrondissement de Montbrison.

10e section. — Résidence à Thiers.

Puy-de-Dôme : Arrondissement de Thiers; arrondissement d'Ambert.
Haute-Loire : Arrondissement du Puy.

11e section. — Résidence à Clermont-Ferrand.

Puy-de-Dôme : Arrondissement de Clermont-Ferrand; arrondissement de Riom; arrondissement d'Issoire.
Haute-Loire : Arrondissement de Brioude.

II. — Inspectrice.

12e section. — Résidence à Lyon.

Rhône : Ville de Lyon.

FRANCHISES POSTALES DU SERVICE DE L'INSPECTION DU TRAVAIL

DESIGNATION DES FONCTIONNAIRES ET DES PERSONNES		FORME de la CORRESPONDANCE.	CIRCONSCRIPTION dans laquelle la CORRESPONDANCE circule en franchise.	DÉCISION QUI A ACCORDE LA FRANCHISE.
autorisés à contresigner leur correspondance de service.	auxquels la correspondance de service doit être remise en franchise (1).			
Inspecteurs divisionnaires du travail	Inspecteurs departementaux du travail*.	Sous pli fermé .	Dans la circonscription d'inspection du travail.	Décret du 1er août 1907.
Inspecteurs divisionnaires et départementaux du travail . . .	Inspecteurs divisionnaires et départementaux du travail	Sous bande. . .	Dans toute la République . . .	Décret du 13 déc. 1906.
	Préfets*	Idem.	Dans la circonscription d'inspection du travail.	Idem.
	Procureurs généraux*	Idem.	Idem.	Idem.
	Procureurs de la République*	Idem.	Idem.	Idem.
	Sous-prefets*.	Idem.	Idem.	Idem.
	Juges de paix*.	Idem.	Idem.	Idem.
	Maires*	Idem.	Idem.	Idem.
	Contrôleurs des mines*.	Idem.	Idem.	Idem.
	Ingénieurs en chef des mines	Idem.	Idem.	Idem.
	Ingénieurs ordinaires des mines*	Idem.	Idem.	Idem.
	Présidents et secrétaires des Bourses du travail, Syndicats professionnels et Unions de syndicats professionnels*. .	Sous pli ferme .	Idem.	Idem.
	Ingénieurs en chef et ingénieurs ordinaires des ponts et chaussees attachés au service du contrôle des chemins de fer*	Sous bande. . .	Dans la circonscription de l'ingenieur de contrôle	Idem.
Ingénieurs en chef et ordinaires des mines.	Préfets*	Idem.	Dans la circonscription d'inspection	Décret du 21 sept. 1899.
	Sous-préfets*.	Idem.	Idem.	Idem.
	Juges de paix*.	Idem.	Idem.	Idem.
	Procureurs généraux*	Idem.	Idem.	Idem.
	Procureurs de la République*	Idem.	Idem.	Idem.
Contrôleurs des mines.	Juges de paix*.	Idem.	Idem.	Idem.
	Préfets*	Idem.	Idem.	Idem.
	Procureurs généraux*	Idem.	Idem.	Idem.
	Procureurs de la République*	Idem.	Idem.	Idem.
	Sous-préfets*.	Idem.	Idem.	Idem.

(1) Le signe * indique que le bénéfice de la franchise est reciproque.

DÉCRET DU 4 JUIN 1903

appliquant la simple taxe à la correspondance non affranchie adressée aux industriels par les inspecteurs du travail.

Le Président de la République française,

Vu la loi du 29 mars 1889 déterminant la taxe applicable aux correspondances officielles non affranchies émanant de fonctionnaires ne possédant pas la franchise postale avec les destinataires;

Vu le décret du 16 avril 1889;

Sur le rapport du Ministre du commerce, de l'industrie, des postes et des télégraphes,

Décrète :

Article premier. La taxe spéciale édictée par la loi du 29 mars 1889 s'appliquera à la correspondance de service, circulant dans les conditions déterminées par ladite loi et expédiée par les inspecteurs divisionnaires et les inspecteurs ou inspectrices départementaux du travail.

Art. 2. Le tableau annexé au décret du 16 avril 1889 est complété comme il suit :

DÉSIGNATION DES FONCTIONNAIRES.	RESSORT DANS L'ETENDUE duquel la correspondance bénéficiera du tarif fixé par la loi du 29 mars 1889.
Inspecteurs divisionnaires du travail. . . .	Ressort de la circonscription.
Inspecteurs départementaux du travail . .	Section d'inspection.
Inspectrices departementales du travail. .	

Art. 3. Les dispositions qui précèdent seront exécutoires à partir du 1er juillet 1903.

Art. 4. Le Ministre du commerce, de l'industrie, des postes et des télégraphes est chargé de l'exécution du présent décret, qui sera inséré au *Journal officiel* et au *Bulletin des Lois*.

ARRÊTÉ DU 31 MARS 1908

déterminant les indemnités fixes allouées pour frais de tournées aux inspecteurs départementaux, et fixant le maximum des frais de tournées payables sur état aux inspecteurs divisionnaires et départementaux.

(Modifié par les arrêtés des 4 avril, 21 juin, 4 novembre 1909, 9 février 1910 et 7 février 1911.)

Le Ministre du travail et de la prévoyance sociale,

Vu la loi du 2 novembre 1892,

Vu le décret du 17 mai 1905 modifié par les décrets des 11 juillet 1906 et 16 mars 1908 portant réorganisation du service de l'inspection du travail;

Sur la proposition du conseiller d'État, Directeur du travail,

ARRÊTE :

ARTICLE PREMIER. Les indemnités fixes pour frais de tournées prévues à l'avant-dernier paragraphe de l'article 8 du décret du 17 mai 1905, et le maximum des frais de tournées payables sur état conformément à l'article 8, § 1, du même décret sont respectivement fixés ainsi qu'il suit :

CIRCONSCRIPTIONS.	SECTIONS.	RESIDENCES.	FRAIS FIXES.	FRAIS SUR ÉTAT.
			francs.	francs.
1re	Inspecteur divisionnaire	Paris	»	500
	Inspecteur chargé du contrôle	Paris	»	1 000
	18e	Paris	200	1 500
	19e	Paris	600	1 100
	20e	Paris	200	1 500
	21e	Versailles	»	1 500
2e	Inspecteur divisionnaire	Limoges	»	3 000
	1re	Orléans	»	1 600
	2e	Tours	»	1 700
	3e	Poitiers	»	1 500
	4e	Limoges	»	1 500
	5e	Montluçon	»	1 600
	6e	Bourges	»	1 700
	7e	Vierzon	»	1 500
3e	Inspecteur divisionnaire	Dijon	»	3 000
	1re	Nevers	»	1 600
	2e	Troyes	»	1 500
	3e	Dijon	»	1 700
	4e	Chaumont	»	1 500
	5e	Belfort	»	1 500
	6e	Besançon	»	1 500
	7e	Lons-le-Saunier	»	1 600
	8e	Chalon-sur-Saône	»	1 600
4e	Inspecteur divisionnaire	Nancy	»	3 000
	1re	Saint-Quentin	»	1 500
	2e	Laon	»	1 700
	3e	Reims	200	1 500
	4e	Reims	200	1 500
	5e	Mezières	»	1 700
	6e	Châlons	»	1 500
	7e	Bar-le-Duc	»	1 700
	8e	Nancy	200	1 800
	9e	Nancy	200	1 600
	10e	Épinal	»	1 800
5e	Inspecteur divisionnaire	Lille	»	3 000
	1re	Lille	400	700
	2e	Lille	400	700
	3e	Lille	400	700
	4e	Roubaix	750	250
	5e	Tourcoing	750	150
	6e	Douai	»	1 500
	7e	Valenciennes	»	1 500
	8e	Maubeuge	»	1 500
	9e	Cambrai	»	1 500
	10e	Armentières	»	1 600
	11e	Dunkerque	»	1 500
	12e	Calais	»	1 500
	13e	Arras	»	1 600
	14e	Amiens	»	1 500
	15e	Amiens	»	1 500
	16e	Lille (inspectrice)	300	500

CIRCONSCRIPTIONS.	SECTIONS.	RÉSIDENCE.	FRAIS FIXES.	FRAIS SUR ÉTAT.
			francs.	francs.
6e	Inspecteur divisionnaire	Rouen	»	3 000
	1re	Creil	»	1 500
	2e	Beauvais	»	1 500
	3e	Rouen	400	1 000
	4e	Le Havre	400	1 100
	5e	Elbeuf	»	1 600
	6e	Chartres	»	1 600
	7e	Caen	»	1 700
	8e	Rouen (inspectrice)	400	800
7e	Inspecteur divisionnaire	Nantes	»	3 000
	1re	Le Mans	»	1 500
	2e	Laval	»	1 500
	3e	Rennes	»	1 500
	4e	Brest	»	1 800
	5e	Lorient	»	1 700
	6e	Nantes	400	1 400
	7e	Angers	»	1 600
	8e	Niort	»	1 800
	9e	Nantes (inspectrice)	400	»
8e	Inspecteur divisionnaire	Bordeaux	»	3 000
	1re	Bordeaux	350	1 400
	2e	Bordeaux	350	1 000
	3e	Agen	»	1 600
	4e	Pau	»	1 500
	5e	Tarbes	»	1 500
	6e	Cahors	»	1 500
	7e	Angoulême	»	1 600
	8e	Bordeaux (inspectrice)	500	»
9e	Inspecteur divisionnaire	Toulouse	»	3 000
	1re	Carcassonne	»	1 700
	2e	Montpellier	»	1 200
	3e	Rodez	»	1 900
	4e	Castres	»	1 700
	5e	Toulouse	200	1 600
	6e	Toulouse	200	1 600
10e	Inspecteur divisionnaire	Marseille	»	3 000
	1re	Marseille	400	800
	2e	Marseille	400	700
	3e	Marseille	400	700
	4e	Toulon	200	1 600
	5e	Nice	200	1 600
	6e	Avignon	»	1 600
	7e	Valence	»	1 850
	8e	Nîmes	»	1 600
	9e	Privas	»	1 750
	10e	Marseille (inspectrice)	600	»
11e	Inspecteur divisionnaire	Lyon	»	3 000
	1re	Lyon	400	1 200
	2e	Lyon	400	1 200
	3e	Lyon	400	1 200
	4e	Lyon	400	1 200
	5e	Grenoble	»	1 700
	6e	Chambery	»	1 700
	7e	Saint-Étienne	200	1 500
	8e	Saint-Etienne	200	1 600
	9e	Roanne	»	1 600
	10e	Thiers	»	1 600
	11e	Clermont-Ferrand	»	1 600
	12e	Lyon (inspectrice)	400	»

V — DÉLÉGUÉS MINEURS

LOI DU 8 JUILLET 1890

sur les délégués à la sécurité des ouvriers mineurs.

(Modifiée par les lois des 25 mars 1901, 9 mai 1905 et 23 juillet 1907.)

Article premier. § 1. Des délégués à la sécurité des ouvriers mineurs sont institués conformément aux dispositions de la présente loi, pour visiter les travaux souterrains des mines, minières ou carrières, dans le but exclusif d'en examiner les conditions de sécurité et d'hygiène (1) pour le personnel qui y est occupé et, d'autre part, en cas d'accident, les conditions dans lesquelles cet accident se serait produit.

§ 2. Un délégué et un délégué suppléant exercent leurs fonctions dans une circonscription souterraine dont les limites sont déterminées par un arrêté du préfet, rendu sous l'autorité du Ministre des travaux publics (2), après rapport des ingénieurs des mines, l'exploitant entendu.

§ 3. Tout ensemble de puits, galeries et chantiers dépendant d'un même exploitant et dont la visite détaillée n'exige pas plus de six jours, ne constitue qu'une seule circonscription. — Les autres exploitations sont subdivisées en deux, trois, etc., circonscriptions, selon que la visite n'exige pas plus de douze, dix-huit, etc., jours. — Un même arrêté statue sur la délimitation des diverses circonscriptions entre lesquelles est ainsi divisé, s'il y a lieu, l'ensemble des puits, galeries et chantiers voisins dépendant d'un même exploitant, sous le territoire d'une même commune ou de plusieurs communes contiguës.

§ 4. A toute époque, le préfet peut, par suite des changements survenus dans les travaux, modifier, sur le rapport des ingénieurs des mines, l'exploitant et le délégué entendus, le nombre et les limites des circonscriptions.

§ 5. A l'arrêté préfectoral est annexé un plan donnant la délimitation de chaque circonscription et portant les limites des communes sous le territoire desquelles elle s'étend. Ce plan est fourni par l'exploitant en triple expédition, sur la demande du préfet, et conformément à ses indications.

§ 6. L'arrêté préfectoral est notifié dans la huitaine à l'exploitant, auquel est remis en même temps un des plans annexés audit arrêté.

§ 7. Ampliation de l'arrêté préfectoral, avec un des plans annexés, reste déposée à la mairie de la commune qui est désignée dans l'arrêté parmi celles sous lesquelles s'étendent les circonscriptions qu'il délimite ; elle y est tenue, sans déplacement, à la disposition de tous les intéressés.

§ 8. Un arrêté du préfet, rendu sur le rapport des ingénieurs des mines, peut dispenser de délégués toute concession de mines, ou tout ensemble de concessions de mines contiguës, ou tout ensemble de travaux souterrains de minières ou carrières, qui, dépendant d'un même exploitant, emploierait moins de vingt-cinq ouvriers travaillant au fond.

---

(1) Loi du 23 juillet 1907.

(2) Actuellement : le Ministre du travail et de la prévoyance sociale. — Même observation pour tout ce qui concerne l'exécution de cette loi.

Art. 2. § 1. Le délégué doit visiter deux fois par mois tous les puits, galeries et chantiers de sa circonscription. Il visitera également les appareils servant à la circulation et au transport des ouvriers.

§ 2. Il doit, en outre, procéder sans délai à la visite des lieux où est survenu un accident ayant occasionné la mort ou des blessures graves à un ou plusieurs ouvriers, ou pouvant compromettre la sécurité des ouvriers. Avis de l'accident doit être donné sur-le-champ au délégué par l'exploitant.

§ 3. Le délégué, dans ses visites, est tenu de se conformer à toutes les mesures prescrites par les règlements en vue d'assurer l'ordre et la sécurité dans les travaux.

§ 4. Le délégué suppléant ne remplace le délégué qu'en cas d'empêchement motivé de celui-ci, sur l'avis que le délégué en a donné tant à l'exploitant qu'au délégué suppléant.

Art. 3. § 1. Les observations relevées par le délégué dans chacune de ses visites doivent être, le jour même ou au plus tard le lendemain, consignées par lui sur un registre spécial fourni par l'exploitant, et constamment tenu sur le carreau de l'exploitation à la disposition des ouvriers.

§ 2. Le délégué inscrit sur le registre les heures auxquelles il a commencé et terminé sa visite, ainsi que l'itinéraire suivi par lui.

§ 3. L'exploitant peut consigner ses observations et dires sur le même registre, en regard de ceux du délégué.

§ 4. Des copies des uns et des autres sont immédiatement et respectivement envoyées par les auteurs au préfet, qui les communique aux ingénieurs des mines.

§ 5. Lors de leurs tournées, les ingénieurs des mines et les contrôleurs des mines doivent viser le registre de chaque circonscription. Ils peuvent toujours se faire accompagner dans leurs visites par le délégué de la circonscription.

Art. 4. Le délégué et le délégué suppléant sont élus au scrutin de liste dans les formes prévues aux articles suivants.

Art. 5. Sont électeurs dans une circonscription les ouvriers qui y travaillent au fond, à la condition :

1° D'être Français et de jouir de leurs droits politiques ;

2° D'être inscrits sur la feuille de la dernière paie effectuée pour la circonscription avant l'arrêté de convocation des électeurs.

Art. 6. § 1. Sont éligibles dans une circonscription, à la condition de savoir lire et écrire, et, en outre, de n'avoir jamais encouru de condamnation pour infraction aux dispositions soit de la présente loi, soit de la loi du 21 avril 1810 et du décret du 3 janvier 1813, soit des articles 414 et 415 du Code pénal :

1° Les électeurs ci-dessus désignés, âgés de vingt-cinq ans accomplis, travaillant au fond depuis cinq ans au moins et depuis deux ans au moins dans la circonscription ou dans l'une des circonscriptions voisines dépendant du même exploitant ;

2° Les anciens ouvriers domiciliés dans les communes sous le territoire desquelles s'étend l'ensemble des circonscriptions comprises avec la circonscription en question dans le même arrêté de délimitation, conformément au paragraphe 3 de l'article 1er, à la condition qu'ils soient âgés de vingt-cinq ans accomplis, qu'ils soient Français, qu'ils jouissent de leurs droits politiques, qu'ils aient travaillé au fond pendant cinq ans au moins, dont deux années dans l'une des circonscriptions ci-dessus, et enfin qu'ils n'aient pas cessé d'y être employés depuis plus de dix ans, soit comme ouvriers du fond, soit comme délégués ou délégués suppléants. Les anciens ouvriers ne seront éligibles que s'ils ne sont pas déjà délégués pour une autre circonscription, quelle qu'elle soit.

§ 2. Pendant les deux premières années qui suivront l'ouverture d'une nouvelle exploitation, pourront être élus les électeurs justifiant de cinq ans de travail au fond dans une mine, minière ou carrière souterraine de même nature.

§ 3. Les délégués élus ne pourront être débitants lorsqu'ils toucheront un salaire correspondant à vingt journées de travail mensuel.

Art. 7. § 1. Dans les huit jours qui suivent la publication de l'arrêté préfectoral convoquant les électeurs, la liste électorale de la circonscription, dressée par l'exploitant, est remise par lui en trois exemplaires au maire de chacune des communes sous lesquelles s'étend la circonscription. Le maire fait immédiatement afficher cette liste à la porte de la mairie et dresse procès-verbal de cet affichage ; il envoie les deux autres exemplaires au préfet et au juge de paix avec copie du procès-verbal d'affichage. Dans le même délai de huit jours, l'exploitant fait afficher ladite liste aux lieux habituels pour les avis donnés aux ouvriers et remet les cartes électorales au maire de la commune désignée comme lieu de vote. Ces cartes, déposées à la mairie, seront retirées par les électeurs.

§ 2. Si l'exploitant ne fait pas afficher la liste électorale et ne la remet pas aux maires, ainsi que les cartes électorales, dans les délais et conditions ci-dessus prévus, le préfet fait dresser et afficher cette liste et assure la distribution des cartes électorales, le tout aux frais de l'exploitant, sans préjudice des peines qui pourront être prononcées contre ce dernier pour contravention à la présente loi.

§ 3. En cas de réclamation des intéressés, le recours doit être formé cinq jours au plus après celui où l'affichage a été effectué par le maire le moins diligent, devant le juge de paix, qui statue d'urgence et en dernier ressort.

§ 4. Si une circonscription s'étend sous deux ou plusieurs cantons, le juge de paix compétent est celui dont le canton comprend la mairie de la commune désignée comme lieu du vote par l'arrêté préfectoral de convocation des électeurs.

Art. 8. § 1. Les électeurs d'une circonscription sont convoqués par un arrêté du préfet.

§ 2. L'arrêté doit être publié et affiché dans les communes sous le territoire desquelles s'étend la circonscription, quinze jours au moins avant l'élection, qui doit toujours avoir lieu un dimanche.

§ 3. L'arrêté fixe la date de l'élection, ainsi que les heures auxquelles sera ouvert et fermé le scrutin.

§ 4. Le vote a lieu à la mairie de la commune désignée par l'arrêté de convocation parmi celles sous le territoire desquelles s'étend la circonscription.

Art. 9. § 1. Le bureau électoral est présidé par le maire, qui prend comme assesseurs le plus âgé et le plus jeune des électeurs présents au moment de l'ouverture du scrutin, et, à défaut d'électeurs présents ou consentant à siéger, deux membres du conseil municipal.

§ 2. Chaque bulletin porte deux noms, avec l'indication de la qualité de délégué ou de délégué suppléant à chaque candidat. Nul n'est élu au premier tour de scrutin s'il n'a obtenu la majorité absolue des suffrages exprimés et un nombre de voix au moins égal au quart du nombre des électeurs inscrits.

§ 3. Au deuxième tour de scrutin, la majorité relative suffit, quel que soit le nombre des votants.

§ 4. En cas d'égalité de suffrages, le plus âgé des candidats est élu.

§ 5. Si un second tour de scrutin est nécessaire, il y est procédé le dimanche suivant, dans les mêmes conditions de forme et de durée.

§ 6. Le vote a lieu, sous peine de nullité, sous enveloppe d'un type uniforme déposé à la préfecture.

§ 7. Avant de déposer son vote, l'électeur doit passer par un compartiment d'isolement où il puisse mettre son bulletin sous enveloppe.

§ 8. L'exploitant ne peut se faire représenter simultanément dans le local du vote, pendant les opérations électorales, par plus de deux personnes.

Art. 10. § 1. Ceux qui, soit par voie de fait, violences, menaces, dons ou promesses, soit en faisant craindre à un électeur de perdre son emploi, d'être privé de son travail, ou d'exposer à un dommage sa personne, sa famille ou sa fortune, auront influencé le vote, seront punis d'un emprisonnement d'un mois à un an et d'une amende de 100 fr. à 2 000 fr.

§ 2. L'article 463 du Code pénal pourra être appliqué.

Art. 11. Pourra être annulée toute élection dans laquelle les candidats élus auraient influencé le vote en promettant de s'immiscer dans des questions ou revendications étrangères à l'objet des fonctions de délégué, telles qu'elles sont définies au paragraphe 1er de l'article 1er.

Art. 12. § 1. Après le dépouillement du scrutin, le président proclame le résultat du vote; il dresse et transmet au préfet le procès-verbal des opérations.

§ 2. Les protestations doivent être consignées au procès-verbal ou être adressées, à peine de nullité, dans les trois jours qui suivent l'élection, au préfet, qui en accuse réception.

§ 3. Les exploitants peuvent, comme les électeurs, adresser dans le même délai leurs protestations au préfet.

§ 4. En cas de protestation, ou si le préfet estime que les conditions prescrites par la loi ne sont pas remplies, le dossier est transmis, au plus tard le cinquième jour après l'élection, au conseil de préfecture, qui doit statuer dans les huit jours suivants.

§ 5. En cas d'annulation, il est procédé à l'élection dans le délai d'un mois.

Art. 13. § 1. Les délégués et délégués suppléants sont élus pour trois ans; toutefois, ils doivent continuer leurs fonctions tant qu'ils n'ont pas été remplacés.

§ 2. A l'expiration des trois ans, il est procédé à de nouvelles élections dans le délai d'un mois.

§ 3. Il est pourvu dans le mois qui suit la vacance au remplacement du délégué ou du délégué suppléant décédé ou démissionnaire, ou révoqué, ou déchu des qualités requises pour l'éligibilité.

§ 4. Le nouvel élu est nommé pour le temps restant à courir jusqu'au terme qui était assigné aux fonctions de celui qu'il remplace.

§ 5. Il devra être procédé à de nouvelles élections pour les circonscriptions qui seront créées ou modifiées par application du paragraphe 4 de l'article 1er de la présente loi.

§ 6. Dans tous les cas où une élection devra avoir lieu pendant une suspension de l'exploitation résultant soit d'un accident, soit d'une coalition autorisée par la loi du 25 mai 1864, l'élection sera renvoyée à un mois après la reprise normale de l'exploitation.

Art. 14. L'article 7, § 3, du décret du 3 janvier 1813 est ainsi modifié :

« En cas de contestation, trois experts seront chargés de procéder aux vérifications nécessaires. Le premier sera nommé par le préfet, le deuxième par l'exploitant et le troisième sera de droit le délégué de la circonscription, ou sera désigné par le juge de paix, s'il n'existe pas de circonscription.

« Si la vérification intéresse plusieurs circonscriptions, les délégués de ces circonscriptions nommeront parmi eux le troisième expert. »

Art. 15. § 1. Tout délégué ou délégué suppléant peut, pour négligence grave ou abus dans l'exercice de ses fonctions, ou à la suite de condamnations prononcées en vertu des articles 414 et 415 du Code pénal, être suspendu pendant trois mois au plus, par arrêté du préfet, pris après enquête, sur avis motivé de l'ingénieur des mines, le délégué entendu.

§ 2. L'arrêté de suspension est, dans la quinzaine, soumis par le préfet au Ministre des travaux publics, lequel peut lever ou réduire la suspension et, s'il y a lieu, prononcer la révocation du délégué.

§ 3. Les délégués et délégués suppléants révoqués ne peuvent être réélus avant un délai de trois ans.

Art. 16. § 1. Les visites prescrites par la présente loi sont payées par le Trésor au délégué comme journées de travail.

§ 2. Au mois de décembre de chaque année, le préfet, sur l'avis des ingénieurs des mines et sous l'autorité du Ministre des travaux publics, fixe pour l'année suivante et pour chaque circonscription le nombre maximum des journées que le délégué doit employer à ses visites et le prix de la journée. Il fixe également le minimum de l'indemnité mensuelle pour les circonscriptions comprenant au plus 250 ouvriers.

§ 3. Dans les autres cas, l'indemnité à accorder aux délégués pour les visites réglementaires sera calculée sur un nombre de journées double de celui des journées effectivement employées aux visites, sans que ce nombre double puisse être inférieur à 20.

§ 4. Les visites supplémentaires faites par un délégué, soit pour accompagner les ingénieurs ou contrôleurs des mines, soit à la suite d'accidents, lui seront payées en outre et au même prix, sans que pourtant l'indemnité mensuelle puisse jamais être supérieure au prix de trente journées de travail.

§ 5. Le délégué dresse mensuellement un état des journées employées aux visites tant par lui-même que par son suppléant. Cet état est vérifié par les ingénieurs des mines et arrêté par le préfet.

§ 6. La somme due à chaque délégué lui est payée par le Trésor, sur mandat mensuel délivré par le préfet.

§ 7. Les frais avancés par le Trésor sont recouvrés sur les exploitants comme en matière de contributions directes.

Art. 17. Seront poursuivis et punis conformément à la loi du 21 avril 1810 :

Tous ceux qui apporteraient une entrave aux visites et constatations ou contreviendraient aux dispositions de la présente loi.

Art. 18. § 1. Les exploitations de mines, minières et carrières à ciel ouvert pourront, en raison des dangers qu'elles présenteront, être assimilées aux exploitations souterraines pour l'application de la présente loi, par arrêté du préfet, rendu sur le rapport des ingénieurs des mines.

§ 2. Dans ce cas, les ouvriers attachés à l'extraction devront être assimilés aux ouvriers du fond pour l'électorat et l'éligibilité.

LOI DU 12 MARS 1910

sur les délégués mineurs.

Le Sénat et la Chambre des députés ont adopté,

Le Président de la République promulgue la loi dont la teneur suit :

Article unique. Les délégués, institués par la loi du 8 juillet 1890, sont chargés de signaler, dans les formes prévues à l'article 3 de ladite loi, les infractions aux lois des 2 novembre 1892, 30 mars 1900 et 29 juin 1905, relevées par eux au cours de leurs visites.

La présente loi, délibérée et adoptée par le Sénat et par la Chambre des députés, sera exécutée comme loi de l'Etat.

ANNEXE

NOMENCLATURE DES ÉTABLISSEMENTS DANGEREUX INSALUBRES OU INCOMMODES

Cette nomenclature, quoique ne rentrant pas dans le cadre de la réglementation du travail, a été insérée ici comme complément aux dispositions de l'article 1er, § 4, de la loi du 2 novembre 1892 et de l article 1er, § 3, de la loi des 12 juin 1893-11 juillet 1903.

Nomenclature des établissements dangereux, insalubres ou incommodes *classés par les décrets des 3 mai 1886, 5 mai 1888, 15 mars 1890, 26 janvier 1892, 13 avril 1894, 6 juillet 1896, 24 juin 1897, 17 août 1897, 29 juillet 1898, 19 juillet 1899, 18 septembre 1899, 22 décembre 1900, 25 décembre 1901, 27 novembre 1903, 31 août 1905 et 19 juin 1909.*

DESIGNATION DES INDUSTRIES.	INCONVENIENTS.	CLASSES.	DATE de CLASSEMENT.
Abattoirs publics. (Voir aussi *Tueries particulières.*)	Odeur et altération des eaux.	1re.	3 mai 1886.
Absinthe. (Voir *Distilleries.*)			
Acétylène gazeux ou comprimé à une atmosphère et demie au plus (Fabrication de l') :			
Lorsque le volume du gaz approvisionné n'atteint pas 1 000 litres.	Odeur et danger d'explosion.	3e.	19 juill. 1899.
Lorsque ce volume atteint ou dépasse 1 000 litres.	*Idem.*	2e.	*Idem.*
Acétylene liquide ou comprimé à plus d'une atmosphère et demie (Dépôts d').	Danger d'explosion et d'incendie.	1re.	17 août 1897.
Acétylene liquide ou comprimé à plus d'une atmosphere et demie (Fabrication de l').	Odeur et danger d'explosion.	1re.	24 juin 1897.
Acide arsenique (Fabrication de l') au moyen de l'acide arsénieux et de l'acide azotique :			
1° Quand les produits nitreux ne sont pas absorbés.	Vapeurs nuisibles .	1re.	3 mai 1886.
2° Quand ils sont absorbés	*Idem.*	2e.	*Idem.*
Acide chlorhydrique (Production de l') par décomposition des chlorures de magnésium, d'aluminium et autres :			
1° Quand l'acide n'est pas condensé	Emanations nuisibles.	1re.	*Idem.*
2° Quand l'acide est condensé	Émanations accidentelles.	2e.	*Idem.*
Acide fluorhydrique (Fabrication de l')	Émanations nuisibles.	2e.	*Idem.*
Acide lactique (Fabrique d')	Odeur	2e.	*Idem.*
Acide muriatique. (Voir *Acide chlorhydrique.*)			
Acide nitrique (Fabrique de l')	Émanations nuisibles.	3e.	*Idem.*
Acide oxalique (Fabrique de l') :			
1° Par l'acide nitrique :			
a) Sans destruction des gaz nuisibles. . .	Fumée	1re.	*Idem.*
b) Avec destruction des gaz nuisibles . .	Fumée accidentelle.	3e.	*Idem.*
2° Par la sciure de bois et la potasse. . . .	Fumée	2e.	*Idem.*
Acide phénique (Dépôts d') contenant plus de 100 kilogr. en vases non hermétiquement clos.	Odeur	2e.	13 avril 1894.
Acide picrique (Fabrication de l') :			
1° Quand les gaz nuisibles ne sont pas brûlés.	Vapeurs nuisibles .	1re.	3 mai 1886.
2° Avec destruction des gaz nuisibles. . . .	*Idem.*	3e.	*Idem.*
Acide pyroligneux (Fabrication de l') :			
1° Quand les produits gazeux ne sont pas brûlés.	Fumée et odeur. .	2e.	*Idem.*
2° Quand les produits gazeux sont brûlés. .	*Idem.*	3e.	*Idem.*
Acide pyroligneux (Purification de l')	Odeur	2e.	*Idem.*
Acide salicylique (Fabrication de l') au moyen de l'acide phénique.	*Idem.*	2e.	*Idem.*

DÉSIGNATION DES INDUSTRIES.	INCONVÉNIENTS.	CLASSES.	DATE de CLASSEMENT.
Acide stéarique (Fabrication de l') :			
1° Par distillation	Odeur et danger d'incendie.	1re.	3 mai 1886
2° Par saponification	*Idem.*	2e.	*Idem.*
Acide sulfurique (Fabrication de l') :			
1° Par combustion du soufre et des pyrites .	Emanations nuisibles.	1re.	*Idem.*
2° De Nordhausen par décomposition du sulfate de fer.	*Idem.*	1re.	*Idem.*
Acide urique. (Voir *Murexide.*)			
Acier (Fabrication de l')	Fumée	3e.	*Idem.*
Affinage de l'or et de l'argent par les acides. . .	Émanations nuisibles.	1re.	*Idem.*
Affinage des métaux au fourneau. (Voir *Grillage des minerais.*)			
Agglomérés ou briquettes de houille (Fabricat. des) :			
1° Au brai gras	Odeur et danger d'incendie.	2e.	*Idem.*
2° Au brai sec.	Odeur	3e.	*Idem.*
Albumine (Fabrication de l') au moyen du sérum frais du sang.	*Idem.*	3e.	*Idem.*
Alcali volatil. (Voir *Ammoniaque.*)			
Alcool (Rectification de l')	Danger d'incendie .	2e.	*Idem.*
Alcools autres que de vin, sans travail de rectification.	Altération des eaux.	3e.	*Idem.*
Alcools (Distillerie agricole d').	*Idem.*	3e.	*Idem.*
Alcools (Dépôts d') d'un titre supérieur à 40° alcoométriques :			
En fûts de bois pour le tout ou partie :			
Approvisionnement correspondant à un stock supérieur à 150 hectolitres d'alcool absolu.	Danger d'incendie .	3e.	6 juill. 1896.
En réservoirs métalliques :			
Approvisionnement correspondant à un stock supérieur à 1 500 hectolitres d'alcool absolu.	*Idem.*	3e.	*Idem.*
Alcool méthylique ou méthylène du commerce (Dépôts d') :			
En bonbonnes ou en fûts de bois pour le tout ou partie :			
1° Approvisionnement correspondant à un stock de plus de 30 hectolitres et ne depassant pas 150 hectolitres d'alcool méthylique pur.	*Idem.*	3e.	*Idem.*
2° Approvisionnement correspondant à un stock de plus de 150 hectolitres.	*Idem.*	2e.	*Idem.*
En réservoirs métalliques :			
1° Approvisionnement correspondant à un stock de plus de 150 hectolitres et ne dépassant pas 750 hectolitres.	*Idem.*	3e.	*Idem.*
2° Approvisionnement correspondant à un stock de plus de 750 hectolitres.	*Idem.*	2e.	*Idem.*
Alcool (Usines de dénaturation de l') par mélange avec des hydrocarbures de la première catégorie (art. 1er du décret du 19 mai 1873), comportant :			
Un approvisionnement d'hydrocarbures de plus de 1 500 litres ;	Odeur et danger d'incendie.	1re.	27 nov. 1903.
Un approvisionnement d'hydrocarbures de 1 500 litres et au-dessous.	*Idem.*	3e.	*Idem.*

DÉSIGNATION DES INDUSTRIES.	INCONVÉNIENTS.	CLASSES.	DATE de CLASSEMENT.
Aldéhyde (Fabrication de l')	Odeur et danger d'incendie.	1re.	3 mai 1886.
Alizarine artificielle (Fabrication de l') au moyen de l'anthracène.	*Idem*.	2e.	*Idem*.
Allume-feux résinés (Fabrication des).	*Idem*.	2e.	6 juill. 1896.
Allumettes chimiques (Dépôts d') :			
1° En quantité au-dessus de 25 mètres cubes.	Danger d'incendie.	2e.	3 mai 1886.
2° De 5 à 25 mètres cubes	*Idem*.	3e.	*Idem*.
Allumettes chimiques (Fabrication des).	Danger d'explosion ou d'incendie.	1re.	3 mai 1886.
Aluminium et ses alliages (Fabrication de l') par procédés électro-métallurgiques en faisant usage de fluorures :			
1° Quand les vapeurs fluorhydriques ne sont pas condensées.	Vapeurs nuisibles.	1re.	6 juill. 1896.
2° Quand les vapeurs sont condensées . . .	*Idem*.	2e.	*Idem*.
Alun. (Voir *Sulfate de fer, d'alumine, etc.*)			
Amidon grillé (Fabrication de l').	Odeur	3e.	3 mai 1886.
Amidonneries :			
1° Par fermentation	Odeur, émanations nuisibles et altération des eaux.	1re.	*Idem*.
2° Par séparation du gluten et sans fermentation.	Altération des eaux.	2e.	*Idem*.
Ammoniaque (Fabrication en grand de l') par la décomposition des sels ammoniacaux.	Odeur	3e.	*Idem*.
Amorces fulminantes (Fabrication des).	Danger d'explosion.	1re.	*Idem*.
Amorces fulminantes pour pistolets d'enfants (Fabrication d').	*Idem*.	2e.	*Idem*.
Anhydride sulfurique (Fabrication de l') par la combinaison de l'acide sulfureux et de l'oxygène, au moyen des substances *dites* de contact.	Fumées, émanations dangereuses.	1re.	18 sept. 1899.
Aniline. (Voir *Nitrobenzine*.)			
Arcansons ou résines de pin. (Voir *Résines, etc.*)			
Argenture des glaces avec application de vernis aux hydrocarbures.	Odeur et danger d'explosion.	2e.	3 mai 1886.
Argenture sur métaux. (Voir *Dorure et Argenture*.)			
Arséniate de potasse (Fabrication de l') au moyen du salpêtre :			
1° Quand les vapeurs ne sont pas absorbées.	Émanat. nuisibles.	1re.	*Idem*.
2° Quand les vapeurs sont absorbées. . .	Émanations accidentelles.	2e.	*Idem*.
Artifices (Fabrication des pièces d')	Danger d'incendie et d'explosion.	1re.	*Idem*.
Artifices (Dépôts de pièces d') :			
De 2 000 kilogr. et au-dessus.	*Idem*.	1re.	17 août 1897.
De 300 kilogr. à 2 000 kilogr. exclusivement.	*Idem*.	2e.	*Idem*.
De 100 kilogr. à 300 kilogr. exclusivement .	*Idem*.	3e.	*Idem*.
Asphaltes, bitumes, brais et matières bitumineuses solides (Dépôts d').	Odeur et danger d'incendie.	3e.	3 mai 1886.
Asphaltes et bitumes (Travail des) à feu nu. . .	*Idem*.	2e.	*Idem*.
Ateliers de construction de machines et wagons. (Voir *Machines et wagons*.)			
Bâches imperméables (Fabrication des) :			
1° Avec cuisson des huiles	Danger d'incendie.	1re.	*Idem*.
2° Sans cuisson des huiles.	*Idem*.	2e.	*Idem*.

DÉSIGNATION DES INDUSTRIES.	INCONVENIENTS.	CLASSES.	DATE de CLASSEMENT.
Bains et boues provenant du dérochage des métaux (Traitement des):			
1° Si les vapeurs ne sont pas condensées . .	Vapeurs nuisibles .	1re.	3 mai 1886.
2° Si les vapeurs sont condensées	Vapeurs accidentelles.	2e.	*Idem.*
Baleine [Travail des fanons de]. (Voir *Fanons de baleine.*)			
Baryte caustique par décomposition du nitrate (Fabrication de la):			
1° Si les vapeurs ne sont ni condensées ni détruites.	Vapeurs nuisibles .	1re.	*Idem.*
2° Si les vapeurs sont condensées ou détruites.	Vapeurs accidentelles.	2e.	*Idem.*
Baryte (Décoloration du sulfate de) au moyen de l'acide chlorhydrique à vases ouverts.	Émanations nuisibles.	2e.	*Idem.*
Battage, cardage et épuration des laines, crins et plumes de literie.	Odeur et poussière.	3e.	*Idem.*
Battage des cuirs à l'aide des marteaux.	Bruit et ébranlement.	3e.	*Idem.*
Battage des tapis en grand	Bruit et poussière .	2e.	*Idem.*
Battage et lavage (Ateliers spéciaux pour le) des fils de laine, bourres et déchets de filatures de laine et de soie dans les villes.	*Idem.*	3e.	*Idem.*
Batteurs d'or et d'argent	Bruit.	3e.	*Idem.*
Battoir à écorces dans les villes	Bruit et poussière .	3e.	*Idem.*
Benzine [Fabrication et dépôts de]. (Voir *Huile de pétrole, de schiste, etc.*)			
Benzine [Dérivés de la]. (Voir *Nitrobenzine.*)			
Betteraves (Dépôts de pulpes de) humides destinées à la vente.	Odeur, emanations.	3e.	*Idem.*
Bitumes [Fabrication et dépôts de]. (Voir *Asphaltes.*)			
Blanc de plomb. (Voir *Céruse.*)			
Blanc de zinc (Fabrication de) par la combustion du métal.	Fumées métalliques	3e.	*Idem.*
Blanchiment :			
1° Des fils, des toiles et de la pâte à papier par le chlore.	Odeur, émanations nuisibles.	2e.	*Idem.*
2° Des fils et tissus de lin, de chanvre et de coton par les chlorures (hypochlorites) alcalins.	Odeur, altération des eaux.	3e.	*Idem.*
3° Des fils et tissus de laine et de soie par l'acide sulfureux.	Émanations nuisibles.	2e.	*Idem.*
Blanchiment des fils et tissus de laine et de soie par l'acide sulfureux en dissolution dans l'eau.	Émanations accidentelles.	3e.	*Idem.*
Bleu de Prusse [Fabrication du]. (Voir *Cyanure de potassium.*)			
Bleu d'outremer (Fabrication du):			
1° Lorsque les gaz ne sont pas condensés .	Émanations nuisibles.	1re.	*Idem*
2° Lorsque les gaz sont condensés	Émanations accidentelles.	2e.	*Idem.*
Bocards à minerais ou à crasses	Bruit.	3e.	*Idem.*
Boues et immondices (Dépôts de) et voiries. . .	Odeur	1re.	*Idem.*
Bougies de paraffine et autres d'origine minérale (Moulage des).	Odeur, danger d'incendie.	3e.	*Idem.*
Bougies et autres objets en cire et en acide stéarique.	Danger d'incendie .	3e.	*Idem.*

DESIGNATION DES INDUSTRIES.	INCONVÉNIENTS.	CLASSES.	DATE de CLASSEMENT.
Bouillon de bière [Distillation de]. (Voir *Distilleries.*)			
Boules au glucose caramélisé pour usage culinaire (Fabrication des).	Odeur	3e.	3 mai 1886.
Bourres. (Voir *Battage et lavage des fils de laine, bourres, etc.*)			
Boutonniers et autres emboutisseurs de métaux par moyens mécaniques.	Bruit.	3e.	*Idem.*
Boyauderies (Travail des boyaux frais pour tous usages).	Odeur, émanations nuisibles.	1re.	*Idem.*
Boyaux et pieds d'animaux abattus [Dépôts de]. (Voir *Chairs, débris, etc.*)			
Boyaux salés destinés au commerce de la charcuterie (Dépôts de).	Odeur	2e.	*Idem.*
Brasseries.	*Idem.*	3e.	*Idem.*
Briqueteries avec fours non fumivores	Fumée	3e.	*Idem.*
Briqueteries flamandes	*Idem.*	2e.	*Idem.*
Briquettes ou agglomérés de houille. (Voir *Agglomérés.*)			
Brûlage des vieilles boîtes et autres objets en fer-blanc.	Odeur	3e.	13 avril 1894.
Brûlerie des galons et tissus d'or ou d'argent. (Voir *Galons.*)			
Buanderies	Altération des eaux.	3e.	3 mai 1886.
Café (Torréfaction en grand du).	Odeur et fumée . .	3e.	*Idem.*
Caillettes et caillons pour la confection des fromages. (Voir *Chairs, Débris, etc.*)			
Cailloux (Fours pour la calcination des)	Fumée	3e.	*Idem.*
Calorigènes (Dépôts de) et mélanges de ce genre.	Danger d'incendie .	2e.	*Idem.*
Carbonisation des matières animales en général.	Odeur	1re.	*Idem.*
Carbonisation du bois :			
1° A l'air libre dans les établissements permanents et autre part qu'en forêt.	Odeur et fumée . .	2e.	*Idem.*
2° En vases clos :			
a) Avec dégagement dans l'air des produits gazeux de la distillation.	*Idem.*	2e.	*Idem.*
b) Avec combustion des produits gazeux de la distillation.	*Idem.*	3e.	*Idem.*
Caoutchouc (Application des enduits du). . . .	Danger d'incendie .	2e.	*Idem.*
Caoutchouc (Travail du) avec emploi d'huiles essentielles ou de sulfure de carbone.	Odeur et danger d'incendie.	2e.	*Idem.*
Caoutchoucs factices ou caoutchouc des huiles (Fabrication des) :			
1° A froid.	Odeur	2e.	15 mars 1890.
2° A chaud	Odeur et danger d'incendie.	1re.	*Idem.*
Caoutchouc (Régenération du)	Odeur, altération des eaux.	2e.	27 nov. 1903.
Carbure de calcium et carbures présentant des dangers analogues (Fabriques de).	Odeur et poussières nuisibles.	1re.	24 juin 1897.
Cardage des laines, etc. (Voir *Battage.*)			
Cartonniers	Odeur	3e.	3 mai 1886.
Celluloid brut ou façonné (Dépôt de) renfermant :			
1° Plus de 10 et moins de 200 kilogr. . . .	Danger d'incendie.	3e.	31 aout 1905.
2° De 200 à 800 kilogr.	*Idem.*	2e.	*Idem.*
3° 800 kilogr. et plus.	*Idem.*	1re.	*Idem.*
Celluloid en dissolution (Dépôt de) dans l'alcool et l'ether, l'acetone, l'éther acétique renfermant plus de 20 litres.	*Idem.*	2e.	13 avril 1894.

DÉSIGNATION DES INDUSTRIES.	INCONVÉNIENTS.	CLASSES.	DATE de CLASSEMENT.
Celluloïd et produits nitrés analogues (Ateliers de façonnage du) renfermant :			
1° Plus de 5 et moins de 200 kilogr. . . .	Danger d'incendie.	2e.	31 août 1905.
2° 200 kilogr. et plus	*Idem.*	1re.	*Idem.*
Celluloïd et produits nitrés analogues (Fabrication de).	Vapeurs nuisibles, danger d'incendie	1re.	3 mai 1886.
Cendres de varechs (Lessivage des) pour l'extraction des sels de potasse.	Émanations nuisibles.	3e.	6 juill. 1896.
Cendres d'orfèvre (Traitement des) par le plomb.	Fumées métalliques	3e.	8 mai 1886.
Cendres gravelées :			
1° Avec dégagement de la fumée au dehors.	Fumée et odeur . .	1re.	*Idem.*
2° Avec combustion ou condensation des fumées.	*Idem.*	2e.	*Idem.*
Céruse ou blanc de plomb (Fabrication de la) .	Émanations nuisibles.	3e.	*Idem.*
Chairs, débris et issues (Dépôts de) provenant de l'abatage des animaux.	Odeur	1re.	3 mai 1886.
Chamoiseries	*Idem.*	2e.	*Idem.*
Chandelles (Fabrication des)	Odeur, danger d'incendie.	3e.	*Idem.*
Chanvre (Teillage et rouissage du) en grand. (Voir *Teillage* ou *Rouissage.*)			
Chanvre imperméable. (Voir *Feutre goudronné.*)			
Chapeaux de feutre (Fabrication de).	Odeur et poussière.	3e.	*Idem.*
Chapeaux de soie ou autres préparés au moyen d'un vernis (Fabrication de).	Danger d'incendie.	2e.	*Idem.*
Charbon animal [Fabrication ou revivification du]. (Voir *Carbonisation des matières animales.*)			
Charbon de bois dans les villes (Dépôts ou magasins de).	*Idem.*	3e.	*Idem.*
Charbons agglomérés. (Voir *Agglomérés.*)			
Charbons de terre. (Voir *Houille et coke.*)			
Chaudronnerie et serrurerie (Ateliers de) employant des marteaux à la main, dans les villes et centres de population de 2 000 âmes et au-dessus :			
1° Ayant de 4 à 10 étaux ou enclumes ou de 8 à 20 ouvriers;	Bruit.	3e.	*Idem.*
2° Ayant plus de 10 étaux ou enclumes ou plus de 20 ouvriers.	*Idem.*	2e.	*Idem.*
Chaudronneries. (Voir *Forges et chaudronneries.*)			
Chaux (Fours à) :			
1° Permanents.	Fumée, poussière .	2e.	*Idem.*
2° Ne travaillant pas plus d'un mois par an.	*Idem.*	3e.	*Idem.*
Chicorée (Torréfaction en grand de la).	Odeur et fumée . .	3e.	*Idem.*
Chiens (Infirmerie de)	Odeur et bruit. . .	1re.	*Idem.*
Chiffons (Dépôt de)	Odeur	3e.	*Idem.*
Chiffons (Traitement des) par la vapeur de l'acide chlorhydrique :			
1° Quand l'acide n'est pas condensé	Émanations nuisibles.	1re.	*Idem.*
2° Quand l'acide est condensé.	Émanations accidentelles.	3e.	*Idem.*
Chlorate de potasse (Fabricat. du) par électrolyse.	Poussières	3e.	13 avril 1894.
Chlore (Fabrication du).	Odeur	2e.	3 mai 1886.
Chlorure de chaux (Fabrication du) :			
1° En grand.	*Idem.*	2e.	*Idem.*
2° Dans les ateliers fabriquant au plus 300 kilogr. par jour.	*Idem.*	3e.	*Idem.*
Chlorures alcalins, eau de javelle (Fabrication des).	*Idem.*	2e.	*Idem.*

DÉSIGNATION DES INDUSTRIES.	INCONVÉNIENTS.	CLASSES.	DATE de CLASSEMENT.
Chlorures de plomb (Fonderies de)	Émanat. nuisibles.	2e.	15 mars 1890.
Chlorures de soufre (Fabrication des)	Vapeurs nuisibles .	1re.	3 mai 1886.
Choucroute (Ateliers de fabrication de la) . . .	Odeur	3e.	*Idem.*
Chromate de potasse (Fabrication du)	*Idem.*	3e.	*Idem.*
Chrysalides (Ateliers pour l'extraction des parties soyeuses des).	*Idem.*	1re.	*Idem.*
Ciment de laitier ou de scories (Fabrication du).	Poussières	2e.	31 août 1905.
Ciment (Fours à) :			
1° Permanents.	Fumée, poussière .	2e.	3 mai 1886.
2° Ne travaillant pas plus d'un mois par an.	*Idem.*	3e.	*Idem.*
Cire à cacheter (Fabrication de la)	Danger d'incendie .	3e.	*Idem.*
Cochenille ammoniacale (Fabrication de la). . .	Odeur	3e.	*Idem.*
Cocons :			
1° Traitement des frisons de cocons	Altération des eaux.	2e.	*Idem.*
2° Filature des cocons. (Voir *Filature.*)			
Coke (Fabrication du) :			
1° En plein air ou en fours non fumivores .	Fumée et poussière.	1re.	*Idem.*
2° En fours fumivores	Poussière.	2e.	*Idem.*
Colle forte (Fabrication de la).	Odeur et altération des eaux.	1re.	*Idem.*
Colle de peaux et colle de pâte (Fabriques de).	Odeur des résidus.	3e.	24 juin 1897.
Collodion (Fabrication du)	Danger d'explosion ou d'incendie.	1re.	3 mai 1886.
Combustion des plantes marines dans les établissements permanents.	Odeur et fumée . .	1re.	*Idem.*
Construction [Ateliers de]. (Voir *Machines et wagons.*)			
Cordes à instruments en boyaux [Fabrication de]. (Voir *Boyauderies.*)			
Cornes et sabots (Aplatissement des) :			
1° Avec macération	Odeur et altération des eaux.	2e.	*Idem.*
2° Sans macération.	Odeur	3e.	*Idem.*
Corroiries.	*Idem*	2e.	*Idem.*
Coton et coton gras (Blanchisserie des déchets de).	Altération des eaux.	3e.	*Idem.*
Crayons de graphite pour éclairage électrique (Fabrication des).	Bruit et fumée . .	2e.	*Idem.*
Cretons (Fabrication de).	Odeur et danger d'incendie.	1re.	*Idem.*
Crins [Teinture des]. (Voir *Teintureries.*)			
Crins et soies de porc. (Voir *Soies de porc.*)			
Cristaux [Fabrication de]. (Voir *Verreries, etc.*)			
Cuir [Battage des]. (Voir *Battage.*)			
Cuirs vernis (Fabrication de)	*Idem*	1re.	*Idem.*
Cuirs verts et peaux fraîches (Dépôts de). . . .	Odeur	2e.	*Idem.*
Cuivre (Dérochage du) par les acides	Odeur et émanations nuisibles.	3e.	*Idem.*
Cuivre (Extraction du) par grillage chlorurant des résidus de grillage des pyrites.	Émanations nuisibles.	1re.	22 déc. 1900.
Cuivre [Fonte du]. (Voir *Fonderies de cuivre, etc.*)			
Cuivre (Trituration des composés du)	Poussières	3e.	26 janv. 1892.
Cyanure de potassium et bleu de Prusse (Fabrication de) :			
1° Par la calcination directe des matières animales avec la potasse ;	Odeur	1re.	3 mai 1886.
2° Par l'emploi de matières préalablement carbonisées en vases clos.	*Idem.*	2e.	*Idem.*

DÉSIGNATION DES INDUSTRIES.	INCONVÉNIENTS.	CLASSES.	DATE de CLASSEMENT.
Cyanure rouge de potassium ou prussiate rouge de potasse.	Émanations nuisibles.	3e.	3 mai 1886.
Débris d'animaux [Dépôts de]. (Voir *Chairs, etc.*)			
Déchets de laine [Dégraissage des]. (Voir *Peaux, étoffes, etc.*)			
Déchets de matières filamenteuses (Dépôts de) en grand dans les villes.	Danger d'incendie.	3e.	*Idem.*
Déchets de filatures de lin, de chanvre et de jute (Lavage et séchage en grand des).	Odeur et altération des eaux.	2e.	*Idem.*
Dégras ou huile épaisse à l'usage des chamoiseurs et corroyeurs (Fabrication de).	Odeur et danger d'incendie.	1re.	*Idem.*
Derochage du cuivre. (Voir *Cuivre.*)			
Distilleries en général, eau-de-vie, genièvre, kirsch, absinthe et autres liqueurs alcooliques.	Danger d'incendie.	3e.	*Idem.*
Dorure et argenture sur metaux.	Émanat nuisibles.	3e	*Idem.*
Dynamite (Fabriques et dépôts de). [Régime spécial. — Loi du 8 mars 1875 et décr. des 24 août 1875, 28 oct. 1882, 23 déc. 1901, 20 avril 1904, 19 mai 1905 et 14 février 1906.]			
Eau de javelle [Fabrication d']. (Voir *Chlorures alcalins.*)			
Eau-de-vie. (Voir *Distilleries.*)			
Eau-forte. (Voir *Acide nitrique.*)			
Eaux grasses (Extraction, pour la fabrication du savon et autres usages, des huiles contenues dans les) :			
1° En vases ouverts	Odeur et danger d'incendie.	1re.	*Idem.*
2° En vases clos	*Idem*	2e.	*Idem.*
Eau oxygénée [Fabrique d']. (Voir *Baryte caustique.*)			
Eaux savonneuses des fabriques. (Voir *Huiles extraites des débris d'animaux.*)			
Échaudoirs :			
1° Pour la préparation industrielle des débris d'animaux ;	Odeur	1re.	*Idem.*
2° Pour la préparation des parties d'animaux propres à l'alimentation.	*Idem*	3e.	*Idem.*
Écorces [Battoir à]. (Voir *Battoir.*)			
Émail (Application de l') sur les métaux	Fumée	3e.	*Idem.*
Émaux (Fabrication d') avec fours non fumivores.	*Idem*	3e.	*Idem.*
Encres d'imprimerie (Fabrication des) :			
1° Avec cuisson d'huile à feu nu.	Odeur et danger d'incendie.	1re.	*Idem.*
2° Sans cuisson d'huile à feu nu.	*Idem*	2e.	*Idem.*
Engrais (Dépôts d') au moyen de matières provenant de vidanges ou de débris d'animaux :			
1° Non préparés ou en magasin non couvert.	Odeur	1re.	*Idem.*
2° Desséchés ou désinfectés et en magasin couvert, quand la quantité excède 25 000 kilogr.	*Idem*	2e.	*Idem.*
3° Les mêmes, quand la quantité est inférieure à 25 000 kilogr.	*Idem*	3e.	*Idem.*
Engrais (Fabrication des) au moyen des matières animales.	*Idem*	1re.	*Idem.*
Engrais et insecticides à base de goudron ou de résidus d'épuration du gaz (Fabrication d') :			
1° A l'air libre.	Odeur et danger d'incendie.	1re.	15 mars 1890.
2° En vase clos	*Idem*	2e.	*Idem.*

DESIGNATION DES INDUSTRIES.	INCONVÉNIENTS.	CLASSES.	DATE de CLASSEMENT.
Engraissement des volailles dans les villes (Établissement pour l').	Odeur	3e.	3 mai 1886.
Épaillage des laines et draps (par la voie humide).	Danger d'incendie .	3e.	*Idem.*
Éponges (Lavage et séchage des)	Odeur et altération des eaux.	3e.	*Idem.*
Épuration des laines, etc. (Voir *Battage.*)			
Équarrissage des animaux (Ateliers d')	Odeur et émanations nuisibles.	1re.	*Idem.*
Étamage des glaces (Ateliers d').	Émanations nuisibles.	3e.	*Idem.*
Éther (Dépôts d') :			
1° Si la quantité emmagasinée est, même temporairement, de 1 000 litres ou plus .	Danger d'incendie et d'explosion.	1re.	*Idem.*
2° Si la quantité, supérieure à 100 litres, n'atteint pas 1 000 litres.	*Idem.*	2e.	*Idem.*
Éther (Distillation de l') :			
Si la quantité de liquide éthéré distillée à la fois est comprise entre 10 et 30 litres.	*Idem.*	2e.	18 sept. 1899.
Si la quantité de liquide éthéré distillée à la fois dépasse 30 litres.	*Idem.*	1re.	*Idem.*
Éther (Fabrication de l')	*Idem.*	1re.	3 mai 1886.
Étoffes (Dégraissage des). [Voir *Peaux, étoffes, etc.*]			
Étoupes (Transformation en) des cordages hors de service, goudronnés ou non.	Danger d'incendie.	3e.	*Idem.*
Étoupilles (Fabrication d') avec matières explosives.	Danger d'explosion et d'incendie.	1re.	*Idem.*
Fabriques et dépôts de cartouches de guerre destinées à l'exportation.	*Idem.*	1re.	5 mai 1888.
Faïences (Fabrique de) :			
1° Avec fours non fumivores	Fumée.	2e.	3 mai 1886.
2° Avec fours fumivores	Fumée accidentelle.	3e.	*Idem.*
Fanons de baleine (Travail des).	Émanations incommodes.	3e.	*Idem.*
Féculeries.	Odeur, altération des eaux.	3e.	*Idem.*
Fer (Dérochage du)	Vapeurs nuisibles .	3e.	*Idem.*
Fer (Galvanisation du).	*Idem.*	3e.	*Idem.*
Fer-blanc (Fabrication du)	Fumée	3e.	*Idem.*
Feutre goudronné (Fabrication du)	Odeur, danger d'incendie.	2e.	*Idem.*
Feutres et visières vernis (Fabrication de) . . .	*Idem.*	1re.	*Idem.*
Filature des cocons (Ateliers dans lesquels la) s'opère en grand, c'est-à-dire employant au moins six tours.	Odeur, altération des eaux.	3e.	*Idem.*
Fonderie de cuivre, laiton et bronze	Fumées métalliques	3e.	*Idem.*
Fonderie en deuxième fusion	Fumée.	3e.	*Idem.*
Fonte et laminage du plomb, du zinc et du cuivre.	Bruit et fumée . .	3e.	*Idem.*
Forges et chaudronneries de grosses œuvres employant des marteaux mécaniques.	*Idem.*	2e.	*Idem.*
Formes en tôle pour raffinerie (Voir *Tôles vernies*).			
Fourneaux (Hauts).	Fumée et poussière.	2e.	*Idem.*
Fourrières de chiens	Odeur et bruit . .	2e.	22 déc. 1900.
Fours à plâtre et fours à chaux. (Voir *Plâtre, Chaux.*)			
Fromages (Dépôts de) dans les villes	Odeur	3e.	3 mai 1886.
Fulminate de mercure (Fabrication du). [Régime spécial. — Ordonnance du 30 octobre 1836.]	Danger d'explosion et d'incendie.	1re.	*Idem.*
Galipots ou résines de pin. (Voir *Résines.*)			

DÉSIGNATION DES INDUSTRIES.	INCONVENIENTS.	CLASSES.	DATE de CLASSEMENT.
Galons et tissus d'or et d'argent (Brûlerie en grand des) dans les villes.	Odeur	2e.	3 mai 1886.
Gaz (Goudrons des usines à). [Voir *Goudrons*.]			
Gaz d'éclairage et de chauffage (Fabrication du) :			
1° Pour l'usage public. (Régime spécial. — Décret du 9 février 1867.)	Odeur, danger d'incendie.	2e.	*Idem.*
2° Pour l'usage particulier	*Idem.*	3e.	19 juin 1909.
Gaz pauvre, gaz à l'eau, gaz de gazogène, gaz hydrogene, etc., destiné à l'eclairage, au chauffage ou à la production de la force motrice (fabrication de) :			
1° Pour l'usage public	*Idem*	2e.	*Idem.*
2° Pour l'usage particulier, lorsque le gaz est consommé sur les lieux mêmes de production après emmagasinement dans des réservoirs sous une pression egale ou supérieure à la pression atmosphérique, mais seulement lorsque la capacite de ces reservoirs est supérieure à 10 mètres cubes . .	*Idem*	3e.	3 mai 1886.
Gazomètres pour l'usage particulier, non attenants aux usines de fabrication.	*Idem.*	3e.	*Idem.*
Gélatines alimentaires et gélatines provenant de peaux blanches et de peaux fraîches non tannees (Fabrication de).	Odeur	3e.	*Idem.*
Générateurs à vapeur. (Régime spécial. — Décret du 30 avril 1880.)			
Genievre. (Voir *Distilleries.*)			
Glace. (Voir *Réfrigération.*)			
Glaces (Étamage des). [Voir *Étamage.*]			
Glycérine (Distillation de la)	*Idem.*	3e.	*Idem.*
Glycérine (Extraction de la) des eaux de savonnerie ou de stéarinerie.	*Idem.*	2e.	*Idem.*
Goudrons et brais végétaux d'origines diverses (Élaboration des).	Odeur et danger d'incendie.	1re.	*Idem.*
Goudrons et matières bitumeuses fluides (Dépôts de).	*Idem.*	2e.	*Idem.*
Goudrons (Traitement des) dans les usines à gaz où ils se produisent.	*Idem.*	2e.	*Idem.*
Goudrons (Usines spéciales pour l'élaboration des) d'origines diverses.	*Idem.*	1re.	*Idem.*
Graisses (Fontes aux acides des)	Odeur et altération des eaux.	2e.	15 mars 1890.
Graisses à feu nu (Fonte des)	Odeur, danger d'incendie.	1re.	3 mai 1886.
Graisses de cuisine (Traitement des)	Odeur	1re.	*Idem.*
Graisses et suifs (Refonte des)	*Idem.*	3e.	*Idem.*
Gravure chimique sur verre, avec application de vernis aux hydrocarbures.	Odeur, danger d'incendie.	2e.	*Idem.*
Grillage des minerais sulfureux	Fumée, émanations nuisibles.	1re.	*Idem.*
Grillage des minerais sulfureux quand les gaz sont condensés et que le minerai ne renferme pas d'arsenic.	*Idem.*	2e.	15 mars 1890.
Guano (Depôts de) :			
1° Quand l'approvisionnement excède 25 000 kilogrammes.	Odeur	1re.	3 mai 1886.
2° Pour la vente au détail.	*Idem.*	3e.	*Idem.*
Harengs (Saurage des).	*Idem.*	3e.	*Idem.*
Hongroiries	*Idem.*	3e.	*Idem.*

DÉSIGNATION DES INDUSTRIES.	INCONVENIENTS.	CLASSES.	DATE de CLASSEMENT.
Houille (Agglomérés de). [Voir *Agglomérés.*]			
Huiles de Bergues (Fabriques d'). [Voir *Dégras.*]			
Huile de pieds de bœuf (Fabrication d') :			
1° Avec emploi de matières en putréfaction.	Odeur	1re.	3 mai 1886.
2° Quand les matières employées ne sont pas putréfiées.	*Idem.*	2e.	*Idem.*
Huile épaisse ou dégras. (Voir *Dégras.*)			
Huileries ou moulins à huile.	Odeur, danger d'incendie.	3e.	*Idem.*
Huile de pétrole, de schiste et de goudron, essences et autres hydrocarbures employés pour l'éclairage, le chauffage, la fabrication des couleurs et vernis, le dégraissage des étoffes et autres usages qui émettent, à des températures inférieures à 135° centigrades, des vapeurs susceptibles de prendre feu au contact d'une allumette enflammée (Fabrication, distillation, travail en grand et dépôts d'). [Régime spécial. — Décrets des 19 mai 1873, 12 juillet 1884, 20 mars 1885, 5 mars 1887 et 19 sept. 1903.]			
Huiles de poisson (Fabrique d').	*Idem.*	1re	*Idem.*
Huiles de résine (Fabrication d')	*Idem.*	1re.	*Idem.*
Huiles de ressence (Fabrication d')	Odeur, altération des eaux.	2e.	*Idem.*
Huiles (Épuration des)	Odeur, danger d'incendie.	3e.	*Idem.*
Huiles essentielles ou essences de térébenthine, d'aspic et autres. (Voir *Huiles de pétrole, de schiste, etc.*)			
Huiles et autres corps gras extraits des débris de matières animales (Extraction des).	*Idem*	1re.	*Idem.*
Huiles extraites des schistes bitumineux. (Voir *Huiles de pétrole, de schiste, etc.*)			
Huiles lourdes créosotées (Injection des bois à l'aide des) : ateliers opérant en grand et d'une manière permanente.	*Idem*	2e.	*Idem.*
Huiles animales (Traitement ou mélange à chaud, ou cuisson avec des huiles végétales ou des huiles lourdes minérales).	*Idem*	1re.	22 déc. 1900.
Huiles végétales et huiles minérales lourdes (Traitement ou mélange à chaud, ou cuisson des) :			
1° Par chauffage à feu nu ou dans un courant de vapeur sous une pression supérieure à 2 kilogr.	*Idem*	1re.	31 août 1905.
2° Par chauffage dans un courant de vapeur sous une pression inférieure ou égale à 2 kilogr.	*Idem*	3e.	*Idem.*
Huiles végétales et huiles minérales lourdes. Mélange avec réchauffement vers 45 à 50°, en vue de défiger les huiles dans un local séparé de celui où sont les fûts d'huiles à mélanger.	*Idem*	3e.	22 déc. 1900.
Huiles oxydées par exposition à l'air (Fabrication et emplois d') :			
1° Avec cuisson préalable.	*Idem*	1re.	3 mai 1886.
2° Sans cuisson	*Idem*	2e.	*Idem.*
Huiles rousses (Fabrication d') par extraction des cretons et débris de graisse à haute température.	*Idem*	1re.	*Idem.*
Impressions sur étoffes. (Voir *Toiles peintes.*)			

DÉSIGNATION DES INDUSTRIES.	INCONVENIENTS.	CLASSES.	DATE de CLASSEMENT.
Jute (Teillage du). [Voir *Teillage.*]			
Kirsch. (Voir *Distilleries.*)			
Laine. (Voir *Battage et lavage des fils de laine, etc.*)			
Laiteries en grand dans les villes	Odeur	2e.	3 mai 1886.
Lard (Ateliers à enfumer le)	Odeur et fumée. .	3e.	*Idem.*
Lavage des cocons. (Voir *Cocons.*)			
Lavage et séchage des éponges. (Voir *Éponges.*)			
Lavoirs à houille.	Alteration des eaux.	3e.	*Idem.*
Lavoirs à laine	*Idem*	3e.	*Idem.*
Lavoirs à minerais en communication avec des cours d'eau.	*Idem*	3e.	*Idem.*
Lessives alcalines des papeteries (Incinération des).	Fumée, odeur et émanations nuisibles.	2e.	*Idem.*
Liège (Usines pour la trituration du).	Danger d'incendie.	2e.	26 janv. 1892.
Lies de vin (Incinération des) :			
1° Avec dégagement de la fumée au dehors.	Odeur	1re.	3 mai 1886.
2° Avec combustion ou condensation des fumées.	*Idem*	2e.	*Idem.*
Lies de vin (Séchage des)	*Idem.*	2e.	*Idem.*
Lignites (Incinération des)	Fumée, émanations nuisibles.	1re.	*Idem.*
Lin (Rouissage du). [Voir *Rouissage.*]			
Lin (Teillage en grand du). [Voir *Teillage.*]			
Liquides pour l'éclairage (Dépôt de) au moyen de l'alcool et des huiles essentielles.	Danger d'incendie et d'explosion.	2e.	*Idem.*
Liqueurs alcooliques. (Voir *Distilleries.*)			
Litharge (Fabrication de la)	Poussiere nuisible.	3e.	*Idem.*
Machines et wagons (Ateliers de construction de)	Bruit, fumée . . .	2e.	*Idem.*
Machines à vapeur. (Voir *Générateurs.*)			
Malteries	Alteration des eaux.	3e.	*Idem.*
Marcs ou charrees de soude (Exploitation des), en vue d'en extraire le soufre, soit libre, soit combiné.	Odeur, émanations nuisibles.	1re.	*Idem.*
Maroquinerie	Odeur	3e.	*Idem.*
Massicot (Fabrication du)	Émanations nuisibles.	3e.	*Idem.*
Matieres colorantes (Fabrication des) au moyen de l'aniline et de la nitrobenzine.	Odeur, émanations nuisibles.	3e.	*Idem.*
Meches de sûrete pour mineurs (Fabrication des) :			
1° Quand la quantité manipulée ou conservée dépasse 100 kilogrammes de poudre ordinaire	Danger d'incendie ou d'explosion.	1re.	*Idem.*
2° Quand la quantité manipulée ou conservee est inférieure à 100 kilogrammes de poudre ordinaire.	*Idem*	2e.	*Idem*
Mégisseries	Odeur	3e.	*Idem.*
Menageries	Danger des animaux	1re.	*Idem.*
Métaux (Ateliers de) pour construction de machines et appareils. (Voir *Machines.*)			
Minerais de métaux precieux (Traitement des).	Émanations nuisibles.	3e.	15 mars 1890.
Minerais de zinc non sulfureux (Réduction des).	Bruit et fumée . .	3e.	25 déc. 1901.
Minium (Fabrication du).	Émanations nuisibles.	3e.	3 mai 1886.

DÉSIGNATION DES INDUSTRIES.	INCONVÉNIENTS.	CLASSES.	DATE de CLASSEMENT.
Miroirs métalliques (Fabrication de) et autres ateliers employant des moutons :			
1° Ou l'on emploie des marteaux ne pesant pas plus de 25 kilogrammes et n'ayant que 1 metre au plus de longueur de chute.	Bruit et ebranlement.	3e.	3 mai 1886.
2° Où l'on emploie des marteaux ne pesant pas plus de 25 kilogrammes et ayant plus de 1 metre de longueur de chute.	*Idem*	2e.	*Idem.*
3° Ou l'on emploie des marteaux d'un poids supérieur à 25 kilogrammes, quelle que soit la longueur de chute.	*Idem*	2e.	*Idem.*
Morues (Sécheries des).	Odeur	2e.	*Idem.*
Moulin à broyer le plâtre, la chaux, les cailloux et les pouzzolanes.	Poussière.	3e.	*Idem.*
Moulins à huile. (Voir *Huileries.*)			
Moutons (Ateliers employant des). [Voir *Miroirs métalliques.*]			
Murexide (Fabrication de la) en vases clos par la réaction de l'acide azotique et de l'acide urique du guano.	Emanations nuisibles.	2e.	*Idem.*
Nitrate de methyle (Fabrique de)	Danger d'explosion.	1re.	*Idem.*
Nitrates metalliques obtenus par l'action directe des acides (Fabrication des) :			
1° Si les vapeurs ne sont pas condensees. .	Vapeurs nuisibles .	1re.	*Idem.*
2° Si les vapeurs sont condensées	Vapeurs accidentelles.	2e.	*Idem.*
Nitrobenzine, aniline et matières dérivant de la benzine (Fabrication de).	Odeur, émanations nuisibles et danger d'incendie.	2e.	*Idem.*
Noir de fumée (Fabrication du) par la distillation de la houille, des goudrons, bitumes, etc.	Odeur et fumée . .	2e.	*Idem.*
Noir des raffineries et des sucreries (Revivification du).	Émanations nuisibles, odeur.	2e.	*Idem.*
Noir d'ivoire et noir animal (Distillation des os ou fabrication du) :			
1° Lorsqu'on n'y brûle pas les gaz.	Odeur	1re.	*Idem.*
2° Lorsque les gaz sont brûlés	*Idem*	2e.	*Idem.*
Noir minéral (Fabrication du) par le broyage des résidus de la distillation des schistes bitumineux.	Odeur et poussière.	3e.	*Idem.*
Oignons (Dessiccation des) dans les villes . . .	Odeur	2e.	*Idem.*
Olives (Confiseries des).	Altération des eaux.	3e.	*Idem.*
Olives (Tourteaux d'). [Voir *Tourteaux.*]			
Ordures ménagères (Incinérat. ou carbonisat. des) :			
a) Quels que soient l'état et la quantité traitee journellement.	Poussières, fumées, odeurs.	1re.	31 août 1905.
b) A l'état vert, s'il en est traité au plus 150 tonnes par jour et si leur traitement est operé sans triage et exécuté dans les vingt-quatre heures de leur apport.	*Idem*	2e.	*Idem.*
Orseille (Fabrication de l') :			
1° En vases ouverts	Odeur	1re.	3 mai 1886.
2° En vases clos et employant de l'ammoniaque à l'exclusion de l'urine.	*Idem*	3e.	*Idem.*
Os (Torréfaction des) pour engrais :			
1° Lorsque les gaz ne sont pas brûlés . . .	Odeur, danger d'incendie.	1re.	*Idem.*
2° Lorsque les gaz sont brûles.	*Idem*	2e.	*Idem.*
Os d'animaux (Calcination des). [Voir *Carbonisation des matières animales.*]			

DÉSIGNATION DES INDUSTRIES.	INCONVÉNIENTS.	CLASSES.	DATE de CLASSEMENT.
Os frais (Dépôts d') en grand.	Odeur, émanations nuisibles.	1re.	3 mai 1886.
Os secs (Dépôts d') en grand.	Odeur	3e.	*Idem.*
Ouates (Fabrication des)	Poussière et danger d'incendie.	3e.	*Idem.*
Paille et autres fibres végétales par l'acide sulfureux (Blanchiment des).	Émanations nuisibles.	2e.	25 déc. 1901.
Papier (Fabrication du).	Danger d'incendie.	3e.	3 mai 1886.
Parcheminerie.	Odeur	3e.	*Idem.*
Pâte à papier (Préparation de la) au moyen de la paille et autres matières combustibles.	Altération des eaux.	2e.	*Idem.*
Peaux de lièvre et de lapin. (Voir *Secrétage.*)			
Peaux de mouton (Séchage des).	Odeur	3e.	*Idem.*
Peaux, étoffes et déchets de laine (Dégraissage des) par les huiles de pétrole et autres hydrocarbures.	Odeur, danger d'incendie.	1re.	*Idem.*
Peaux fraîches. (Voir *Cuirs verts.*)			
Peaux (Lustrage et apprêtage des)	Odeur et poussière.	3e.	*Idem.*
Peaux (Planage et séchage des).	Odeur	2e.	*Idem.*
Peaux salees non séchées (Dépôts de)	*Idem*	3e.	*Idem.*
Peaux sèches (Dépôts de), conservées à l'aide de produits odorants.	*Idem*	3e.	*Idem.*
Perchlorure de fer par dissolution de peroxyde de fer (Fabrication de).	Émanations nuisibles.	3e.	*Idem.*
Pétrole. (Voir *Huiles de pétrole, etc.*)			
Phellosine (Fabrication de la).	Odeur, danger d'incendie.	1re.	6 juill. 1896.
Phosphate de chaux (Ateliers pour l'extraction et le lavage du).	Altération des eaux.	3e.	3 mai 1886.
Phosphore (Fabrication du).	Danger d'incendie.	1re.	*Idem.*
Pilerie mécanique des drogues	Bruit et poussière.	3e.	*Idem.*
Pipes à fumer (Fabrication des) :			
1° Avec fours non fumivores	Fumée	2e.	*Idem.*
2° Avec fours fumivores	Fumée accidentelle.	3e.	*Idem.*
Plantes marines. (Voir *Combustion des plantes marines.*)			
Platine (Fabrication du)	Émanations nuisibles.	2e.	*Idem.*
Plâtre (Fours à):			
1° Permanents.	Fumée et poussière.	2e.	*Idem.*
2° Ne travaillant pas plus d'un mois	*Idem*	3e.	*Idem.*
Plomb (Fonte et laminage du). [Voir *Fonte.*]			
Poêliers fournalistes, poêles et fourneaux en faience et terre cuite. (Voir *Faience.*)			
Poils de lièvre et de lapin. (Voir *Secrétage.*)			
Poissons salés (Dépôts de)	Odeur incommode.	2e.	*Idem.*
Porcelaine (Fabrication de la):			
1° Avec fours non fumivores	Fumée	2e.	*Idem.*
2° Avec fours fumivores	Fumée accidentelle.	3e.	*Idem.*
Porcheries comprenant plus de six animaux ayant cessé d'être allaités :			
1° Lorsqu'elles ne sont pas l'accessoire d'un établissement agricole.	Odeur	2e.	15 mars 1890.
2° Lorsque, dépendant d'un établissement agricole, elles sont situées dans les agglomerations urbaines de 5000 âmes et au-dessus.	*Idem*	2e.	*Idem.*
Potasse (Fabrication de la) par calcination des résidus de mélasse.	Fumée et odeur.	2e.	3 mai 1886.

DÉSIGNATION DES INDUSTRIES.	INCONVÉNIENTS.	CLASSES.	DATE de CLASSEMENT.
Poteries de terre (Fabrication de) avec fours non fumivores.	Fumée	3e.	3 mai 1886.
Poudre de mine comprimée (Fabrication de cartouches de).	Danger d'explosion ou d'incendie.	1re.	15 mars 1890.
Poudres et matières fulminantes (Fabrication de). [Voir aussi *Fulminate de mercure.*]	Danger d'explosion et d'incendie.	1re.	3 mai 1886.
Poudrette (Dépôts de). [Voir *Engrais.*]			
Poudrette (Fabrication de) et autres engrais au moyen de matières animales	Odeur et altération des eaux.	1re.	*Idem.*
Pouzzolane artificielle (Fours à).	Fumée	3e.	*Idem.*
Protochlorure d'étain ou sel d'étain (Fabrication du).	Émanations nuisibles.	2e.	*Idem.*
Prussiate de potasse. (Voir *Cyanure de potassium.*)			
Pulpes de betteraves. (Voir *Betteraves.*)			
Pulpes de pommes de terre. (Voir *Féculeries.*)			
Raffineries et fabriques de sucre.	Fumée et odeur. .	2e.	*Idem.*
Réfrigération (Appareil de):			
1° Par l'acide sulfureux.	Émanations nuisibles.	2e.	*Idem.*
2° Par l'ammoniaque.	Odeur	3e.	*Idem.*
3° Par l'éther ou autres liquides volatils et combustibles.	Danger d'explosion et d'incendie.	3e.	*Idem.*
Résines, galipots et arcansons (Travail en grand pour la fonte et l'épuration des).	Odeur, danger d'incendie.	1re.	*Idem.*
Rogues (Dépôts des salaisons liquides connues sous le nom de).	Odeur	2e.	*Idem.*
Rouge de Prusse et d'Angleterre	Émanations nuisibles.	1re.	*Idem.*
Rouissage en grand du chanvre et du lin . . .	Émanations nuisibles et altération des eaux.	1re.	*Idem.*
Rouissage en grand du chanvre, du lin et de la ramie par l'action des acides, de l'eau chaude et de la vapeur.	*Idem*	2e.	13 avril 1894.
Sabots (Ateliers à enfumer les) par la combustion de la corne ou d'autres matières animales dans les villes.	Odeur et fumée . .	1re.	3 mai 1886.
Salaison et préparation des viandes	Odeur	3e.	*Idem.*
Salaisons (Ateliers pour les) et le saurage des poissons.	*Idem.*	2e.	*Idem.*
Salaisons (Dépôts de) dans les villes.	*Idem*	3e.	*Idem.*
Sang :			
1° Ateliers pour la séparation de la fibrine, de l'albumine, etc. ;	*Idem*	1re.	*Idem.*
2° (Dépôts de) pour la fabrication du bleu de Prusse et autres industries ;	*Idem*	1re.	*Idem.*
3° (Fabrique de poudre de) pour la clarification des vins.	*Idem*	1re.	*Idem.*
Sardines (Fabrique de conserves de) dans les villes.	*Idem*	2e.	*Idem.*
Saucisson (Fabrication en grand de).	*Idem.*	2e.	*Idem.*
Saurage des harengs. (Voir *Harengs.*)			
Savonneries.	*Idem.*	3e.	*Idem.*
Schistes bitumineux. (Voir *Huiles de pétrole, de schiste, etc.*)			
Scieries mécaniques et établissements où l'on travaille le bois à l'aide de machines à vapeur ou à feu.	Danger d'incendie.	3e.	*Idem.*

DÉSIGNATION DES INDUSTRIES.	INCONVENIENTS.	CLASSES.	DATE de CLASSEMENT.
Séchage des éponges. (Voir *Éponges.*)			
Sécheries des morues. (Voir *Morues.*)			
Sécrétage des peaux ou poils de lièvre ou de lapin.	Odeur	2e.	3 mai 1886.
Sel ammoniac et sulfate d'ammoniaque (Fabrication des) par l'emploi des matières animales :			
1° Comme établissement principal	Odeur, émanations nuisibles.	1re.	*Idem.*
2° Comme annexe d'un dépôt d'engrais provenant de vidanges ou de débris d'animaux précédemment autorisé.	*Idem.*	2e.	*Idem.*
Sel ammoniac et sulfate d'ammoniaque extraits des eaux d'épuration du gaz (Fabrique spéciale de).	Odeur	2e.	*Idem.*
Sel de soude (Fabrication du) avec le sulfate de soude.	Fumée, émanations nuisibles.	3e.	*Idem.*
Sel d'étain. (Voir *Protochlorure d'étain.*)			
Serrurerie [Ateliers de]. (Voir *Chaudronnerie et serrurerie.*)			
Sinapismes (Fabrication des) à l'aide des hydrocarbures :			
1° Sans distillation.	Odeur	2e.	*Idem.*
2° Avec distillation.	Odeur et danger d'incendie.	1re.	*Idem.*
Sirop de fécule et de glucose (Fabrication des).	Odeur	3e.	*Idem.*
Soie. (Voir *Filature des cocons.*)			
Soie artificielle (Fabrication de la) au moyen du collodion.	Danger d'explosion et d'incendie.	1re.	13 avril 1894.
Soies de porc (Préparation des) :			
1° Par fermentation	Odeur	1re.	3 mai 1886.
2° Sans fermentation.	Odeur et poussière.	3e.	*Idem.*
Soude. (Voir *Sulfate de soude.*)			
Soudes brutes (Dépôt de résidus provenant du lessivage des).	Odeur, émanations nuisibles.	1re.	*Idem.*
Soudes brutes de varech (Fabrication des) dans les établissements permanents.	Odeur et fumée . .	1re.	*Idem.*
Soufre (Fusion ou distillation du)	Emanations nuisibles, danger d'incendie.	2e.	*Idem.*
Soufre (Lustrage au) des imitations de chapeaux de paille.	Poussière nuisible.	3e.	*Idem.*
Soufre (Pulvérisation et blutage du).	Poussière, danger d'incendie.	3e.	*Idem.*
Sucre. (Voir *Raffineries et fabriques de sucre.*)			
Sucre (Râperies annexées aux fabriques de) . .	Odeur, altération des eaux.	3e.	26 janv. 1892.
Suif brun (Fabrication du)	Odeur, danger d'incendie.	1re.	3 mai 1886.
Suif en branches (Fonderies de) :			
1° A feu nu.	*Idem.*	1re.	*Idem.*
2° Au bain-marie ou à la vapeur	Odeur	2e.	*Idem.*
Suif d'os (Fabrication du)	Odeur, altération des eaux, danger d'incendie.	1re.	*Idem.*
Sulfate de baryte [Décoloration du]. (Voir *Baryte.*)			
Sulfate de cuivre (Fabrication du) au moyen du grillage des pyrites.	Émanations nuisibles, fumée.	1re.	*Idem.*
Sulfate de fer, d'alumine et alun (Fabrication du) par le lavage des terres pyriteuses et alumineuses grillées.	Fumée et altération des eaux.	3e.	*Idem.*

DESIGNATION DES INDUSTRIES.	INCONVENIENTS.	CLASSES.	DATE de CLASSEMENT.
Sulfate de mercure (Fabrication du) :			
1° Quand les vapeurs ne sont pas absorbées.	Emanations nuisibles.	1re.	3 mai 1886.
2° Quand les vapeurs sont absorbees. . . .	Émanat. moindres.	2e.	*Idem.*
Sulfate de peroxyde de fer (Fabrication du) par le sulfate de protoxyde de fer et l'acide nitrique (nitro-sulfate de fer).	Emanations nuisibles.	2e.	*Idem.*
Sulfate de protoxyde de fer ou couperose verte par l'action de l'acide sulfurique sur la ferraille (Fabrication en grand du).	Fumée, émanations nuisibles.	3e.	*Idem.*
Sulfate de soude (Fabrication du) par la decomposition du sel marin par l'acide sulfurique.			
1° Sans condensation de l'acide chlorhydrique;	Émanations nuisibles.	1re.	*Idem.*
2° Avec condensation complète de l'acide chlorhydrique.	*Idem.*	2e.	*Idem.*
Sulfure d'arsenic (Fabrication du). a la condition que les vapeurs seront condensées.	Odeur, émanations nuisibles.	2e.	*Idem.*
Sulfure de carbone [Depôts de]. (Suivant le régime des huiles de pétrole.)			
Sulfure de carbone (Fabrication du)	Odeur, danger d'incendie.	1re.	*Idem.*
Sulfure de carbone (Manufactures dans lesquelles on emploie en grand le).	Danger d'incendie	1re.	*Idem.*
Sulfure de sodium (Fabrication du)	Odeur	2e.	*Idem.*
Sulfures métalliques. (Voir *Grillage des minerais sulfureux.*)			
Superphosphate de chaux et de la potasse (Fabrication du).	Émanations nuisibles.	2e.	*Idem.*
Tabac (Incinération des côtes de).	Odeur et fumée . .	1re.	*Idem.*
Tabacs (Manufactures de).	Odeur et poussiere.	2e.	*Idem.*
Tabatières en carton (Fabrication des).	Odeur et danger d'incendie.	3e.	*Idem.*
Taffetas et toiles vernis ou cirés (Fabrication de).	*Idem.*	1re.	*Idem.*
Tan (Moulins à).	Bruit et poussière.	3e.	*Idem.*
Tannée humide (Incinération de la)	Fumée, odeur. . .	2e.	*Idem.*
Tanneries.	Odeur	2e.	*Idem.*
Tapis [Battage en grand des]. (Voir *Battage.*)			
Teillage du lin, du chanvre et du jute en grand.	Poussière et bruit.	2e.	*Idem.*
Teintureries	Odeur et alteration des eaux.	3e.	*Idem.*
Teintureries de peaux	Odeur	3e.	*Idem.*
Térebenthine [Distillation et travail en grand de la]. (Voir *Huiles de pétrole, de schiste, etc.*)			
Terres émaillees (Fabrication de) :			
1° Avec fours non fumivores	Fumée.	2e.	*Idem.*
2° Avec fours fumivores	Fumee accidentelle.	3e.	*Idem.*
Terres pyriteuses et alumineuses (Grillage des).	Fumee, emanations nuisibles.	1re.	*Idem.*
Tissus d'or et d'argent [Brûlerie en grand des]. (Voir *Galons*)			
Toiles [Blanchiment des]. (Voir *Blanchiment.*)			
Toiles cirees. (Voir *Taffetas et toiles vernis.*)			
Toiles grasses pour emballage, tissus, cordes goudronnées, papiers goudronnés, cartons et tuyaux bitumes (Fabrique de) :			
1° Travail à chaud.	Odeur, danger d'incendie.	2e.	*Idem.*
2° Travail à froid	*Idem.*	3e.	*Idem.*

DÉSIGNATION DES INDUSTRIES.	INCONVÉNIENTS.	CLASSES.	DATE de CLASSEMENT.
Toiles peintes (Fabriques de)	Odeur	3e.	3 mai 1886.
Toiles vernies [Fabrique de]. (Voir *Taffetas et toiles vernis.*)			
Tôles et métaux vernis	Odeur, danger d'incendie.	3e.	*Idem.*
Tonnelleries en grand opérant sur des fûts imprégnés de matières grasses et putrescibles.	Bruit, odeur et fumée.	2e.	*Idem.*
Torches résineuses (Fabrication de)	Odeur et danger du feu.	2e.	*Idem.*
Tourbe (Carbonisation de la) :			
1° À vases ouverts	Odeur et fumée . .	1re.	*Idem.*
2° À vases clos	Odeur	2e.	*Idem.*
Tourteaux d'olives (Traitement des) par le sulfure de carbone.	Danger d'incendie.	1re.	*Idem.*
Tréfileries	Bruit et fumée . .	3e.	*Idem.*
Triperies annexes des abattoirs	Odeur et altération des eaux.	1re.	*Idem.*
Tueries particulières d'animaux de boucherie et de charcuterie.	Odeur, danger des animaux.	2e.	31 août 1905.
Tueries d'animaux de basse-cour, lorsqu'on y tue au moins 50 animaux par journée de travail.	Odeur et bruit.	2e.	*Idem.*
Tuileries avec fours non fumivores	Fumée	3e.	3 mai 1886.
Tuiles mécaniques (Trempage au goudron des).	Émanations nuisibles, danger d'incendie.	2e.	*Idem.*
Tuyaux de drainage (Fabrique de)	Fumée	3e.	*Idem.*
Urate [Fabrique d']. (Voir *Engrais* [*Fabrication des*].)			
Vacheries dans les villes de plus de 5 000 habitants.	Odeur et écoulement des urines.	3e.	*Idem.*
Varech. (Voir *Soudes de varech.*)			
Verdet ou vert-de-gris (Fabrication du) au moyen de l'acide pyroligneux.	Odeur	3e.	*Idem.*
Vernis à l'esprit-de-vin (Fabrique de)	Odeur et danger d'incendie.	2e.	*Idem.*
Vernis (Ateliers où on applique le) sur les cuirs, feutres, taffetas, toiles, chapeaux. (Voir *ces mots.*)			
Vernis gras (Fabrique de)	*Idem.*	1re.	*Idem.*
Vernis. (Voir *Argenture des glaces.*)			
Verreries, cristalleries et manufactures de glaces :			
1° Avec fours non fumivores	Fumée et danger d'incendie.	2e.	*Idem.*
2° Avec fours fumivores	Danger d'incendie .	3e.	*Idem.*
Vessies nettoyées et débarrassées de toute substance membraneuse (Atelier pour le gonflement et le sechage des).	Odeur	3e.	*Idem.*
Viandes [Salaisons des]. (Voir *Salaisons.*)			
Visières vernies [Fabrique de]. (Voir *Feutres et visières.*)			
Voiries. (Voir *Boues et immondices.*)			
Volailles [Engraissement des]. (Voir *Engraissement et tueries.*)			
Wagons [Construction de]. (Voir *Machines et wagons.*)			

Nancy, impr. Berger-Levrault

LE CONCOURS
POUR L'EMPLOI D'INSPECTEUR ET D'INSPECTRICE
DU TRAVAIL DANS L'INDUSTRIE

Documents officiels et programmes. Avantages de la carrière. Compositions de tous les concours précédents. 3e édition, mise à jour juillet 1910. Brochure in-12 de 56 pages. **75** c.

BULLETIN DE L'INSPECTION DU TRAVAIL
PUBLICATION DU MINISTÈRE DU TRAVAIL ET DE LA PRÉVOYANCE SOCIALE

Paraissant par fascicules in-8 d'étendue variable. — 19e année, 1911.
Prix par an : Paris et départements . . **6** fr. — Union postale . . **8** fr. **50**
Prix du numéro . . . . **1** fr. **25**

BULLETIN DE L'OFFICE INTERNATIONAL DU TRAVAIL

Paraissant par livraisons mensuelles de 3 feuilles grand in-8. — 10e année, 1911.
Prix par an : Union postale. . . **10** fr. — Prix du numéro. . . . **1** fr.

REVUE PRATIQUE D'HYGIÈNE MUNICIPALE
URBAINE ET RURALE

Consacrée aux questions d'hygiène et de salubrité publiques intéressant les municipalités des villes et des communes rurales, les administrations départementales et les services départementaux d'hygiène, les conseils départementaux d'hygiène, les commissions sanitaires, les bureaux d'hygiène, etc. 7e année. 1911. Paraissant tous les mois par livraisons de trois feuilles in-8. Prix par an : Paris et départements. **10** fr. — Union postale. **11** fr. **50** — Prix de la livraison. **1** fr.

LA TECHNIQUE SANITAIRE

Revue de l'Art de l'Ingénieur et de l'Hygiéniste municipal. Journal de l'Association générale des ingénieurs, architectes et hygiénistes municipaux. Paraissant par livraisons bi-mensuelles in-4 avec figures. 6e année. 1911. Prix par an : France et Union postale. . . . . **24** fr

La Mutualité pratique. *Guide à l'usage des administrateurs de sociétés de secours mutuels dans leurs rapports avec l'Administration supérieure (Ministère du travail et de la prévoyance sociale et Caisse des dépôts et consignations),* par Georges Assanis, secrétaire adjoint du conseil supérieur des sociétés de secours mutuels. Avec une préface par Fr. Mascle, directeur de la Mutualité. 1908. Un volume in-8 de 244 pages, avec de nombreux modèles et tableaux, broché . **4** fr.
Relié en percaline . . . . **5** fr.
(Ouvrage honoré d'une souscription par M. le Ministre du Travail)

Les Accidents du travail. *Commentaire de la loi du 9 avril 1898,* modifiée par les lois des 22 mars 1902 et 31 mars 1905, de la loi du 30 juin 1899 sur les accidents du travail agricole et des règlements d'administration publique, décrets et arrêtés relatifs à leur exécution. Suivi d'une étude comparative de la législation étrangère, par Édouard Serré, conseiller à la Cour de cassation. 3e édition, entièrement revue et mise au courant de la jurisprudence. 1906. Un volume in-8 de 661 pages, broché. . . . . . **8** fr. — Relié en percaline . . . . . **9** fr. **50**

DIRECTION DU TRAVAIL [1]

II — Inspection du travail

Bulletin de l'Inspection du Travail. Paraissant tous les deux mois, par fascicules in-8 d'étendue variable. 19e année, 1911. — Prix de l'abonnement : Paris et départements. **6 fr.** Étranger : port en sus. — Prix du numéro . . . . **1 fr. 25**

Rapports sur l'Application des lois réglementant le Travail en 1909. Rapport des membres de la Commission supérieure du travail, du ministre du travail et de la prévoyance sociale, des ministres de la guerre et de la marine, des inspecteurs divisionnaires du travail et des ingenieurs en chef des mines. Un volume grand in-8 de 645 pages.

Broché. 4 fr. — Franco. **4 fr. 75**

— Rapports sur l'année 1893 . . . . 2 fr. — Franco. **2 fr. 20**

— Rapports sur les années 1894 à 1908. Chacun . . . . 4 fr. — Franco. **4 fr. 75**

III — Conseil supérieur du travail

2e SESSION (1892). — *Compte rendu.* — *Rapports :* ***Organisation du crédit populaire*** (MM. LABEYRIE et DELAHAYE). — ***Sociétés coopératives de crédit*** (M. LYON-CAEN). — ***Habitations ouvrières*** (M. SIEGFRIED). — ***Musée d'économie sociale*** (M. LINDER). — ***Règlements d'atelier*** (M. KEUFER). — ***Pétition des typographes de Lyon.*** — Un volume in-4 de 252 pages . . . . **3 fr.**

3e et 4e SESSIONS (décembre 1893-janvier 1894). — *Compte rendu.* — *Rapport* sur ***l'organisation du crédit populaire*** (M. MANY). — Un volume in-4 de 341 pages. **3 fr. 30**

5e SESSION (1895). — *Compte rendu.* — *Rapport* sur la ***création de chambres de travail*** (M. DEPASSE). — Un volume in-4 de 164 pages. . . . . **2 fr. 25**

6e SESSION (1896). — *Compte rendu.* — *Rapports :* ***L'insaisissabilité des pensions ouvrières*** (M. PAULET). — ***La question du chômage*** (MM. MORON, FINANCE et KEUFER). — Un volume in-4 de 143 pages. . . . . **1 fr. 80**

— ***Statistique des travaux de secours en cas de chômage (1896, 1897, 1898)*** [note de l'Office du travail]. — Une brochure in-4 de 23 pages (1899) . . . . **1 fr.**

7e SESSION (1897). — *Compte rendu.* — *Rapport* sur le ***système actuel des adjudications*** (M. KEUFER). — ***Note*** de l'Office du travail ***sur le minimum de salaire dans les travaux publics.*** — Un volume in-4 de 299 pages. . . . . **3 fr.**

8e SESSION (1898). — *Compte rendu.* — *Rapport* sur le ***marchandage*** (M. GOY). — ***Note*** de l'Office du travail ***sur le marchandage.*** — Un volume in-4 de 127 pages. . **1 fr. 80**

9e SESSION (1900). — ***Enquête sur la législation des conseils de prud'hommes*** (Enquête de l'Office du travail). — Une brochure in-4 de 55 pages. . . . . **1 fr.**

10e SESSION (1901). *Compte rendu.* — Un volume in-4 de 175 pages . . . . **2 fr. 25**

— *Rapport* et documents sur la ***réglementation du travail*** dans les bureaux et magasins (M. DALLE) et dans les petites industries de l'alimentation (M. BARAFORT). — Un volume in-4 de 261 pages . . . . **3 fr.**

— *Rapports* sur diverses modifications à la ***législation des prud'hommes*** et sur les ***renvois par suite de saisie-arrêt.*** — Une brochure in-4 de 28 pages . . . . . . **1 fr.**

11e SESSION (1902). — *Compte rendu.* — Un volume in-4 de 147 pages . . . . . . **1 fr. 80**

— ***Apprentissage :*** enquête et documents (rapport de M. BRIAT). — Un volume in-4 de 537 pages . . . . **4 fr. 50**

— *Rapport* sur les modifications à apporter aux ***groupes professionnels*** du Conseil supérieur (M. FAGNOT). — Une brochure in-4 de 15 pages . . . . **1 fr.**

12e SESSION (1903). — *Compte rendu.* — Un volume in-4 de 224 pages . . . . . . **2 fr. 70**

— ***Les Caisses de chômage.*** — Un volume in-4 de 148 pages. . . . . **1 fr. 80**

— ***Réglementation du travail dans les industries de transport*** (Rapport de M. MOREAU). — Un volume in-4 de 87 pages. . . . . **1 fr. 50**

— ***Enquête et documents sur le Délai-congé.*** — Un vol. in-4 de 104 pages. **1 fr. 80**

(1) Les prix indiqués pour les publications de la *Direction du Travail* ne comprenant pas les frais de port, ajouter 10 % pour les envois en province et à l'étranger.

LIBRAIRIE ADMINISTRATIVE BERGER-LEVRAULT

PARIS, 5-7, RUE DES BEAUX-ARTS — RUE DES GLACIS, 18, **NANCY**

DIRECTION DU TRAVAIL (1)

III — Conseil supérieur du travail (*suite*)

13e session (1904). — ***Le Délai-congé*** (Rapport de M. Manoury). — *Procès-verbaux et documents.* — Un volume in-4 de 52 pages . . . . 1 fr. 50
— ***Le Repos hebdomadaire*** (Rapport de Mlle Blondelu). — *Procès-verbaux des séances de la Commission.* — *Documents.* — Un volume in-4 de 75 pages. . . . . . 1 fr. 50
— *Compte rendu.* — Un volume in-4 de 251 pages. . . . . 2 fr. 70

14e session (1905). — ***Délai-congé.*** *Compte rendu.* — Un volume in-4 de 153 pages. 1 fr. 80

15e session (1905). — ***L'Enseignement professionnel*** (Rapport de M. Briat). — *Proces-verbaux des séances.* — Un volume in-4 de 163 pages . . . . 2 fr. 25
— ***Délai-congé.*** *Compte rendu.* — Un volume in-4 de 187 pages. . . . . 2 fr. 25

16e session (1906). — ***L'Inspection du travail*** (Rapport de M. Bourderon). — *Procès-verbaux des séances.* — *Documents.* — Brochure in-4 de 53 pages (1906). . . . 1 fr. 50
— *Compte rendu.* Novembre 1906. — Un volume in-4 de 262 pages . . . . 2 fr. 70
— ***L'Affichage des lois ouvrières*** (Rapport de M. Paillot). — *Procès-verbaux des séances.* — *Documents.* — Brochure in-4 de 11 pages . . . . 1 fr.

17e session (1907). — ***L'Organisation du Conseil supérieur du travail.*** — Brochure in-4 de 11 pages . . . . 1 fr.
— ***La Protection du salaire en cas de faillite ou de déconfiture*** (Rapport de M. Fagnot). — *Procès-verbaux et documents.* — Brochure in-4 de 40 pages . . . . . 1 fr.
— ***La Capacité commerciale des syndicats professionnels.*** Note de MM. Coupat et Keufer. — *Proces-verbaux et documents.* — Brochure in-4 de 28 pages . . . . 1 fr.
— ***Compte rendu.*** — Un volume in-4 de 236 pages. . . . . 2 fr. 70
— ***Les décrets du 10 août 1899 sur les adjudications.*** — Rapport de M. Honoré, au nom de la commission permanente, précédé d'une note de M. Keufer. Procès-verbaux et documents. — Brochure in-4 de 48 pages. . . . . 1 fr.
— ***Les Cautionnements versés par les salariés.*** — Rapports de M. Mondoit au nom de la commission permanente. Procès-verbaux et documents. — Br. in-4 de 31 p. 1 fr.

18e session (1908). — ***Compte rendu.*** — Un volume in-4 de 202 pages. . . . . . 2 fr. 70

19e session (1909). — ***La Législation sur les Syndicats professionnels*** (Rapports de MM. Keufer et Touron). — *Procès-verbaux et documents.* — Un volume in-4 de 197 pages. . . . . 2 fr. 25
— ***Compte rendu.*** — Un volume in-4 de 220 pages. . . . . 2 fr. 70

Volumes épuisés. — 1re session (1891). *Compte rendu des séances. Rapports :* ***Bureaux de placement*** (M. Thévenet). — ***Protection des salaires*** (M. Martelin). — ***Création d'un office du travail*** (M. Keufer). — 6e session (1896). *Rapport* sur la ***question du chômage,*** accompagné de documents réunis par l'Office du travail. — 9e session (1900). *Compte rendu.* — ***Les conseils de prud'hommes*** (Documents et enquête de l'Office du travail).

LOIS, DÉCRETS, ARRÊTÉS
CONCERNANT LA RÉGLEMENTATION DU TRAVAIL

ET NOMENCLATURE

DES ETABLISSEMENTS DANGEREUX, INSALUBRES OU INCOMMODES (AVRIL 1911)

I. Repos hebdomadaire. — II. Travail des adultes. — III. Travail des enfants et des femmes. — IV. Hygiène et sécurité des travailleurs. — V. Accidents du travail. — VI. Organisation du service de l'inspection. — Annexe : Nomenclature.

Un volume in-8 de 186 pages, broché . . **1 fr. 25** — Franco. **1 fr. 40**

(1) Les prix indiqués pour les publications de la *Direction du Travail* ne comprenant pas les frais de port, ajouter 10 % pour les envois en province et à l'étranger.

Publications du Ministère du Travail et de la Prévoyance sociale

DIRECTION DU TRAVAIL (1)

I — Office du travail (*suite*)

Salaires et durée du travail dans l'industrie française.
— Tome I. *Département de la Seine.* 1893. Un volume de 623 pages . . . . 7 fr. 50
— Tome II. *Industries extractives, produits alimentaires, industries chimiques, caoutchouc, papier, cuirs et peaux, textiles, dans les départements autres que celui de la Seine.* 1894. Un volume de 766 pages . . . . 7 fr. 50
— Tome III. *Industries du bois, tabletterie, métaux. Travail des pierres et des terres. Établissements de l'État ou des communes dans les départements autres que celui de la Seine. Entreprises de transport en commun.* 1896. Un volume de 654 pages. . 7 fr. 50
— Tome IV. *Résultats généraux de l'enquête.* 1898. Un volume de 579 pages . . . . 6 fr.
— *Album graphique* de 29 planches in-4, dont 19 en couleurs. Un volume cartonné. . 4 fr.
— *Manufactures de l'État et compagnies de chemins de fer.* 1896. Un vol. de 154 pages. 1 fr. 50

La Petite Industrie (Salaires, durée du travail). Tome I. *L'Alimentation à Paris.* 1893. Un vol. de 300 pages. 2 fr. 50. — Tome II. *Le Vêtement à Paris.* 1896. (*Épuisé.*)

Enquête sur le travail à domicile dans l'industrie de la lingerie.
— Tome I : *Paris.* 1908. Un volume in-8 de 782 pages. . . . . 5 fr.
— Tome II : *Cher, Allier, Loir-et-Cher, Indre, Maine-et-Loire, Sarthe.* 1908. Un volume de 840 pages. . . . . 5 fr.
— Tome III : *Seine-Inférieure, Oise, Aisne, Somme, Pas-de-Calais, Nord, Meuse, Meurthe-et-Moselle, Vosges.* 1909. Un volume de 666 pages . . . . 5 fr.

L'Industrie du chiffon à Paris. 1904. Un volume de 110 pages . . . . 1 fr. 80

Bordereaux de Salaires pour diverses catégories d'ouvriers en 1900 et 1901. 1902. Un volume de 257 pages. . . . . 3 fr. 50

Note sur le minimum de Salaire dans les travaux publics en Angleterre, en Belgique, en Hollande, en Suisse, aux États-Unis et en France. Analyse des documents officiels. 1897. Un volume in-4 de 131 pages . . . . 2 fr.

Notes sur la journée de huit heures dans les établissements industriels de l'État. 1906. Un volume de 94 pages. . . . . 1 fr. 50

Résultats statistiques de l'Assurance obligatoire contre la maladie en Allemagne. Un volume de 134 pages . . . . 1 fr. 50

Résultats statistiques de l'Assurance contre la maladie en Autriche. 1893. Un volume de 147 pages . . . . 1 fr. 50

Études sur les derniers résultats des Assurances sociales en Allemagne et en Autriche-Hongrie. Ire partie : *Accidents.* 1894. Un volume de 180 pages. . . . . 1 fr. 50
— IIe partie : *Maladie, invalidité, vieillesse.* 1895. Un volume de 229 pages . . . . . 2 fr.

Bases statistiques de l'Assurance contre les accidents, d'après les résultats de l'assurance obligatoire en Allemagne et en Autriche. 1900. Un volume de 234 pages. . . . 2 fr.

Maladies professionnelles. 1903. Un volume de 147 pages . . . . 1 fr. 80

Les Associations professionnelles ouvrières.
— Tome I. *Agriculture. Mines. Alimentation. Produits chimiques. Industries polygraphiques.* 1899. Un volume de 913 pages. . . . . 5 fr.
— Tome II. *Cuirs et peaux. Industries textiles. Habillement. Ameublement. Travail du bois.* 1901. Un volume de 897 pages. . . . . 5 fr.
— Tome III. *Métaux. Céramique et verrerie.* 1903. Un volume de 679 pages. . . . . 5 fr.
— Tome IV. *Bâtiment, transports et industries diverses.* 1905. Un volume de 821 pages. 5 fr.

Annuaire statistique de la France. *15e volume,* 1892-1893-1894. 8 fr. — *16e volume,* 1895-1896. 8 fr. — *17e volume,* 1897. — *18e volume,* 1898. — *19e volume,* 1899. — *20e volume,* 1900. — *21e volume,* 1901. — *22e volume,* 1902. (*Épuisé.*) — *23e volume,* 1903. — *24e volume,* 1904. — *25e volume,* 1905. — *26e volume,* 1906. — *27e volume,* 1907. — *28e volume,* 1908. Chacun. . . . . 7 fr. 50

Résultats statistiques du Dénombrement général de la Population en 1891. Un volume de 824 pages, avec 56 diagrammes et cartogrammes . . . . 15 fr.

Résultats statistiques du Dénombrement des étrangers en France en 1891. Un volume de 349 pages, avec cartes et diagrammes. . . . . 7 fr. 50

(1) Les prix indiqués pour les publications de la *Direction du Travail* ne comprenant pas les frais de port, ajouter 10 o/o pour les envois en province et à l'etranger.

DIRECTION DU TRAVAIL (1)

I — Office du travail (*suite*)

Résultats statistiques du Dénombrement de 1896. 1899. Un volume de 491 pages, avec 13 diagrammes et cartogrammes . . . . 7 fr. 50

Résultats statistiques du Recensement général de la Population effectué le 24 mars 1901. Tome I. *Introduction. Population légale ou de résidence habituelle pour la France entière. Population présente : régions de Paris, du Nord et de l'Est.* 1904. Un volume grand in-8 de 893 pages. . . . . 10 fr.

— Tome II. *Population présente : région du Sud-Est.* 1906. Un volume de 818 pages. 10 fr.

— Tome III. *Population présente : régions de l'Ouest et du Midi.* 1906. Un volume de 906 pages . . . . 10 fr.

— Tome IV. *Population présente. Résultats généraux.* 1906. Un vol. de 1022 pages. 10 fr.

— Tome V. *Enquêtes annexes. Familles. Aveugles et sourds-muets. Habitations. Forces motrices.* 1908. Un volume in-4 de 180 pages, broché . . . . 5 fr.

Album graphique de la Statistique générale de la France. *Résultats statistiques du recensement de 1901. Mouvement de la population. Résumé rétrospectif de l'Annuaire statistique.* 1907. Un volume in-4 de 288 pages . . . . 8 fr.

Résultats statistiques du Recensement général de la population effectué le 4 mars 1906. — Tome I, 1re partie. *Introduction. Population légale ou de résidence habituelle pour la France entière.* 1908. Un volume grand in-8 de 130 pages, broché . . . . . 5 fr.

— Tome I, 2e partie. *Population présente totale. Population active et établissements.* 1910. Un volume grand in-8 de 273 pages, broché . . . . 5 fr.

— Tome II. *Population présente : régions du Nord, de l'Est et du Sud-Est.* 1909. Un volume grand in-8 de 493 pages, broche. . . . . 7 fr. 50

— Tome III. *Population présente : régions de l'Ouest et du Midi.* 1910. Un volume grand in-8 de 473 pages, broché . . . . 7 fr. 50

Statistique annuelle du mouvement de la Population et des institutions d'Assistance. *Années 1890-1891-1892.* Un volume. 7 fr. 50. — *Années 1893, 1894, 1895 et 1896.* Quatre volumes. Chacun 5 fr. — *Année 1897.* Un vol. 6 fr. — *Année 1898.* Un vol. 5 fr.

Statistique annuelle du mouvement de la Population *pour les années 1899 et 1900.* Un volume. 5 fr. — *Années 1901, 1902, 1903.* Trois volumes, chacun. . . . . . . 5 fr.

— *Année 1904.* Un volume. . . . . 7 fr. 50

— *Années 1905-1906.* Un volume . . . . 5 fr.

Statistique annuelle des institutions d'Assistance. *Années 1899 et 1900.* Un volume gr. in-8. 5 fr. — *Années 1901, 1902, 1903, 1904, 1905, 1906, 1907, 1908.* Huit vol., chacun. 5 fr.

Statistique internationale du mouvement de la population *d'après les registres de l'état civil. Résumé rétrospectif depuis l'origine des statistiques de l'état civil jusqu'en 1905.* Accompagné de 11 tableaux graphiques. 1907. Un volume de 912 pages. . . . . . . 15 fr.

Statistique des Grèves de 1890 à 1899. Brochure de 28 pages. . . . . 1 fr.

Statistique des Grèves et des recours à la conciliation et à l'arbitrage. Volumes grand in-8. *Années 1890-1891.* 1 fr. 50. — *1892.* 1 fr. 50. — *1893. (Épuisé.)* — *1894, 1895, 1896, 1897, 1898.* Cinq volumes, chacun 3 fr. — *1899, 1900.* 3 fr. 50. — *1901, 1902.* Deux volumes, chacun 3 fr. — *1903.* Un vol. 3 fr. 50. — *1904, 1905, 1906, 1907.* Quatre vol., chacun 4 fr. 50. — *1908.* Un volume . . . . 3 fr. 50

Résultats statistiques du Recensement des industries et professions. (Dénombrement général de la population du 28 mars 1896.) — Tome I. *Introduction. Région de Paris au Nord et à l'Est* (15 départements). 1899. Un volume de 855 pages. — Tome II. *Région du Sud-Est* (27 départements). 1900. Un volume de 809 pages. — Tome III. *Région de l'Ouest au Midi* (45 départements). 1900. Un volume de 743 pages. — Tome IV. *Résultats généraux.* 1902. Un volume de 568 pages. Prix de chaque volume. . . . . 10 fr.

Répartition des Forces motrices à vapeur et hydrauliques en 1899.

— Tome I. *Moteurs à vapeur.* 1900. Un volume de 209 pages . . . . 3 fr. 50

— Tome II. *Moteurs hydrauliques.* 1901. Un volume de 223 pages . . . . 3 fr. 50

Ouvrages épuisés. — ***Les Caisses patronales de retraites des établissements industriels.*** 1898. — ***Documents sur la question du Chômage.*** 1897. — ***Les Associations ouvrières de production.*** 1898. — ***Hygiène et sécurité des travailleurs dans les établissements industriels.*** 1895. — ***Poisons industriels.*** 1901.

(1) Les prix indiqués pour les publications de la *Direction du Travail* ne comprenant pas les frais de port, ajouter 10 % pour les envois en province et à l'étranger.

Publications du Ministère du Travail et de la Prévoyance sociale

DIRECTION DE L'ASSURANCE
ET DE LA PRÉVOYANCE SOCIALES

II — Recueil de Documents sur la Prévoyance sociale

Les Caisses d'épargne (*Législation et statistique*). 1903.
Brochure in-8 de 34 pages. Prix : **75** c. — Franco. **85** c.

Application de la législation française sur les habitations à bon marché. 1903.
Brochure de 52 pages. Prix : **75** c. — Franco. **85** c.

L'Habitation ouvrière et les pouvoirs publics en Allemagne, par Édouard Fuster. 1903. — Brochure de 78 pages. Prix : **1** fr. **25**. — Franco. **1** fr. **40**.

Les Retraites ouvrières en Italie, par O. Arsandaux. 1903.
Brochure de 78 pages. Prix : **1** fr. **25**. — Franco. **1** fr. **40**.

Projet de loi sur le contrat d'assurance. Rapport et documents. 1904.
Volume de 247 pages. Prix : **85** c. — Franco. **1** fr. **20**.

L'Assurance obligatoire contre l'invalidité en Allemagne. 1905.
Volume de 156 pages. Prix : **1** fr. **75**. — Franco. **2** fr.

Les Capitaux des caisses de retraites allemandes et leur emploi, par Édouard Fuster. 1905. — Volume de 95 pages. Prix : **1** fr. **20**. — Franco. **1** fr. **35**.

Documents sur les retraites ouvrières en Allemagne, par Édouard Fuster. 1905.
Brochure de 77 pages. Prix : **1** fr. — Franco. **1** fr. **15**.

Principaux résultats de la Prévoyance sociale de 1890 à 1903. *Statistiques et graphiques.* 1905. — Brochure de 47 pages avec diagrammes. Prix : **60** c. — Franco. **70** c.

Projet de Code du travail et de la prévoyance sociale (voté par la Chambre des députés, le 15 avril 1905). — Brochure de 61 pages. Prix : **75** c. — Franco. **85** c.

Les Assurances sociales en France de 1889 à 1905. Rapport au Congrès international de Vienne, 1905, par le Directeur de l'assurance et de la prévoyance sociales.
Brochure de 28 pages. Prix : **50** c. — Franco. **60** c.

Les Assurances sociales en Belgique, par Joseph Bégasse. 1907.
Brochure de 186 pages. Prix : **2** fr. **25**. — Franco. **2** fr. **40**.

Les Habitations à bon marché. *Législation. Statuts-types. Statistique.* 1908.
Brochure de 76 pages. Prix : **1** fr. — Franco. **1** fr. **15**.

L'Habitation ouvrière et les autorités locales en Angleterre. 1908.
Brochure de 84 pages. Prix : **1** fr. — Franco. **1** fr. **15**.

Résultats du concours pour appareils de bains-douches. 1908.
Brochure de 20 pages. Prix : **40** c. — Franco. **50** c.

Principaux résultats de la Prévoyance sociale. *Statistiques et graphiques* pour l'Exposition internationale de Londres. 1908.
Brochure de 40 pages avec diagrammes. Prix : **55** c. — Franco. **65** c.

Enquête sur l'habitation ouvrière, 1906. 1908.
Brochure de 106 pages. Prix : **1** fr. **50**. — Franco. **1** fr. **65**.

Encouragements à la petite propriété. (*Loi du 10 avril 1908.*) 1910.
Brochure de 47 pages. Prix : **60** c. — Franco. **70** c.

Les Assurances sociales en France. *Rapports aux Congrès internationaux des accidents du travail et des assurances sociales,* par Georges Paulet, conseiller d'État, directeur de l'assurance et de la prévoyance sociales. 1908.
Brochure de 96 pages. Prix : **1** fr. **20**. — Franco. **1** fr. **35**.

Les Retraites et les caisses de secours des ouvriers mineurs. 1909.
Brochure de 192 pages. Prix : **2** fr. **25**. — Franco. **2** fr. **45**.

Accords internationaux en matière de prévoyance sociale. 1909.
Brochure de 65 pages. Prix : **80** c. — Franco. **90** c.

Statistique des Assurances ouvrières allemandes de 1885 à 1906.
Brochure de 122 pages. Prix : **1** fr. **50**. — Franco. **1** fr. **65**.

L'Assurance populaire du canton de Neuchâtel, par O. Arsandaux. 1909.
Brochure de 76 pages. Prix : **90** c. — Franco. **1** fr. **05**.

Les Retraites populaires du canton de Vaud. 1910.
Brochure de 51 pages. Prix : **65** c. — Franco. **75** c.

Principaux résultats de la Prévoyance sociale en France. *Statistiques et graphiques* pour l'Exposition internationale de Bruxelles. 1910.
Brochure de 42 pages avec diagrammes. Prix : **55** c. — Franco. **65** c.

Caisse nationale des retraites pour la vieillesse. (*Législation et réglementation.*) 1911.
Brochure de 48 pages. Prix : **60** c. — Franco. **70** c.

DIRECTION DE L'ASSURANCE
ET DE LA PRÉVOYANCE SOCIALES

III — Recueil de Documents sur les Assurances-Vie

N° 1. — *Formules et barèmes des primes ou cotisations minima des opérations d'assurances sur la vie, d'apres les bases fixées par le décret du 20 janvier 1906.*
Un volume de 171 pages. Prix : 2 fr. (*Épuisé.*)

N° 1 *bis*. — *Formules et barèmes des primes ou cotisations minima des opérations d'assurances sur la vie, d'apres les bases fixées par le décret du 20 janvier 1906, rendu en exécution de l'article 9, § 5°, de la loi du 17 mars 1905.* 1910.
Un volume de 380 pages. Prix : 4 fr. 50. — Franco. 4 fr. 75.

N° 2. — *Réglementation du contrôle des assurances sur la vie et des entreprises de capitalisation.* 1911.
Brochure de 120 pages. Prix : 1 fr. 75. — Franco. 1 fr. 90.

N° 3. — *Premier rapport sur le fonctionnement du contrôle des assurances sur la vie.* 1910.
Brochure de 316 pages, avec 6 graphiques hors texte en couleurs. Prix : 3 fr. 75. — Franco. 4 fr.

N° 4. — *Deuxième rapport sur le fonctionnement du contrôle des sociétés d'assurances sur la vie et des sociétés de capitalisation (Lois des 17 mars 1905 et 19 decembre 1907).*
Un vol. in-8 de 415 pages, avec 6 tableaux graphiques en couleurs. Prix : 4 fr. 50. — Franco. 4 fr. 75.

DIRECTION DU TRAVAIL (1)

I — Office du travail

Bulletin de l'Office du Travail, paraissant tous les mois par fascicules d'environ 3 feuilles in-8. 18e année, 1911. Prix de l'abonnement d'un an (France). . . . . 2 fr. 50
Union postale : 3 fr. 50. — Prix du numéro : 20 c. — *Les années précédentes sont en vente au même prix.*

Tables du Bulletin de l'Office du travail, *années 1894 à 1907.* 1° Liste par ordre chronologique des actes officiels. 2° Table alphabétique des matières contenues dans les tomes I à XIV. Un volume grand in-8 de 174 pages, broché . . . . 1 fr. 20

De la Conciliation et de l'Arbitrage en matière de conflits collectifs entre patrons et ouvriers en France et à l'étranger. 1893. Un volume de 616 pages . . . . 6 fr.

Saisie-arrêt sur les salaires. 1899. Un volume de 162 pages. . . . . 1 fr. 50

L'Apprentissage industriel. *Rapport sur l'apprentissage dans l'**Imprimerie,*** 1899-1901. Un volume de 416 pages . . . . 3 fr. 50

— *Rapport sur l'apprentissage dans les industries de l'**Ameublement.*** 1905. Un volume de 678 pages, avec 8 planches en phototypie. . . . . 6 fr.

Enquête sur le Placement des employés, ouvriers et domestiques à Paris, *depuis la promulgation de la loi du 16 mars 1904.* 1909. Un volume de 206 pages. . . . . 2 fr.

Le Placement des employés, ouvriers et domestiques en France. *Son histoire, son état actuel.* Avec un appendice relatif au placement dans les pays étrangers. 1892. Un volume de 742 pages, avec de nombreux tableaux . . . . 8 fr.

— ***Seconde enquête sur le placement.*** 1902. Un volume de 187 pages . . . . . 1 fr. 50

Examen analytique du 6e rapport annuel (1890) du « Département du travail » des États-Unis d'Amérique (Industrie houillère et sidérurgique). — *De l'emploi des artèles* et de la participation intéressée du personnel dans les chemins de fer russes. 1893. Un volume. 1 fr. 50

Législation ouvrière et sociale en Australie et Nouvelle-Zélande. Mission de M. Albert Métin, agrégé de l'Université. 1901. Un volume de 208 pages . . . . 1 fr. 50

(1) Les prix indiqués pour les publications de la *Direction du Travail* ne comprenant pas les frais de port, ajouter 10 % pour les envois en province et à l'étranger.

LIBRAIRIE ADMINISTRATIVE BERGER-LEVRAULT
PARIS, 5-7, rue des Beaux-Arts — rue des Glacis, 18, NANCY

PUBLICATIONS DU MINISTÈRE DU TRAVAIL
ET DE LA PRÉVOYANCE SOCIALE

DIRECTION DE L'ASSURANCE
ET DE LA PRÉVOYANCE SOCIALES

I — Recueil de Documents sur les Accidents du Travail

Nº 1. — ***Lois, Règlements et Circulaires*** (*Février 1910*).
Volume in-8 de 455 pages. Prix : 1 fr. 90. — Franco. 2 fr. 15.

Nº 1 *bis*. — ***Principales dispositions législatives et réglementaires en vigueur*** (*Mai 1910*). — Brochure de 48 pages. Prix : 60 c. — Franco. 70 c.

Nº 2. — ***Lois sur les accidents du travail*** (*Mai 1908*).
Brochure de 36 pages. Prix : 50 c. — Franco. 60 c.

Nº 3. — ***Jurisprudence*** (*I. Mars 1902*).
Volume de 937 pages. Prix : 10 fr. — Franco. 10 fr. 50.

Nº 4. — ***Loi du 9 avril 1898*** (*modifiée par la loi du 22 mars 1902*) et Décret relatif aux Déclarations d'accidents. — Brochure de 26 pages. Prix : 50 c. — Franco. 60 c.

Nº 5. — ***Rapport aux Congrès internationaux des accidents*** (Paris 1900. — Dusseldorf 1902), par le Directeur de l'Assurance et de la Prévoyance sociales.
Brochure de 33 pages. Prix : 60 c. — Franco. 70 c.

Nº 6. — ***Jurisprudence.*** *Table analytique* des décisions publiées dans le fascicule nº 3 (*Mars 1902*). — Brochure de 63 pages. Prix : 1 fr. — Franco. 1 fr. 10.

Nº 7. — ***Jurisprudence*** (*II. Mars 1903*). Avec *Table alphabétique générale* des décisions publiées dans les fascicules nºs 3 et 7.
Volume de 449 pages. Prix : 5 fr. — Franco. 5 fr. 50.

Nº 8. — ***Jurisprudence.*** *Table analytique* des décisions insérées dans les tomes I et II (fascicules nºs 3 et 7). 1903. — Brochure de 84 pages. Prix : 1 fr. 30. — Franco. 1 fr. 40.

Nº 9. — ***Jurisprudence*** (*III. Novembre 1903*). Avec *Table alphabétique générale* des décisions publiées dans les fascicules nºs 3, 7 et 9.
Volume de 363 pages. Prix : 4 fr. — Franco. 4 fr. 25.

Nº 10. — ***Jurisprudence.*** *Table analytique* des décisions publiées dans les tomes I, II et III (fascicules nºs 3, 7 et 9). 1903.
Volume in-8 de 95 pages. Prix : 1 fr. 40. — Franco. 1 fr. 50.

Nº 11. — ***Jurisprudence*** (*IV. Mars 1904*). Avec *Table analytique* des décisions publiées dans les fascicules nºs 3, 7, 9 et 11.
Volume de 304 pages. Prix : 3 fr. 25. — Franco. 3 fr. 50.

Nº 12. — ***Jurisprudence.*** *Table analytique* des décisions publiées dans les tomes I à IV (fascicules nºs 3, 7, 9 et 11).
Volume de 96 pages. Prix : 1 fr. 40. — Franco. 1 fr. 50.

Nº 13. — ***Maladies professionnelles.*** *Rapport préparatoire au Comité consultatif des Assurances contre les accidents du travail.* 1904.
Brochure in-8 de 48 pages. Prix : 20 c. — Franco. 30 c.

Nº 14. — ***Législation sur les accidents,*** *annotée des décisions de jurisprudence,* 5e édition (*1910*). — Volume de 135 pages. Prix : 1 fr. 60. — Franco. 1 fr. 75.

Nº 15. — ***Répertoire bibliographique sur la législation relative aux accidents du travail,*** par A. Daguin. 2e édition. 1906.
Brochure de 93 pages. Prix : 1 fr. 25. — Franco. 1 fr. 40.

Nº 16. — ***Rapport sur l'application de la loi du 9 avril 1898*** (*Février 1905*).
Volume de 236 pages, dont 40 pages de graphiques en noir et en couleurs.
Prix : 2 fr. 75. — Franco. 3 fr. 15.

Nº 17. — ***Jurisprudence*** (*V. Mars 1905*). Volume de 147 pages. Prix : 1 fr. 75. — Franco. 2 fr.

Nº 18. — ***Tarif des frais médicaux et pharmaceutiques en matière d'accidents du travail.*** 2e tirage. 1911.
Brochure de 64 pages. Prix : 75 c. — Franco. 85 c.

Nº 19. — ***Deuxième rapport sur l'application de la loi du 9 avril 1898*** (*Mars 1906*).
Volume de 175 pages, dont 30 pages de graphiques en noir et en couleurs.
Prix : 2 fr. — Franco. 2 fr. 30.

LIBRAIRIE ADMINISTRATIVE BERGER-LEVRAULT
PARIS, 5-7, rue des Beaux-Arts — rue des Glacis, 18, **NANCY**

DIRECTION DE L'ASSURANCE
ET DE LA PRÉVOYANCE SOCIALES

I — Recueil de Documents sur les Accidents du Travail (*Suite*)

Nº 20. — ***Jurisprudence*** (*VI. Mars 1906*).
Volume de 212 pages. Prix : 2 fr. 50. — Franco. 2 fr. 90.

Nº 21. — ***Troisième rapport sur l'application de la loi du 9 avril 1898*** (*Octobre 1906*). — Volume de 150 pages, dont 31 pages de graphiques en noir et en couleurs. Prix : 1 fr. 75. — Franco. 2 fr.

Nº 22. — ***Décret du 27 septembre 1906 arrêtant la liste des exploitations commerciales soumises à la taxe réduite pour le fonds de garantie.***
Brochure de 34 pages. Prix : 35 c. — Franco. 45 c.

Nº 23. — ***Jurisprudence*** (*VII. Octobre 1906*).
Volume de 64 pages. Prix : 75 c. — Franco. 85 c.

Nº 24. — ***Jurisprudence.*** *Table analytique* des décisions publiées dans les tomes I à VII (fascicules nos 3, 7, 9, 11, 17, 20 et 23).
Volume de 95 pages. Prix : 1 fr. 25. — Franco. 1 fr. 40.

Nº 25. — ***Les Accidents du travail dans l'agriculture d'après la statistique allemande***, par Édouard FUSTER.
Brochure in-8 de 47 pages. Prix : 65 c. — Franco. 75 c.

Nº 26. — ***La Statistique du risque professionnel et les enquêtes autrichiennes***, par Édouard FUSTER. Volume in-8 de 168 pages. Prix : 2 fr. — Franco. 2 fr. 20.

Nº 27. — ***Quatrième rapport sur l'application de la loi du 9 avril 1898*** (*Juillet 1907*).
Volume de 202 pages, dont 30 pages de graphiques en noir et en couleurs.
Prix : 2 fr. 50. — Franco. 2 fr. 90.

Nº 28. — ***Notice sur la statistique des accidents du travail en Autriche.*** 1907.
Brochure de 31 pages. Prix : 50 c. — Franco. 60 c.

Nº 29. — ***Jurisprudence*** (*VIII. Octobre 1907*).
Volume de 144 pages. Prix : 1 fr. 75. — Franco. 2 fr.

Nº 30. — ***Cinquième rapport sur l'application de la loi du 9 avril 1898*** (*Juillet 1908*).
Volume de 320 pages, dont 33 de graphiques en noir et en couleurs.
Prix : 3 fr. 50. — Franco. 3 fr. 75.

Nº 31. — ***Jurisprudence*** (*IX. Mai 1908*).
Volume in-8 de 119 pages. Prix : 1 fr. 50. — Franco. 1 fr. 65.

Nº 32. — **Jurisprudence.** *Table analytique* des décisions publiées dans les tomes I à IX (fascicules nos 3, 7, 9, 11, 17, 20, 23, 29 et 31).
Volume de 96 pages. Prix : 1 fr. 25. — Franco. 1 fr. 40.

Nº 33. — **Jurisprudence** (*X. Décembre 1908*).
Volume de 103 pages. Prix : 1 fr. 50. — Franco. 1 fr. 65.

Nº 34. — ***Sixième rapport sur l'application de la loi du 9 avril 1898*** (*Juillet 1909*).
Volume de 375 pages, dont 34 pages de graphiques en noir et en couleurs.
Prix : 4 fr. 25. — Franco. 4 fr. 50.

Nº 35. — ***Jurisprudence*** (*XI. Mai 1909*).
Volume de 87 pages. Prix : 1 fr. — Franco. 1 fr. 10.

Nº 36. — ***Statistique des accidents du travail assurés de 1899 à 1905.*** *Salaires assurés. Reglement des accidents.* 1909.
Brochure de 68 pages. Prix : 85 c. — Franco. 95 c.

Nº 37. — ***Jurisprudence*** (*XII. Décembre 1909*).
Volume de 162 pages. Prix : 2 fr. — Franco. 2 fr. 30.

Nº 38. — ***Jurisprudence.*** *Table analytique* des décisions publiées dans les volumes I à XII (fascicules nos 3, 7, 9, 11, 17, 20, 23, 29, 31, 33, 35 et 37).
Volume de 104 pages. Prix : 1 fr. 25. — Franco. 1 fr. 40.

Nº 39. — ***Septième rapport sur l'application de la loi du 9 avril 1898.***
Volume de 416 pages, dont 40 pages de graphiques en noir et en couleurs.
Prix : 4 fr. 50. — Franco. 4 fr. 75.

Nº 40. — ***Deuxième statistique des accidents du travail de 1899 à 1906.*** *Salaires assurés. Reglement des indemnités.* 1910.
Brochure de 116 pages. Prix : 1 fr. 40. — Franco. 1 fr. 55.

Nº 41. — ***Jurisprudence*** (*XIII. Octobre 1910*).
Volume de 204 pages. Prix : 2 fr. 25 — Franco. 2 fr. 40.

LIBRAIRIE ADMINISTRATIVE BERGER-LEVRAULT
PARIS, 5-7, RUE DES BEAUX-ARTS — RUE DES GLACIS, 18, **NANCY**

Nancy, impr. Berger-Levrault.

www.ingramcontent.com/pod-product-compliance
Ingram Content Group UK Ltd.
Pitfield, Milton Keynes, MK11 3LW, UK
UKHW012213240726
13966UKWH00002B/734